L²⁷ n 17122

L.

HISTOIRE

DE

Nicolas-Charles OUDINOT,

MARÉCHAL D'EMPIRE ET DUC DE REGGIO.

Oudinot.

au Quartier Général à Mirkum Boland
le 26. fructidor 5eme De la république

Oudinot Général Des Brigades.
au citoyen Molitor adjudant général.

J'avois mon cher Général, conformément à
votre lettre d'hier, ordonné aux deux demi
Brigades sous mes ordres de renvoyer à denneponts
les chevaux D'artillerie au nombre De Lanchere,
mais je viens D'après votre seconde De les faire
rester.
J'ignore si vous envoyez aux dittes 1/2 Brigades
Directement les ordres journaliers, dans le cas
contraire mandez le moi, afin que je le fasse,
ces ordres intéressants devant être communiqués le
plus promptement possible.
Salut et estime
Oudinot

HISTOIRE
DE
NICOLAS-CHARLES OUDINOT,
MARÉCHAL D'EMPIRE ET DUC DE REGGIO,

PAR

M. JULES NOLLET (FABERT),

Auteur de la Biographie du général Drouot.

> Quand Oudinot est quelque part
> il n'y a plus à craindre que pour lui.
> **NAPOLÉON.**

BAR-LE-DUC.	PARIS.
NUMA ROLIN, imprim^r éditeur,	J. DUMAINE, libraire-éditeur,
Rue de la Rochelle, 24 *bis*.	Rue et passage Dauphine, 36.

NANCY.

GRIMBLOT et Ve RAYBOIS,	D.^{elle} GONET, libraire,
Libraires, place du Peuple, 7;	Rue J.-J. Rousseau, 14.

(1850.)

DÉDICACE.

A MON PAYS!

Le souvenir des grands hommes est impérissable : cette histoire publiée sous les auspices d'un nom immortel appartient à la France; c'est donc à mon pays qu'elle est dédiée.

Mère de héros, héritière de grandes renommées, la France a inscrit en lettres d'or le nom d'Oudinot.

Chateaubriand a mis sur ses armes : Mon sang teint les bannières de France; *nous pouvons dire en parlant d'Oudinot : Son sang, toujours au service de sa patrie, a marqué sur ses armes le sceau de l'immortalité.*

France, puisses-tu toujours avoir de tels noms sur les tablettes de ton histoire!

AVANT-PROPOS.

Nous avons voulu faire précéder l'histoire du maréchal Oudinot par des noms historiques qui, dévoués à la cause de la France, nous protégeront dans l'œuvre que nous avons entreprise.

Cette vie peut être scrutée pendant toutes ses phases, sous tous les régimes et dans tous les pays; partout et toujours l'on retrouvera où il le faudra le guerrier dans son intrépidité proverbiale, ou le pacificateur, mais invariablement l'homme de bien; nous aurons à écarter les détails, mais seulement pour ne pas en surcharger le récit et jamais parce qu'aucun d'eux serait en désaccord avec le fond de ce beau caractère.

C'est aux rares et glorieux débris de nos armées républicaine et impériale que nous nous sommes surtout adressé. Dans tous les cœurs nous avons trouvé respect pour l'illustre défunt, admiration pour ses hauts faits. Parler d'Oudinot, c'était parler de la France; écrire cette vie, c'était écrire l'histoire de toutes nos guerres, et pour peindre un tel tableau, nous avons recherché le souvenir et les notes de tous ceux qui ont figuré dans cette brillante période; nous avons été assez heureux pour retrouver encore des témoins de ces luttes gigantesques dans lesquelles l'Europe était en jeu.

Nous avons consulté principalement les Bulletins officiels des armées, le *Moniteur*, les notes et rapports de l'empereur Napoléon, — la correspondance inédite ou les rapports des maréchaux Berthier, Davoust, Drouot, Gérard, Gouvion-Saint-Cyr, Lannes, Lauriston, Lefebvre, Macdonald, Maison, Masséna, Molitor, Murat, Ney, Oudinot et Suchet;

Des généraux Ambert, Bertrand, J.-B. Broussier, Chasseloup, Chateauneufrandon, Ed. Colbert, Conroux, Decaen, Desaix, Duroc, Gressot, Gudin, Hatry, Lacoste, Lecourbe, Lorencez, Lorge, Mainoni, Marescot, Mathieu-Dumas, Montrichard, Nansouty, Préval, Schawembourg, Schram et Xaintrailles ;

Des ducs de Bassano, de Choiseul, de Crillon, de Cazes, du baron Larrey et du comte Lavalette.

Après tous ces noms, pour la plupart ensevelis dans la tombe, mais dont la mémoire ne périra pas, citons les personnes qui ont bien voulu enrichir cet ouvrage de leurs notes précieuses, de leurs conseils et de leurs encouragements, et auxquelles ces quelques lignes prouveront toute notre reconnaissance.

Nous avons en outre obtenu des notions étendues sur les premières années militaires d'Oudinot : MM. les généraux *Exelmans*, grand-chancelier de la Légion-d'Honneur, et Nicolas *Broussier*, acteurs dans nos luttes depuis 1792, nous ont initié à ces beaux faits d'armes qui ont fait d'Oudinot un héros.

Pour le siége de Gênes, nous avons consulté M. le maréchal *Reille*, alors adjudant-général.

Pour l'occupation de Neuchâtel (1806), MM. le comte de *Pourtalès* et *Gallot*, ancien magistrat à Neuchâtel.

Pour l'occupation de Hollande (1810), M. *Van-Karnebeck*, capitaine de vaisseau et aide-de-camp du roi des Pays-Bas.

Pour les campagnes de 1809 à 1813, MM. les comtes *de Thermes* et *Achille Delamarre*, anciens aides-de-camp du maréchal.

Nous avons eu recours aussi à MM. les maréchaux *Jérôme Bonaparte* et *Molitor*, — les généraux duc *de Mortemart, Bailly de Monthyon* et *Petit*, M. Chénier, chef du bureau de la justice militaire au ministère de la guerre.

Tous nous ont honoré de leurs conseils et prêté un bienveillant appui.

La pensée d'écrire cette histoire est un honneur que nous revendiquons, et nous acceptons la responsabilité de tous les faits que nous citons.

Nous n'avons rien omis, rien caché, parce qu'il n'est pas un seul acte qui fasse ombrage aux quatre-vingts années de cette existence.

Ces quelques lignes de reconnaissance prouveront que si notre plume n'est pas à la hauteur du sujet, du moins elle s'est adressée à tous, et, s'abritant derrière de tels noms, elle a voulu faire connaître à la France l'histoire exacte et consciencieuse d'une vie irréprochable.

HISTOIRE

DE

Nicolas-Charles OUDINOT,

MARÉCHAL D'EMPIRE ET DUC DE REGGIO.

La France, vers la fin du XVIII.ᵉ siècle, ne voulut plus accorder à la noblesse ou à la fortune le privilége exclusif des hautes dignités; le mérite devait avoir sa récompense.

Dès-lors, la valeur personnelle se fit jour, et la loyauté, la bravoure et la fidélité furent des titres plus puissants que la plus haute naissance.

La France avait besoin de génies et de grands capitaines, le Ciel lui en envoya.

Le 25 avril 1767, la ville de Bar-le-Duc (Meuse) inscrivit sur ses registres le nom d'un nouveau né. Issu d'une famille de négociants, Nicolas-Charles Oudinot vit le jour sous un toit modeste de la rue des Etives. *(Note 1.)*

_{25 avril 1767. Naissances d'Oudinot.}

Son père, Nicolas Oudinot, avait une haute taille et un visage sévère ; sa mère, Marie-Anne Adam, était douée d'une intelligence rapide et d'un cœur entièrement dévoué à son fils, le seul qui lui restât des nombreux enfants qu'elle avait eus.

Ils fondèrent un négoce considérable avec l'espérance d'y intéresser le jeune Charles. Mais celui-ci, doué d'une intelligence ardente, d'un sang généreux et trop bouillant peut-être, se trouvait à l'étroit dans le cercle que dessinaient ses parents.

Son enfance se passa à Bar-le-Duc et au collège de Toul ; dans le cours de ses études, Oudinot donna des preuves d'une grande aptitude.

Indomptable, turbulent, d'un caractère ardent, il ne faisait oublier son étourderie que par sa franchise et la droiture de son cœur. Sa famille, inquiète de ces dispositions passionnées, et pressentant que la carrière du commerce ne conviendrait jamais à Charles, songea enfin à accéder à ses désirs,

<small>2 juin 1784. Il s'engage dans le régiment de Médoc.</small>

et le 2 juin 1784 Oudinot s'engagea, en qualité de volontaire, dans le régiment de Médoc, sous les auspices de M. de Saillet, né à Bar, et capitaine au corps.

Oudinot monta sa première garde à Perpignan, à l'hôtel du maréchal de Mailly, le jour de ses noces. M. le maréchal de Mailly était alors gouverneur de la province du Languedoc (1).

Il était alors difficile de parvenir à un grade élevé, surtout lorsqu'on n'était pas d'une noble

---

(1) Sous la Restauration, le duc de Reggio, couvert d'honneurs et de titres, aimait à rappeler à la veuve du maréchal de Mailly le souvenir de ses premières armes.

origine; car, à cette époque, du nom dépendait la fortune des armes, comme quelques années plus tard, la bravoure seule valait une fortune entière, les titres et les honneurs.

Cependant l'aptitude et les connaissances du jeune Meusien, bien rares alors dans les rangs des soldats, le firent nommer sergent, grade le plus élevé auquel, en général, à cette époque, les gens de son origine pussent prétendre (1).

Après trois années, il quitta le service et revint à Bar. (6 septembre 1787.)

Il quitte le service. (6 septembre 1787.)

Ses parents l'envoyèrent alors à Nancy pour apprendre le commerce; il arriva dans cette ville vers les premiers jours de 1788; mais sa grande activité, son ardeur et sa bouillante imagination lui firent regretter ses premières années au régiment de Médoc; le commerce lui était à charge, il ne se plaisait qu'à lire les relations de nos guerres et à entretenir correspondance avec quelques officiers de son régiment.

Il revint à Bar vers 1789 et épousa quelque temps après M.elle Derlin. (15 septembre.)

Il se marie avec M.elle Derlin. (15 septembre 1789.)

A cette époque, une sourde agitation commençait à travailler les masses, elle était comme l'avant-coureur d'une révolution qui changea la face de l'Europe entière. Une disette affreuse vint augmenter l'exaspération des pauvres contre les riches. Cette tourmente révolutionnaire s'étendit partout, et Bar-le-Duc vit bientôt une émeute éclater dans ses murs.

(1) Le régiment de Médoc était commandé par M. le colonel en premier, Davout; M. le marquis de Mauroy était colonel en second.

Le peuple accusa un honnête négociant, M. Pélissier, d'accaparer des grains pour s'enrichir aux dépens des masses. Bientôt cette croyance se répand dans toute la ville, le malheureux Pélissier est traîné dans les rues, et son corps attaché à un char est reçu par des vociférations.

Il réprime une émeute à Bar.

Oudinot apprend que l'émeute vient de se porter à la Ville-Haute et que le plus grand danger de mort menace l'infortuné négociant; il ne songe pas dès-lors à ce qui se peut, mais bien à ce qui se doit. Il monte un cheval ardent et gravit les Quatre-vingts Escaliers qui sont devant sa maison. Souvent ces marches inégales et sombres avaient ému la prudence des piétons, mais l'humanité et la valeur ne calculent pas : en un bond, Oudinot arrive sur le théâtre de l'émeute. Il vient pour sauver Pélissier, il ne retrouve plus qu'un cadavre; il se jette alors en avant, arrête les chefs de cette bande, et, aidé de quelques amis, il parvient à saisir les plus hardis émeutiers et les fait jeter en prison.

Pélissier fut à Bar la seule victime de ces temps révolutionnaires.

La ville reprit bientôt son calme habituel; mais la Révolution s'annonçait, l'orage grondait au loin et s'approchait à chaque heure. Le peuple voulait être souverain, et ses droits trop longtemps méconnus se révoltaient contre les menées de la noblesse qui, émigrant en masse, se rendait à Coblentz.

Le gouvernement ordonne dans toutes les provinces la formation d'un corps soldé : Oudinot est proclamé capitaine dans la milice citoyenne. (15 juillet 1790.)

Bientôt la coalition de toutes les puissances déclara la guerre à la France. Que pouvait opposer cette nation à tant de forces réunies?..... des régiments minés par la désertion des soldats et l'émigration des officiers, des soldats énervés par une longue paix, mal instruits, mal vêtus, indisciplinés, sans confiance dans leurs chefs, des bataillons de volontaires dont un grand nombre savait à peine tenir le fusil. Mais la patrie en danger révéla des héros, et l'amour du pays devait en faire bientôt les plus braves guerriers de toute l'Europe.

Le 7 novembre 1790, Bar-le-Duc était en émoi, on formait le 3.me bataillon des volontaires de la Meuse. Toute la population se précipitait pour prendre part à cet enrôlement. Oudinot se présenta, et le peuple, en le voyant, le voulut pour chef..... il fut élu à l'unanimité. On se rappelait le courage dont il avait fait preuve, lors de l'assassinat de Pélissier; on se souvenait aussi du sergent de Médoc.

7 novembre 1790. Il est élu à l'unanimité chef du 3.e bataillon de la Meuse.

Oudinot prit donc ce commandement et partit bientôt à la tête du bataillon pour grossir une des quatre armées dont on avait bordé les frontières. Il se dirigea vers Charleville, Rocroi et Metz et se rangea sous les drapeaux de l'armée de Lafayette.

Le 3.e bataillon de la Meuse se trouvait à Metz, lorsque l'armée autrichienne entra sur notre territoire; après l'insulte faite à la place de Thionville, le 3.e bataillon y fut envoyé.

La conduite qu'avait tenue le bataillon dans cet engagement appela sur son chef l'attention particulière des généraux et des représentants du peuple à l'armée.

Nommé chef de brigade. (6 septembre 1794.)

Le commandant Oudinot fut promu chef de brigade (colonel de la 4.ᵉ demi-brigade). Le 3.ᵉ bataillon de la Meuse se fondit alors avec le régiment de Picardie, et Oudinot en prit le commandement.

C'est le lieu de parler ici de ce régiment de Picardie, célèbre déjà dans les fastes militaires. A l'époque où le colonel Oudinot en prit le commandement, ce régiment s'était déjà illustré sur tous les champs de bataille ; depuis sa création, il occupait toujours la droite de l'infanterie française, et le 18 mai 1643, le grand Condé choisit le bivouac du régiment de Picardie pour passer la nuit, la veille de la bataille de Rocroi.

Oudinot, promu colonel, eut de nouveaux et graves devoirs à remplir; il avait trouvé le régiment de Picardie en pleine désorganisation : les officiers qui ne partageaient pas les idées de la Révolution émigraient en grand nombre et allaient grossir l'armée de Condé.

Le colonel qui avait précédé Oudinot au commandement du régiment de Picardie avait lui-même émigré, et presque tous les chefs semblaient vouloir suivre cette impulsion.

A peine Oudinot est-il chef de la 4.ᵉ demi-brigade qu'il réunit tous les officiers les plus récalcitrants et les soldats les plus faibles ou les plus agitateurs. Dans une courte mais chaleureuse allocution, il leur représente l'état de la France, l'invasion des armées étrangères, le sol de la patrie menacé, et, ajoute-t-il en terminant : « la France » n'aurait-elle pour repousser ces hordes ennemies » qu'une armée débandée et indisciplinée. » Il parle le langage de l'homme d'honneur et fait passer dans le cœur de presque tous ses soldats les sentiments qui l'animent.

Mais là ne s'arrêtèrent pas les ennuis du jeune colonel : les officiers de noble origine murmurent d'être commandés par ce qu'ils appellent un parvenu. Oudinot l'apprend, assemble de nouveau les officiers, et leur dit :

« Je sais, Messieurs, que vous n'êtes pas satis-
» faits. Vous ne me connaissez pas, je suis à vos
» yeux sans titres et de petite extraction. Je ne
» vous en veux pas, ces opinions vous sont natu-
» relles. Eh bien! que la journée de demain en
» décide (on était à la veille d'une grande affaire);
» d'avance, je remets le commandement à celui
» d'entre vous qui en sera jugé le plus digne! »

Le combat s'engagea le lendemain, il fut brillant, chacun fit noblement son devoir; mais, entre tous, le colonel Oudinot, tout à la fois chef et soldat, fait des prodiges de valeur et entraîne après lui tous ses braves. Les officiers sont frappés d'étonnement et d'admiration.

Le lendemain tous sont réunis autour de lui....
« C'est aujourd'hui, Messieurs, leur dit-il, qu'il faut choisir le plus digne. Concertez-vous. »

Les officiers se rappellent alors leur engagement de la veille; ils ont honte de leurs murmures et proclament à l'unanimité que leur choix est tout fait, et qu'Oudinot est le plus digne de les commander.

Oudinot parlait souvent de ce fait. Un jour qu'on lui disait à ce propos : — Vous dûtes bien les aimer, ces officiers si prompts à désavouer leurs prétentions? — Si je les aimais, reprit Oudinot avec un sourire d'affection et de fierté, nous ne nous quittâmes plus.... je les fis tous tuer.

La nomination du colonel Oudinot à l'emploi de chef de la 4.ᵉ demi-brigade d'infanterie de ligne provoqua de la part des officiers, sous-officiers et soldats de son ancien régiment, une manifestation tout à la louange de son colonel. Chaque compagnie déposa ce touchant témoignage de respect, d'admiration et de dévouement.

Voici deux certificats qui peignent combien déjà le jeune colonel Oudinot avait su inspirer d'estime au corps qu'il commandait :

1.ᵉʳ BATAILLON.

« Les officiers, sous-officiers et soldats du 1.ᵉʳ bataillon de la 4.ᵒ demi-brigade, jaloux de se voir commandés par un citoyen qui réunisse au patriotisme les qualités nécessaires pour les succès de la guerre des républicains, l'honneur, les talents, ou au moins un désir indicible de faire le bien, estiment qu'ils ne sauraient fixer leur choix, [mieux qu'en accordant leur confiance au citoyen Oudinot, commandant du 3.ᵒ bataillon de la 4.ᵉ demi-brigade ; ils se flattent que les choses iront d'un commun accord et que la République ne peut manquer de trouver dans l'union et la fraternité de trois bataillons, dévoués au salut de la patrie, les avantages inséparables d'une conduite qui n'a pour but que la félicité publique.

» Au bivouac de la Syrie, etc. »

COMPAGNIE D'ARTILLERIE.

» Nous, officiers, sous-officiers et canonniers du 3.ᵉ bataillon de la 4.ᵒ demi-brigade, considérant, etc ;

» Attestons à tous les citoyens français que le citoyen Oudinot fut toujours cher à ses subordonnés, par sa douceur, sa bonté, sa justice impartiale envers tous ; qu'actif dans l'administration, ses soins paternels procurèrent aux soldats tous les avantages qui dépendaient de lui ; qu'en campagne, il maintint la discipline la plus exacte, fit régner l'ordre, respecter les propriétés et réprimer la licence ; que dans les combats, il réunit la prudence au courage ; qu'au milieu du feu, toujours maître de lui-même, il montra cette intrépidité calme qui inspire l'audace aux soldats, et caractérise l'homme né pour commander.

» Au bivouac, au pied des Vosges. »

Ces deux attestations portent les signatures de simples soldats dont les noms inconnus alors sont devenus historiques : Broussier, Exelmans, tous deux généraux.

Depuis cette époque, Oudinot fut regardé comme le père des soldats.

La guerre continuait avec acharnement; Oudinot, employé à l'armée du Rhin, reçut sa première blessure à l'affaire d'Haguenau, le 17 décembre 1793 ; ce fut un coup de feu à la tête.

Il est blessé à Haguenau (17 décembre 1793.

En 1794, Oudinot, ayant pris ses cantonnements à Deux-Ponts, Kayserslautern et Morlautern eut à soutenir, le 2 juin, un choc terrible; seul, à la tête de sa 4.ᵉ demi-brigade contre un corps de plus de dix mille hommes, Oudinot s'élance en avant, et pendant plus de dix heures, soutient avec avantage la lutte contre les Prussiens; à quatre heures du matin, il était sur le champ de bataille, et à deux heures de l'après-midi, le feu durait encore.

L'ennemi voulant enfin culbuter cette poignée de français, les fit entourer par six régiments de cavalerie et les somma de se rendre; Oudinot alors se forme en carré et manœuvre pour rejoindre l'armée française qui le croyait perdu.

En vain l'ennemi se rue, la brigade d'Oudinot résiste, c'est un rempart imprenable tout hérissé de baïonnettes; il parvient enfin à rejoindre son corps d'armée.

Malgré les charges réitérées de l'ennemi, il était arrivé à se faire un passage à travers ces masses, sans laisser entamer sa demi-brigade.

<small>L'armée lui décerne le surnom de Brave. (2 juin 1794.)</small>

L'armée tout entière, enthousiasmée de ce beau fait d'armes, lui décerna par acclamation le surnom de *Brave*, la conduite de son régiment fut mise à l'ordre du jour et le nom d'Oudinot donné pour mot d'ordre à l'armée, le lendemain de cette affaire.

Le 10 juin, la 4.e demi-brigade arrivait à Rorbach.

<small>Général de brigade. (14 juin 1794.)</small>

Le 14, la République nommait Oudinot général de brigade; il avait vingt-sept ans.

Pendant le mois de juillet, l'armée de la Moselle, dont il faisait partie, s'empara de Tripstad, se porta sur Trèves pour occuper cette place vigoureusement défendue par les Prussiens qui en gardaient les approches dans les positions de Pellingen et Wasserbilick. Les Prussiens furent chassés de leur redoute après un combat opiniâtre dans lequel Oudinot eut la jambe cassée d'un coup de feu.

<small>Il a la jambe cassée à Trèves. (Juillet 1794.)</small>

La place abandonnée se rendit aux troupes françaises, dès qu'elles se présentèrent.

Le 27 novembre, Oudinot souffrant beaucoup de sa nouvelle blessure, et ne pouvant plus pour le moment prendre une part active aux événements, fut nommé gouverneur de Trèves; la Convention nationale frappa cette ville d'une contribution extraordinaire de quatre millions.

<small>Gouverneur de Trèves. (27 novembre 1794.)</small>

Oudinot resta à Trèves, du 27 novembre 1794 u a 26 avril suivant, époque à laquelle ses blessures le forcèrent à se rendre aux eaux de Saint-Amand. Pendant le temps qu'il passa à Trèves, il s'occupa avec activité et conscience du bien-être des habitants, s'attachant particulièrement aux hôpitaux qu'il visitait tous les jours ; à son retour des eaux, il reprit son commandement (25 août 1795). Le 13 septembre, il fut appelé à l'armée de Rhin.

Le général en chef de l'armée de Rhin-et-Moselle, Pichegru, l'appela dans son grade à la date du 2 octobre pour reprendre du service actif, tout en lui conservant le titre de gouverneur de Trèves. Les hommes prêts à marcher contre l'ennemi, dans la 4.e demi-brigade, étaient au nombre de six cent quatre-vingts. Le 4 octobre, il s'établit au quartier-général à Neckerau.

Le 16, le général divisionnaire Ambert, étant tombé malade, Pichegru nomma Oudinot pour commander par intérim cette division et ordonna que la garde du quartier-général pour la journée du 18 serait fournie par la 4.e demi-brigade.

Le 18, la brigade qu'il commandait en personne à Neckerau fut vivement attaquée pendant la nuit par un corps considérable. Les Français, inférieurs en nombre, sont forcés de se replier avec perte. La nuit est tellement obscure que les soldats ne voient pas tomber Oudinot. Dans cette rencontre, il a reçu cinq coups de sabre et une balle. Tombé entre les mains de l'ennemi, malgré des prodiges de valeur, il fut emmené à Ulm où il resta jusqu'au 7 janvier 1796.

Il reçoit cinq coups de sabre et une balle, — est fait prisonnier. (18 octobre 1795.)

L'armée apprit avec désespoir cette perte immense. Tous les soldats jurèrent qu'à la première rencontre, ils n'épargneraient pas l'ennemi.

Pendant sa captivité, Oudinot qui avait été entièrement dépouillé, reçut les offres les plus gracieuses des chefs émigrés qui mirent leur bourse à la disposition du prisonnier.

Il rentre en France.
(7 janvier 1796.)

Le ministre des relations extérieures, M. Delacroix, négocia enfin un échange, et le 7 janvier 1796, Oudinot, rentrant au sein de sa famille, après trois mois de captivité, fut échangé contre le général autrichien Zainiaü. *(Note 2.)*

Oudinot passa plusieurs mois à Bar-le-Duc pour se remettre de ses blessures, et le 13 avril, le Directoire exécutif le comprenait parmi les généraux de brigade qui devaient, sous les ordres du général en chef Moreau, composer l'armée de Rhin-et-Moselle.

A cette nouvelle, et à peine remis de ses blessures, Oudinot écrivit au général Moreau, à la date du 7 mai, la lettre suivante qui peint son désir de combattre, et son bonheur d'être placé sous les ordres d'un tel chef.

Moreau, général républicain, l'un des meilleurs de ces temps héroïques, avait remplacé Pichegru.

« Je viens, général, d'être avisé que je suis maintenu
» au nombre des officiers-généraux qui, selon la nouvelle
» organisation, doivent composer les armées de Rhin-et-
» Moselle maintenant sous vos ordres ; je ne puis trop vous
» exprimer combien cette destination serait flatteuse pour
» moi et remplirait à la fois mes désirs, si ma santé altérée
» et mes infirmités, suites de blessures, ne me faisaient pas
» douter de la possibilité de soutenir les fatigues de l'activité.
» Le général Pichegru, votre digne prédécesseur, s'était
» réservé de solliciter près de vous le commandement d'une
» place de guerre pour quelque temps ; j'ignore s'il s'en sera
» souvenu ou ce qui en sera résulté ; mais, dans tous les
» cas, je vous préviens, général, que je suis disposé à
» m'éprouver de nouveau, à faire acte de bonne volonté et
» surtout à vous rejoindre aussitôt que vous m'en aurez fait
» adresser les ordres.
» Je suis maintenant à Bar-sur-Ornain, au sein de ma
» famille, sous le titre de prisonnier de guerre par les Autri-

» chiens, et conformément à une autorisation du général
» Pichegru *(Note 3)*; mais je vous annonce que, quoique ma
» décharge de prisonnier de guerre ne me soit pas encore
» parvenue, je suis officiellement avisé que mon échange est
» consommé, et que, sous un délai de huit jours, je serai
» nanti de cette pièce....... conséquemment à votre dispo-
» sition. »

Le 1.er juin 1796, Oudinot fut nommé au commandement de la place de Phalsbourg; le jour de son arrivée, il écrivit aux membres de l'administration municipale :

» J'ai l'honneur de vous prévenir, citoyens, que je viens
» d'être envoyé, par autorité légitime et supérieure, à Phals-
» bourg, pour y commander en chef la place. J'aime d'a-
» vance à croire que notre intérêt commun à concourir de
» tout notre pouvoir à y maintenir l'ordre et la tranquillité
» nous conciliera notre confiance mutuelle et réciproque. »

Mais un nouvel ordre reçu le 20 juillet fit passer Oudinot au quartier-général de l'armée de Rhin-et-Moselle, pour prendre le commandement de la brigade sous les ordres du général Frimont.

Le 18 août, envoyé par le général Delmas pour se porter sur Ingolstadt et prendre tous les renseignements possibles sur la position et la direction de la marche de l'ennemi, Oudinot s'empara des places de Nordlingen, Donawerth et Neubourg.

Le 3 septembre, Desaix chargea le général Delmas d'attaquer la tête du pont d'Ingolstadt et de repousser l'ennemi de l'autre côté du Danube. Le général Delmas confia cette action à Oudinot.

Pendant le blocus de cette place, Oudinot fit face au général Latour, qui s'avançait au secours de la ville avec plus de 10,000 hommes. Un combat acharné s'engagea et dura plus de six heures. Ou-

Il est de nouveau blessé.

dinot, dans la mêlée, reçut un coup de feu qui lui traversa la cuisse, trois coups de sabre sur le cou et un autre sur le bras.

En octobre, il resta au quartier-général à Neubourg.

Le 1.er novembre, après avoir rejoint l'armée à Ettenheim, Oudinot eut une affaire très sérieuse : à la tête des 7.e hussards, 10.e et 17.e dragons, le bras encore en écharpe, souffrant de ses nombreuses et récentes blessures, on le vit conduire plusieurs charges décisives. A la tête de ses braves, il force les ennemis à reculer; ils sont renversés, culbutés, et l'action, qui durait depuis dix heures, se termina à l'avantage de nos troupes.

Oudinot resta alors en observation et revint à Spire (7 novembre), y établit son quartier-général, et le lendemain écrivit au général Marescot :

« La bataille que vous m'avez autorisé à engager s'est
» décidée en ma faveur, mon général : je suis maître des
» lignes de Rehute; je considère la position que j'occupe
» maintenant comme aussi importante que tenable. »

L'ennemi s'était retiré à Oggersheim, d'où il voulut mitrailler nos troupes; mais il ne pouvait faire jouer que quatre ou cinq bouches à feu, n'avait que cinq cents chevaux et peu d'infanterie.

Dans la brillante journée de Manheim, Oudinot n'eut à déplorer que la perte de quatre hommes hors de combat, un cheval tué et quatre blessés; l'ennemi fut bien moins favorisé, car il perdit plus de cinq cents hommes.

Oudinot occupait tout le front de la rivière de la Rehute, depuis le Rhin jusqu'à Igelheim.

Voici, du reste, le récit de tous les combats de 1796, tel que le présente Oudinot lui-même :

« Après Manheim, on me conduisit à Neubourg pour y faire soigner mes plaies : de là, je me retirai sur Iven, avec l'agrément du général en chef; j'attendis là l'armée que je suivis jusqu'à Endingen, où je repris le commandement d'une brigade à la division alors commandée par le général Sainte-Suzanne; je reçus l'ordre de me diriger sur Belingen, afin d'y garder les communications; nous y fûmes attaqués les 25, 26 et 27 septembre, 16, 17 et 18 octobre sans que l'ennemi parvint à en forcer le passage. Le 20 octobre, l'armée repassa le Rhin à Brisac pendant la nuit, et fut dirigée sur Strasbourg et les environs, où nous arrivâmes le 24 octobre; le 27, le général Desaix m'envoya l'ordre de me détacher du corps d'armée et de partir avec les 50.ᵉ, 103.ᵉ demi-brigades; 11.ᵉ régiment de cavalerie, une compagnie d'artillerie légère pour me porter sur Landaw, à l'effet de préserver cette place d'événements; j'y arrivai en trois marches de nuit; à mon approche, l'ennemi, campé près de Schweiguenheim et sur les lignes de la Queich, se retira sur celles de la Spirebach. Le 31, je m'en emparai et occupai le terrain depuis le Rhin jusqu'à Neustadt; j'y restai en observation et sur la défensive jusqu'au 6 novembre, n'ayant d'autres affaires que celles d'avant-postes et reconnaissances. Le 7, ayant reçu un renfort en cavalerie, j'attaquai la Rehute, occupée par l'ennemi, je forçai le passage sur trois points et je le rejetai jusque dans ses retranchements d'Oggersheim; la canonnade s'est engagée à sept heures du matin et a duré jusqu'à quatre heures du soir; le résultat de cette tentative fut absolument à notre avantage; je restai maître de l'importante

Rehute, en face de laquelle l'infanterie bivouaqua depuis le 7 novembre jusqu'au 13, époque à laquelle le général Sainte-Suzanne, venant prendre le commandement des troupes en Palatinat, m'ordonna de replier les troupes sous mes ordres sur la Spirebach où je m'établis le 14, et restai jusqu'au 25 janvier 1797.

» L'armée ayant été réorganisée, je passai employé dans mon grade à la 5.ᵉ division commandée par le général Ambert, je pris possession, le 27 janvier, de la nouvelle brigade qui m'était confiée et la rejoignis à Grunstadt, aux avant-postes où je suis actuellement en exercice (8 juillet 1797.) »

Le 29 septembre, le Directoire exécutif arrêta que les armées de Rhin-et-Moselle et de Sambre-et-Meuse seraient réunies sous la dénomination d'*armée d'Allemagne*; Augereau en prit le commandement. En arrivant à ce poste, il fit publier une adresse remarquable dont voici les principaux passages :

« Camarades,

» Si la mort choisissait ses victimes, le crime seul serait banni du monde, mais elle frappe indistinctement Achille ou Thersite, un guerrier ou l'enfant du vice et de la mollesse, sa faulx aride moissonne indifféremment tout ce qui s'offre à ses coups, crime ou vertu, n'importe; Caton, ne pouvant survivre à la liberté de sa patrie, déchire ses propres entrailles, et sur son cadavre fumant, César s'élève au trône; Hoche meurt à la fleur des ans et au comble de la gloire, et Pichegru survit à ses forfaits : tels sont les arrêts de l'aveugle destin; soldats, qu'une larme arrose le cercueil du héros et qu'un cri d'exécration anathématise le traître...

Soldats, que votre bravoure s'allume au feu sacré de la patrie, et que la renaissance de votre bouillante énergie fasse pâlir nos ennemis d'Outre-Rhin et trembler ceux que vous laisserez derrière ce fleuve. L'Empereur fait, dit-on, des levées; des malheureux enlevés à la charrue et entraînés par la violence viennent grossir le nombre de ses satellites ; précaution vaine! La France rendue à la vigueur de ses institutions républicaines est en ce moment tout entière une armée dont nous ne sommes plus que l'avant-garde. »

Oudinot, par son grade dans l'ancienne armée de Rhin-et-Moselle, occupa la droite de l'*armée d'Allemagne*.

La division du général Chateauneufrandon ayant eu l'ordre d'investir Mayence le 10 décembre 1797, en appuyant sa gauche à Vanbenheim, son centre à Mariemborn et Sinden et sa droite à Budenheim, Oudinot se chargea du centre avec les 62.ᵉ et 10.ᵉ de ligne, et 20.ᵉ régiment de chasseurs. Il porta ses troupes, en suivant la route, de Werstadt sur Mariemborn et Sinden, et établit, à une portée de canon de la place, une ligne des postes de cavalerie et d'infanterie, qui se réunirent aux troupes du général Poinsot, campées à Laubenheim et à celles du général Lecourbe, placées sur Budenheim.

La veille, Oudinot avait établi la droite de sa ligne à Werstadt, et la gauche à Nider-Hilbersheim.

Le Directoire avait décidé une descente en Angleterre, et ne pouvant payer les frais de cette invasion, s'adressa à tous les corps par l'organe des généraux en chef. Dans toute l'armée, l'enthousiasme fut le même; les dons patriotiques arrivèrent de tous côtés au gouvernement, et la brigade d'Oudinot ne resta pas en arrière.

Le passage suivant d'une lettre écrite à Oudinot par le général en chef Chateauneufrandon, à la date du 21 janvier 1798, prouve que les soldats sous les ordres d'Oudinot avaient noblement compris cet élan du patriotisme :

« Je reçois, mon cher général, les procès-verbaux des
» dons patriotiques des 44.e, 62.e demi-brigades et 20.e
» chasseurs. Leur générosité, la vôtre, et celle de votre
» aide-de-camp seront chères et agréables au gouverne-
» ment. »

Une demi-brigade seule souscrivit pour plus de dix mille francs.

Le 25 janvier suivant, le gouverneur de Manheim n'ayant pas voulu, sur la sommation du général Ambert, évacuer la tête du pont du Rhin, les généraux Oudinot et Lecourbe furent chargés d'attaquer le pont par Oggersheim et Oppau. Le général Oudinot arriva à cette hauteur, à une heure de l'après-midi, avec toutes ses troupes; il les forma en ordre de bataille, puis s'avança bientôt jusqu'au camp retranché dont il fit sommer le commandant du fort de faire rentrer ses postes et d'abandonner le fort.

Attaque du pont de Manheim. (25 janvier 1798.)

Le commandant ayant fait répondre qu'il se disposait à se défendre, Oudinot fit alors retirer la cavalerie et mettre en batterie toute l'artillerie composée de neuf pièces. (Il était sept heures du soir.) Un coup de canon isolé fut le signal convenu pour l'attaque générale ; à cet instant, Oudinot marcha jusqu'aux palissades d'où ses troupes reçurent une décharge de mousqueterie et de mitraille. Notre artillerie y répondit ; après une heure d'un feu continuel de part et d'autre, Oudinot se prépara à l'assaut du fort.

« Après avoir rappelé la 62.me à sa valeur ordi-
» naire, dit Oudinot dans le rapport de cette

» affaire, je marchai à sa tête avec ses braves chefs,
» nous battîmes la charge, et arrivâmes, en soute-
» nant le feu de l'ennemi, aux chevaux de frise que
» nous écartâmes; nous enfonçâmes la barrière et
» restâmes maîtres du fort et d'une partie de ceux
» qui le défendaient. »

Dans cette rencontre, Oudinot avait fait prisonnier un lieutenant-colonel, commandant le fort qui, lorsqu'Oudinot sauta dans les retranchements, commença d'abord à crier qu'il était disposé à capituler, mais ensuite continua son action.

Malgré tout, cependant, l'ennemi dirigeait toujours son feu sur le pont; Oudinot fit alors avancer deux compagnies de grenadiers, les établit à l'extrémité droite, afin de protéger la conservation du pont que l'ennemi avait essayé de couper, mais qui n'avait pu le faire, grâce à la rapidité avec laquelle les deux compagnies s'étaient emparées des deux rives.

A peine entré dans Manheim, le général Oudinot adressa au général en chef le certificat suivant :

« Le général Oudinot certifie à qui de droit que les troupes palatines qui étaient chargées de la défense du fort et tête du pont de Manheim, à l'époque du 6 pluviôse an 6, ont opposé aux troupes de la République, chargées de l'attaque, la résistance opiniâtre qui caractérise à la fois leur bravoure et l'intelligence militaire de M. le lieutenant-colonel Karg, à qui le commandement en était confié; que, de plus, cet officier ne doit la reddition de ces ouvrages qu'à l'impétuosité avec laquelle (au mépris de la fusillade et de la mitraille) les soldats français les ont emportés de flanc.

» Signé OUDINOT. »

Le résultat en prisonniers fut d'environ quatre cents et trois bouches à feu; nos troupes ne regrettèrent que vingt-cinq ou trente hommes, dont sept seulement tués.

Le lendemain, le général Ambert félicita Oudinot devant toute la troupe et lui dit que le gouvernement serait heureux d'apprendre la reddition d'une place aussi importante que l'était Manheim.

Il se rend à l'armée d'Angleterre. (30 janvier 1798.)

Le 30 janvier, le général Oudinot reçut l'ordre de se rendre à l'armée d'Angleterre, où il était employé dans son grade.

Desaix commandait en chef l'armée, et Gouvion-St-Cyr la division dans laquelle Oudinot devait prendre le commandement d'une brigade.

Il arriva à Coutances le 5 mars; Chateauneuf-randon, qui l'avait apprécié le jour où il l'avait connu, lui exprima en des termes touchants combien il lui était pénible de le quitter.

« C'est une fatalité reconnue, écrivait-il, que celle qui
» éloigne les êtres qui désireraient le plus se rapprocher....
» Croyez, mon cher général, que de loin comme de près,
» vous me serez toujours présent; puissiez-vous toujours
» être de même à mon égard et ne pas oublier ma sincère
» et tendre amitié. »

Par suite du départ pour Rome de Gouvion-St-Cyr, Oudinot alla prendre à Mayence le commandement de la division, commandement qu'il garda jusqu'au 29 mars, époque à laquelle le général de division Lefebvre arriva.

Quelque temps après, le quartier-général fut établi à Colmar, et les troupes cantonnèrent aux environs. Jusqu'au 6 octobre 1798, Oudinot garda le commandement de la première division de l'armée de Mayence et du Haut-Rhin.

Le général Schawembourg, commandant en chef l'armée française en Helvétie, ayant demandé au gouvernement le général Oudinot, ce dernier lui fut envoyé.

Le 29 novembre, il recevait cette lettre :

« Vous pouvez, général, vous rendre directement à Zurich
» où je serai charmé de vous voir. Je vous y donnerai votre
» destination ultérieure. Ce sera toujours un plaisir pour
» moi de concilier vos désirs avec le bien du service.

« Schawembourg. »

Oudinot établit son quartier-général à Winterthur ; sa brigade se composait de deux demi-brigades, deux compagnies d'artillerie, une compagnie de sapeurs et le 20.ᵉ régiment de chasseurs.

Le 13 décembre, Masséna remplaça Schawembourg.

Ce fut le 4 février 1799 qu'Oudinot commença à effectuer son passage sur le Rhin. Il le fit passer sur deux colonnes par Hag et Verdemberg. Maître de la chaussée qui conduit à Feldkirch, il fit prendre position à un bataillon de la 4.ᵉ demi-brigade sous les ordres du chef de brigade, pour empêcher tout ce qui pourrait venir de la vallée de Montafein et de Feldkirch ; il marcha ensuite avec le reste de sa colonne sur Lucisteig.

Dès quatre heures du matin, le 6 mars, Oudinot avait réuni tout son monde : cavalerie, infanterie, artillerie ; cette dernière, commandée par Maximilien Foy.

Feldkirch. (6 mars 1799.)

Il fallait empêcher l'ennemi d'opérer une réunion par le chemin qui vient de la principauté de Blamenegg et qui traverse les montagnes jusqu'à Ranckwyl ; les Autrichiens venant d'Arlberg pouvaient, en suivant ce chemin, se réunir à ceux qui étaient devant Bregentz ; il était donc essentiel, en occupant Feldkirch, de s'opposer par tous les moyens possibles à cette réunion. Dans cette brillante rencontre, Oudinot fit preuve d'un sang-froid et d'une bravoure remarquables. Par ses savantes et heureuses combinaisons, il neutralise les efforts des Autrichiens. Voyant un instant que le champ de bataille allait peut-être rester à ses ennemis, il commande une charge à la baïonnette, s'élance le premier et fond sur l'ennemi avec impétuosité. Les lignes autrichiennes sont brisées, les soldats mis en fuite; quatre pièces de canon et six cent soixante prisonniers sont le fruit de cette belle journée.

Oudinot commandait les braves 14.e légère, 48.e de ligne, vingt-quatre compagnies de grenadiers, le 13.e régiment de dragons, le 7.e hussards, la 5.e compagnie du 2.e régiment d'artillerie légère; voyant que les munitions étaient épuisées, depuis quelque temps, il passa le Rhin à la nage, entraîna ses troupes et défit complétement le général autrichien Hotze.

Le 15 mars suivant, ayant trouvé une position favorable pour placer une batterie, il écrivit à Masséna, qui lui répondit :

» Mon cher général, si les circonstances nous permettent
» de réattaquer l'ennemi, vos talents militaires, vos sages
» dispositions et votre bravoure sont trop connus pour que
» la 14.e et autres troupes conduites par vous ne soient pas
« sûres de vaincre. »

Oudinot renforcé, attaqua de nouveau le général Hotze; mais l'ennemi, bien supérieur en nombre aux troupes françaises, fit échouer cette attaque. Nous tentâmes vainement de passer l'Ill et de jeter un pont sur le Rhin, en face de Meningen.

Cette tentative infructueuse doit être expliquée : la ville de Feldkirch offre une position très formidable; située dans un vallon resserré sur la droite de l'Ill, elle forme une espèce de coupe-gorge. A une demi-lieue de Feldkirch existe une plaine marécageuse où se dégagent les torrents qui, tombant des hauteurs, s'accumulent en cet endroit; cette plaine resserre le chemin de Coire à Bregentz, qui cotoie la base du contre-fort. Les parties du mamelon, ainsi que celles du contrefort, qui, par leur situation, n'étaient pas impraticables aux piétons, avaient été totalement couvertes de retranchements.

Telle était cette redoutable position sur laquelle devaient échouer tous les efforts des premiers soldats de l'Europe, dirigés par un des généraux les plus braves et les plus intrépides de la Révolution.

Le général Hotze s'étant avancé vers notre droite avec un corps de dix mille hommes, avait confié la défense de Feldkirch aux généraux Bellegarde, Landon et Jellachick ; Masséna voulut profiter de cet éloignement et donna l'ordre d'attaquer de nouveau.

Cette fameuse attaque a lieu le 23 mars 1799, sur quatre colonnes. Oudinot s'avance à la tête de sa brigade réunie aux grenadiers, sur les retranchements, par la grande route de Neudlen ; deux bataillons de la seconde colonne passent l'Ill au gué de Nofels, afin de prendre l'ennemi de flanc, deux autres colonnes se placent de chaque côté de Blasemberg, partie du mamelon opposée à Artemberg.

Mais la position était imprenable, même pour des troupes françaises, et Masséna, assailli lui-même par de braves soldats, écrasé par les pierres que les Tyroliens faisaient pleuvoir sur lui du haut des collines, fut contraint de se retirer.

Oudinot fut détaché à Rheinach, poste important à l'embouchure du Rhin, près le lac de Constance. Dans cette affaire, où les boulets et la mitraille éclaircissaient nos rangs, nous perdîmes 3,000 hommes au pied du retranchement ennemi. Les annales militaires offrent peu de combats, où, de part et d'autre, on ait montré autant de bravoure, d'intrépidité, de fureur.

Hotze rentra à Feldkirch avec 1,500 hommes, qui en défendirent l'approche.

Général de division. (12 avril 1799.)

Le 12 avril 1799, le gouvernement, pour récompenser dignement les nobles services rendus à la France par Oudinot, le nommait général de division ; il n'avait pas encore atteint sa trente-deuxième année.

Le 24 mai, Masséna se transporta à Winterthur, et ordonna une attaque sur la ligne ennemie depuis Frauenfeld jusqu'à Altircken. Oudinot, à la tête de l'avant-garde, se porta sur le premier de ces villages ; le général Ney sur le second, et le général Paillard sur Andelfingen.

Le 26, après une vive canonnade, Oudinot enleva Frauenfeld à la division Petrasch ; mais, parvenu sur la rive droite de la rivière, il fit pendant toute la journée de vains efforts pour chasser l'ennemi, posté avantageusement sur des coteaux voisins ; enfin le général Soult arriva avec quelques renforts, et l'on parvint à percer le centre de Petrasch. La ligne des Français, dans le camp retranché de Zurich, s'appuyait sur les hauteurs de cette place et s'étendait jusqu'au Rhin.

L'archiduc Charles se décida à renouveler son attaque contre Masséna ; ses derniers préparatifs furent terminés dans la nuit du 3 au 4 juin, et l'on se mit en mouvement le 4 dès le matin; Nanendorff, à la droite de l'archiduc, et Hotzé à la gauche avec vingt bataillons et vingt-deux escadrons ; au centre le prince de Reuss emporta Subach. Oudinot, à la tête de sa division, l'assaillit, afin d'enlever Rosemberg ; mais à chaque instant l'ennemi reçoit des renforts et repousse cette tentative, dans laquelle Oudinot est blessé d'une balle à la poitrine. (4 juin 1799.) *Il reçoit à Zurich une balle en pleine poitrine. (4 juin 1799.)*

Oudinot avait succédé au général Chérin et exerçait les fonctions de chef d'état-major de l'armée d'Helvétie.

Pendant que Masséna réussissait à contenir le centre et la droite de l'archiduc, Lecourbe attaquait l'ennemi avec succès sur tous les points de la gauche; le 14 août, dès le matin, il était devant Schwitz, ville située entre le mont Hacken et le lac de Quatorze-Cantons. Schwitz était défendue par le régiment de Stein et par des paysans insurgés qui firent la plus opiniâtre résistance. Une colonne française destinée à tourner la ville n'arrivant pas, la brigade Boivin, qui devait s'emparer de Schwitz et de Muota-Thal, allait être écrasée ; Masséna charge alors Oudinot de se mettre en tête des troupes sur le point de fléchir ; Oudinot s'élance et combat avec ardeur.

Une nouvelle blessure signale un nouveau succès : il reçoit une balle à l'omoplate (14 août 1799); cette blessure enflamme le courage de ses soldats, qui se ruent avec fureur sur l'ennemi et le repoussent en désordre sur Mutten, après lui avoir fait subir une perte considérable. Cette série incessante *Il reçoit à Schwitz une balle à l'omoplate. (14 août 1799.)*

de combats, à des intervalles si rapprochés, habituait nos braves au feu et les rendait dès-lors invincibles.

Oudinot, après le combat de Schwitz, allait acquérir une nouvelle gloire dans le siége et la prise de Zurich.

Korsakoff s'était établi avec quelques détachements devant Hougg, mais la défaite de Markoff avait rendu ce renfort inutile, et Oudinot s'était emparé de Vinchingen.

Mortier était près de Zurich et très pressé par l'ennemi ; le général Gazan campait à Schwamendingen. Masséna, voyant que Mortier allait être contraint de céder, lui envoya toute sa réserve ; Oudinot, poursuivant ses succès, et renforcé, vers trois heures, par des troupes toutes fraîches et déjà bien aguerries, marcha sur le Zurichberg avec toute sa division. A quatre heures, un nouveau renfort arriva aux Russes, et Oudinot fut forcé de rétrograder vers Wipchingen ; Korsakoff, sommé d'évacuer Zurich, s'y refusa ; les généraux Klein et Mortier canonnèrent le petit Zurich.

Les Français attaquèrent avec tant de résolution, les Russes se défendirent avec tant d'acharnement que le carnage fut affreux et la victoire complète : les ennemis avaient perdu toute leur artillerie, leurs bagages et le trésor de l'armée. Une forte arrière-garde s'enferma dans Zurich, ne voulant pas se rendre.

Prise de Zurich.

La ville ayant été vainement sommée, elle fut emportée l'épée à la main par l'intrépide Oudinot qui entra à Zurich par la porte de Hougg.

Il reçoit une balle en pleine poitrine. (26 septembre 1799.)

A la prise de Zurich, il reçut une balle en pleine poitrine. (26 septembre 1799.)

Masséna, après la défaite de ses ennemis, attaqua Rosemberg, resté à Mutten avec une arrière-garde. Il prit ensuite toutes les mesures qu'il jugea nécessaires pour dégager la Suisse.

Mortier s'établit à Sargam, Gazan se porta sur la Thur et Oudinot campa en face des ponts que Korsakoff gardait sur le Rhin.

Le prince de Condé, à la tête des émigrés, défendait Constance. Cette ville allait être canonnée, et ses superbes édifices sur le point d'être incendiés par le feu non interrompu des deux armées. Oudinot écrivit au commandant :

« Monsieur,
» Quoique mes principes ne soient rien moins qu'incen-
» diaires, j'ai l'honneur de vous prévenir que votre éton-
» nante conduite envers Constance qui vous appartient me
» conduira à embraser la porte que vous occupez, si, contre
» toute attente et contre toute humanité, vous persistiez
» à diriger contre cette ville un seul coup de canon, à dater
» de ma démarche ; dans le cas, au contraire, où vous
» accéderiez à ce que l'amour de la tranquillité en faveur de
» ses habitants exige, j'ordonnerai, de mon côté, l'inter-
» ruption d'un feu qui, en ne décidant rien, ni pour l'un
» ni pour l'autre, frappe seulement des citoyens paisibles
» qui, quoique vos sujets, trouvent des droits à notre
» attendrissement. »

Oudinot, en adressant la copie de cette lettre à MM. les membres de la municipalité de Constance, fit dire par son aide-de-camp que les Français sauraient déployer envers eux l'humanité qui les caractérise.

Ayant réitéré, mais en vain, ses demandes, Oudinot se vit forcé de marcher contre Constance dont il s'empara le 7 octobre, malgré l'armée autrichienne.

Prise de Constance. (7 octobre 1799.)

Deux cents émigrés tombent en notre pouvoir ; mais ce sont des Français, et Oudinot les sauvera à tout prix. Il se décide à les envoyer au général en chef Masséna, afin de les arracher à une mort inévitable.

Les émigrés, parmi lesquels sont quelques officiers, se préparent cependant à mourir. Un d'eux, dans cette cruelle expectative, s'approche de l'aide-de-camp du général Oudinot et lui dit : — Je voudrais obtenir une grâce du prince de Condé ; le pourrais-je avant de mourir ? — Qu'est-ce à dire, Monsieur ? répond l'aide-de-camp Urbain qui connaissait son chef ; pour qui donc prenez-vous mon général ? pensez-vous qu'il soit dans l'usage de faire fusiller ses prisonniers ?

Oudinot et les émigrés à Constance.

Oudinot les fit tous conduire à Masséna, sous une faible escorte, et pendant le trajet les deux tiers des prisonniers s'étaient enfuis ; quand on arriva au quartier-général, il n'en restait qu'un très petit nombre.

Masséna ayant compris la noble intention d'Oudinot envoya à Besançon ce qui restait des deux cents prisonniers. Dans cette dernière ville, l'escorte entra seule, les soldats eux-mêmes avaient partagé la pensée noble et généreuse de leurs chefs.

La ville de Constance tomba au pouvoir d'Oudinot ; ce dernier fit publier une consigne qu'il terminait ainsi :

« Le respect aux personnes, culte et propriété, sera fidèlement observé, et en cas de contravention, les auteurs seront traduits au conseil militaire chargé de les juger. »

Le général en chef Masséna, en rendant compte au Directoire exécutif de toutes les opérations du

Danube, du 25 septembre au 10 octobre 1799, terminait son rapport en disant :

« Je dois les plus grands éloges au général Oudinot, mon chef d'état-major, dont la bouillante ardeur sait se plier aux travaux du cabinet, mais que je retrouve toujours au champ de bataille avec avantage ; il m'a suivi dans tous mes mouvements et m'a parfaitement secondé. »

Quelques jours après, Masséna écrivit la lettre suivante au général Oudinot :

« Au quartier-général à Zurich, le 9 brumaire an VIII (31 octobre 1799.)

» Le Directoire exécutif a présenté à l'armée du Danube, par sa lettre du 22 vendémiaire dernier, le tribut de la reconnaissance publique et de sa satisfaction particulière pour ses glorieux travaux depuis le 3 jusqu'au 18 du même mois ; l'attention du Directoire a voulu s'étendre aussi à ceux qui y ont le plus vaillamment contribué.

Avec quel empressement je saisis cette circonstance, mon cher général, pour parler de nouveau de l'activité, de la bravoure et de l'intelligence avec lesquelles vous m'avez secondé ; ce n'est pas sur un point seulement, vous étiez partout. Confondez dans un même sentiment les témoignages de la reconnaissance publique, de la satisfaction de notre gouvernement, de mon estime et de mon attachement. Je ne doute pas que vous ne trouviez là le prix le plus flatteur de vos services essentiels.

» Salut et amitié.

» Masséna. »

La prise de Constance fut la dernière affaire dans la Suisse septentrionale. Les nombreuses blessures reçues dans ces différents combats contraignirent Oudinot à prendre cinq mois de repos.

Le retour de Bonaparte en France, son élévation au consulat, arrêtèrent tous les projets du gouvernement. Masséna fut envoyé en Italie. L'année 1799 s'acheva sans nouveaux combats, et le Rhin servit de limites aux cantonnements des deux armées d'Helvétie et du Rhin.

Le Directoire avait fait place au Consulat, et ses premiers soins furent donnés au gouvernement intérieur de la France. Les armées, un instant délaissées, se ressentaient de cet oubli, et parmi elles l'armée d'Italie.

Partout régnait la misère, le découragement, plus d'argent, plus de vivres, plus de magasins; Championnet venait d'être enlevé par une épidémie, dernier fléau de cette armée naguère si florissante et si belle. Il n'y avait plus ni chefs, ni discipline; les officiers quittaient leurs postes, les soldats brisaient et vendaient leurs armes.

Bonaparte donna à Masséna le commandement de ces corps; c'était une triste mission pour lui qui, forcé de quitter des troupes victorieuses, allait se mettre à la tête de quelques milliers d'hommes épars sur les hauteurs de Gênes.

Masséna accepte ce commandement, mais il met pour condition qu'il choisira ses officiers supérieurs; il demande celui qui a si puissamment contribué aux succès de la campagne qui vient d'être terminée, et le général Oudinot remplit à l'armée d'Italie les mêmes fonctions qu'à l'armée d'Helvétie.

Masséna, arrivé le 10 février 1800, voulut tenter de ramener la discipline au milieu de ce désordre immense et de rétablir l'abondance partout où la disette régnait. Il accéléra la solde et la subsistance des troupes, Marseille lui fournit les grains, et le midi de la France lui envoya des hommes dévoués au pays.

Le général en chef punit sévèrement les déserteurs, récompense les soldats fidèles au drapeau, désarme une demi-brigade entière et prononce la peine de mort contre des officiers qui ont abandonné leur poste.

Bientôt tout est au complet, les cadres sont remplis et l'état-major se compose d'officiers d'un mérite reconnu par toute l'armée.

En arrivant à Gênes, Masséna avait été douloureusement surpris en voyant les riches soutenir l'ennemi. L'argent fait trahir, et un seul exemple prouvera combien la lâcheté était à l'ordre du jour : le bataillon de la Lozère qui était parti au complet, arriva à Gênes, le corps des officiers était entier, un seul soldat composait la milice.

Masséna, par de sages et habiles combinaisons, cherche à lutter contre les difficultés, mais chaque jour de nouveaux malheurs accablent l'armée d'Italie et son général en chef. Les provisions manquent, la misère recommence.

Le 5 avril 1800, les Autrichiens attaquent Gênes. L'aile droite est sous les ordres de Soult, et forme trois divisions sous les ordres des généraux Miolis, Gazan et Marbot.

Oudinot remplit les fonctions de chef d'état-major général.

Oudinot à Gênes.

L'armée active compte plus de quinze mille hommes et les garnisons de Gênes, Javi et Savonne, s'élèvent à elles seules à deux mille deux cents hommes. L'aile droite de l'armée occupe une ligne de plus de soixante milles d'étendue.

Mélas commande l'armée coalisée, l'amiral Keith dirige la flotte anglaise.

Cinquante mille ennemis marchent à la rencontre

de l'armée française, composée de quinze mille hommes presque tous épuisés ; cependant Masséna ne désespère pas de notre salut, il sait profiter de la situation de Gênes, ville fameuse qui compte plus de cent mille habitants. Gênes s'élève en amphithéâtre au bord de la mer, sur le revers d'une ramification de l'Appennin ; un des côtés est dominé par les mamelons du Monte-Ratti et du Monte-Faccio. Cette ville est fermée par deux enceintes de fortifications : l'une intérieure occupe la moitié de la montagne sur le penchant de laquelle Gênes est bâtie, et l'autre extérieure renferme la totalité de la montagne et forme un angle exact, dont la mer est la base.

Le 6 avril, l'attaque fut générale. Dix mille Autrichiens sous les ordres du lieutenant-général Otto, se portèrent sur Gênes. L'ennemi attaqua sur toute la ligne, il fut repoussé à la droite et au centre. Le général Soult, qui commandait le centre, occupait Montenotte. Voyant que la colonne ennemie qui s'avançait contre lui était trop considérable, il quitta ses positions et se porta sur Albissola pour rejoindre le reste de l'armée.

Le général Suchet disputa la position de Saint-Jacques et de Melogno pendant toute la journée du 7 avril, après quoi il se retira à Borghetto, afin d'avoir le temps d'y recevoir des nouvelles du général en chef.

Le général Miolis occupait Gênes.

Oudinot reçut l'ordre de Masséna (de se rendre avec le général Suchet, à la Pietra, pour se concerter avec ce dernier sur le mouvement que l'on avait fixé au 1.er floréal.

Pendant les combats des 15, 16 et 17 germinal, nous fîmes un grand nombre de prisonniers.

Désirant surtout réformer les corps qui, pendant les derniers engagements, s'étaient disséminés, Masséna envoya au général Oudinot et au chef de brigade Marès, commandant le génie, l'ordre de quitter Gênes et de se rendre immédiatement près de lui.

Le 11 avril, vers une heure après midi, l'ennemi attaqua la 97.ᵉ qui tenait la position en avant de Cogoletto, sur la rive droite du torrent; la colonne du général Soult se tenait en réserve à la gauche de ce même torrent. Pressée par des forces supérieures, la 97.ᵉ, malgré une résistance des plus opiniâtres, opéra sa retraite qui fut presque une déroute. Rien ne put la rallier ou lui faire monter la côte où se trouvait la réserve.

Dans le plus grand désordre, elle se jeta tout entière sur les bords de la mer, où elle fut vivement canonnée par six chaloupes ennemies. Lorsque Masséna voit que dans un pays de montagnes, quarante-cinq hussards de Zeckler chargent impunément une demi-brigade et que déjà ils sont maîtres de Cogoletto, il se met avec Oudinot, qui l'avait rejoint, à la tête d'une trentaine d'officiers et de guides, charge l'ennemi et le rejette au-delà du torrent; là, soutenu par son infanterie, il se rallie; peu d'instants après, il revient à la charge; une seconde fois, il est repoussé. Dans ce dernier engagement, nous eûmes trois blessés parmi lesquels le citoyen Hatry, officier adjoint à l'état-major général.

Le 15 avril, l'ennemi ayant détaché une forte

colonne des hauteurs de Savonne, se dirigea sur la Stella et disparut bientôt dans les gorges des montagnes.

Masséna craignant que cette colonne n'achevât son mouvement contre le général Soult, la fit attaquer. Oudinot fut chargé de commander, il conduisit la colonne de gauche.

L'ennemi avait dans cette partie deux de ses meilleurs régiments d'infanterie et cinq bataillons de grenadiers; aussi sa défense, digne de ces troupes d'élite, fut-elle très opiniâtre; il se trouva forcé un instant par le corps d'Oudinot; mais, soutenu sur toute la ligne par des troupes placées en échelons, et à des distances très rapprochées, il reprit le terrain qu'il avait perdu et poursuivit les troupes d'Oudinot qui s'étaient éparpillées et n'étaient plus en mesure de se rallier.

Le général en chef accourut alors, arrêta l'ennemi au moment où il voulait franchir le torrent d'Albissola, et facilita la retraite de ses troupes qui se rallièrent aussitôt : ce combat avait duré trois heures.

Oudinot se dévoue pour le salut de l'armée. Pendant une de ces charges, Masséna, enveloppé par la cavalerie ennemie, allait être fait prisonnier sans la présence d'esprit et le dévouement du général Oudinot qui, ralliant autour de lui tous les officiers de l'état-major et quelques autres braves, fondit sur les hussards autrichiens et dégagea Masséna, qui parvint à réunir sa troupe très affaiblie et lui fit prendre position à Arenzano.

Inquiet de ne pas recevoir des nouvelles de Suchet, et justement impatient de connaître le résultat des mouvements de ce général, Masséna accueillit avec empressement la proposition que lui fit Oudinot d'aller lui-même conférer avec le commandant de l'aile gauche.

Le port était bloqué rigoureusement par l'escadre anglaise, et cependant il importait au salut de nos troupes que Masséna pût faire parvenir à Suchet de nouvelles dépêches. Oudinot alors se dévoua : Oudinot « l'un des militaires les plus distingués par
» les qualités rares et si précieuses qui caractéri-
» sent l'homme de guerre, les talents qui les perfec-
» tionnent, cette délicatesse qui les ennoblit, ces
» formes heureuses qui concilient toutes les affec-
» tions. » (1)

Conduit par le brave Bavastro, capitaine de corsaires, Oudinot, accompagné de son aide-de-camp, effectue son passage à travers la flotte anglaise. Monté sur une barque légère, il essuie le feu de l'ennemi, prend terre sain et sauf à Loano; après trois jours, arrive au quartier-général de Melogno, donne au général Suchet l'ordre d'attaquer l'ennemi, et revient, courant les mêmes dangers, rendre compte à Masséna de la position qu'occupe Suchet, de ses forces devant l'ennemi.

Ainsi se termina cette mission à la fois délicate et périlleuse.

Pendant l'absence du général Oudinot, l'adjudant-général Andrieux fut appelé à remplir, auprès de Masséna, les fonctions de chef de l'état-major général de l'armée.

C'est en se rappelant ce noble dévouement et

---

(1) Journal des opérations militaires du siége et du blocus de Gênes, par le général Thiébault. *(Paris,* 1803.)

cette infatigable activité d'Oudinot que Masséna écrivait au gouvernement : « Je n'ai pas d'expression pour donner une idée de l'activité, du patriotisme et de la haute intelligence avec lesquels le général Oudinot m'a secondé en Suisse, en Italie..... il était partout et à tout ; il n'a pas seulement conquis mon estime et mon attachement, il a droit à la reconnaissance publique. »

Le blocus de Gênes commence le 18 floréal (7 mai) ; la flotte anglaise bombarde la ville et écrase tous ses monuments, n'épargnant même pas les hôpitaux que des drapeaux noirs distinguaient et auraient dû faire respecter ; c'est peut-être le seul siége où l'on vit un pareil scandale!

La famine augmentait tous les jours ; on avait mangé les chevaux, les chiens, les chats, et, pendant tous ces affreux moments, Masséna, d'un air calme et souriant, s'efforçait de donner à ses troupes un espoir qu'il ne partageait déjà plus.

Parmi les traits de bravoure et de sang-froid qui signalèrent l'armée française au blocus de Gênes, nous n'en citerons qu'un seul ; nous le choisissons entre mille, parce qu'il se rapproche plus que les autres du caractère de notre sujet.

Le 23 avril, avant le jour, dans une sortie vigoureuse, une demi-brigade est arrêtée et ses chefs faits prisonniers.

Un instant après, l'ennemi se trouble en voyant de nouveaux renforts arriver pour reprendre l'offensive. Le colonel Nadasti demande à l'un des chefs français prisonniers, le capitaine Chodron, quel est le chemin le plus court pour arriver à Cornégliano. Chodron, sans se déconcerter, lui indique une issue à travers un jardin, dans lequel le colonel se jette avec quatre cent cinquante hommes ; mais à peine y sont-ils entrés que quelques officiers français s'emparent de la porte et crient : A bas les armes ! « Messieurs, dit Chodron, c'est vous maintenant qui êtes mes prisonniers. » L'ennemi, forcé de se rendre, tâche de faire oublier les outrages dont il s'est rendu coupable à l'égard des prisonniers français, en comblant de présents le capitaine Chodron qui s'était vu entièrement dépouillé par eux.

« Gardez vos bijoux, répond le capitaine, je n'en ai pas besoin pour faire ce que vous n'avez pas su faire pour moi. » Un des officiers ennemis réplique : — C'est que nous avions perdu la tête. — La tête ! reprend Chodron, on n'est pas fait pour être officier quand on peut perdre la tête autrement que par un boulet de canon ! »

Masséna envoyait aide-de-camp sur aide-de-camp au premier Consul. Chaque jour, nos malheureux soldats attribuaient au moindre mouvement de l'armée des alliés l'approche de Bonaparte, et chaque jour leur amenait une nouvelle déception.

Enfin le 28 mai, Masséna, pour mieux s'assurer des dispositions de l'ennemi, ordonna une sortie générale. Les Autrichiens avaient augmenté les redoutes autour de Gênes; ils se défendirent avec vigueur contre des Français que la misère et la famine avaient exténués; nous fîmes de grandes pertes. Le général d'Arnaud fut grièvement blessé, et ses troupes contraintes de se replier sur la porte romaine. Les horreurs de la famine et du typhus s'accroissaient toujours; les rues étaient encombrées de mourants et de morts dont le nombre s'élevait à près du quart de la population. Les soldats brisaient leurs armes, d'autres se suicidaient.

L'armée était donc dans un misérable état de détresse, la mort était réellement sur toutes les figures et l'abattement dans toutes les âmes. Masséna avait particulièrement, depuis dix jours, la douleur empreinte sur le visage. Enfin, réuni avec l'ordonnateur en chef, chez les citoyens Laflèche et Guyot de la Pomeraye, il tentait sa dernière ressource en travaillant à faire former à cette maison de commerce une entreprise nécessaire pour le salut de tous. Mais vainement le général en chef et l'ordonnateur offraient toutes les garanties qui dépendaient d'eux, que pouvaient des promesses dans une telle position?

C'est dans ce moment que Masséna et l'ordonnateur, cédant tous deux à un élan généreux, firent chacun, de leur propre fortune et en lettre de change, une avance de cent mille francs à ces négociants, qui, par des moyens restés inconnus, s'étaient engagés sur parole à faire entrer dans le port de Gênes des subsistances pour l'armée française.

Soult et Oudinot, instruits de l'objet de cette négociation et de son urgence, en attendaient le résultat avec l'inquiétude la plus vive dans le cabinet du général en chef.

Au moment où ce dernier rentra, tous coururent au-devant de lui et l'interrogèrent. — « Mes amis, leur répondit-il, félicitez-moi, je viens d'engager le pain de mes enfants, mais j'en ai donné pour quarante jours à l'armée. »

L'émotion était générale; Soult et Oudinot voulurent partager, selon leurs moyens, cet acte de dévouement.

Cet engagement n'eut aucun effet, par suite d'une attaque vigoureuse dirigée par les Autrichiens contre Gênes.

Et le 4 juin 1800, le général en chef Masséna termina les négociations à des conditions qui honoraient et l'armée et le général qui la commandait.

A neuf heures du matin, l'entrevue des chefs des deux armées eut lieu dans la petite chapelle de Cornegliano; à sept heures du soir, on signa le traité.

Le 5 juin, le quartier-général partit pour Antibes, après s'être illustré par une défense telle que, de nos jours encore, on se rappelle avec admiration l'énergique résistance des Français à Gênes.

Le 14 juin, l'armée de réserve, sous les ordres de Bonaparte, remportait une victoire signalée sur l'armée autrichienne; Marengo avait fait retentir l'Europe entière du bruit de son canon. Cette victoire était un signal pour l'armée du Rhin; elle l'entendit et y répondit par de nouveaux succès. Mais dans ce noble concours de victoires la France eut à déplorer la perte du généreux Desaix, du *Sultan juste;* s'il était un sentiment qui pût adoucir l'amertume de ces regrets, c'était l'idée que la victoire à laquelle il avait contribué par la perte de sa vie pouvait être regardée comme le présage d'une paix solide et heureuse; le vœu émis par la France allait être accompli, et le premier Consul n'avait voulu acquérir le nom de vainqueur que pour obtenir celui de pacificateur.

A treize jours de distance, le brave Latour-d'Auvergne, premier grenadier de France, mourait au champ d'honneur. (27 juin 1800.)

Le 22 août suivant, le général Brune remplaça Masséna dans le commandement en chef de l'armée d'Italie.

Mais la paix de Marengo n'avait pas été de longue durée, et dès le mois de novembre, le plénipotentiaire autrichien ayant refusé de se détacher de l'Angleterre, Bonaparte avait fait annoncer que la reprise des hostilités aurait lieu le 28 novembre (7 frimaire an 9). Tout était prêt pour cette campagne d'hiver, l'une des plus belles, des plus glorieuses, des plus décisives de nos annales.

Cinq armées étaient disposées par les soins du premier Consul sur le vaste théâtre de cette guerre. Augereau, Moreau, Macdonald, Brune et Murat en étaient les chefs.

Brune, général de l'armée d'Italie, commandait cent vingt-cinq mille hommes, dont quatre-vingt mille sur le Mincio ; il comptait cent quatre-vingts bouches à feu.

Les Autrichiens en Italie étaient sous les ordres du général comte Bellegarde ; ils étaient au nombre de quatre-vingt mille.

Du 20 au 24 décembre, Brune s'avance sur le Mincio, enlève les positions que les Autrichiens ont occupées et se prépare à passer le fleuve le 25, dès la pointe du jour.

Delmas commandait l'avant-garde ; Moncey, la gauche ; Dupont, la droite ; Michaud, la réserve.

La ligne du Mincio, longue de sept à huit lieues, s'appuyant au lac de Garda d'un côté, à Mantoue de l'autre, défendue par soixante-dix mille Autrichiens conduits par le comte Bellegarde, n'était pas facile à forcer. Brune réunissant ses colonnes eut l'idée de passer le Mincio sur deux points à la fois, à Pozzolo et à Monzembano. Sur ces deux points se trouvaient les Autrichiens solidement postés derrière le Mincio et appuyés sur Mantoue et Peschiera.

Brune, en voyant toutes ces forces autrichiennes, aurait dû revenir de son idée première; il commit donc la faute de diviser son armée et de la faire passer d'abord à Pozzolo, le 25 décembre.

Pour soutenir l'établissement du pont protégé par l'artillerie, disposée avec beaucoup de talents, le général Musnier se porta sur la rive droite et y établit la 6.ᵉ légère et la 28.ᵉ de ligne. Le général Dupont continua ses succès. On s'empara du village de Pozzolo.

L'ennemi, averti du passage et des progrès de nos troupes, rassembla bientôt les siennes, et, à une heure de l'après-midi, il avait en tête quarante-cinq bataillons et douze régiments de cavalerie, commandés par Bellegarde en personne, accompagné de son chef d'état-major, de Jach.

Le général Vatrin, qui commandait la gauche, eut à soutenir les premières attaques; après deux heures d'efforts inutiles contre cette division, il dirigea sur elle, par son flanc droit, une charge impétueuse de cavalerie qui fut elle-même sans effet.

Bellegarde, voyant ses troupes bientôt foudroyées par notre artillerie, abandonna notre droite et dirigea ses forces sur Pozzolo, occupé par la division Monnier. Une forte colonne ennemie vint mettre un terme à l'avantage qu'avait jusqu'alors conservé cette division, qui fut forcée de céder momentanément au grand nombre.

Ce fut alors que le général Suchet, rentrant avec son corps d'armée dans ses anciennes positions pour attendre le passage de Monzembano, qui devait s'effectuer le lendemain, apercevant des hauteurs de la rive droite la lutte disproportionnée de deux mille contre sept mille, et témoin du succès qu'allait obtenir l'ennemi, n'hésita pas à détacher contre lui l'une de ses divisions. Les généraux Gazan, Lesuire et Clausel passèrent le Mincio et s'emparèrent une nouvelle fois de Pozzolo; mais l'ennemi, trouvant un grand avantage dans ses forces bien supérieures aux nôtres, Pozzolo est encore une fois emporté.

Suchet détache aussitôt une des brigades de la division Loison et l'ennemi est culbuté.

Le général Davoust arrive, s'empare de Pozzolo, Monnier rentre dans ce village, et nos troupes sont enfin maîtresses du champ de bataille; il est dix heures du soir.

Dans toutes les attaques, Oudinot s'est couvert de gloire, se trouvant partout où le péril est grand et préludant par des actes de haute valeur à une des actions les plus héroïques de sa vie.

Le lendemain, 26 décembre, l'armée prenait position; quarante bouches à feu, placées par le général Marmont, avaient soutenu la confection des ponts et favorisé le passage de nos troupes. L'avant-garde franchit la première; la division Boudet, ensuite; les généraux Suchet, Davoust et Michaud, enfin la réserve du quartier-général.

Les premières troupes arrivées forcèrent la ligne

des ennemis et enlevèrent à la baïonnette le poste de Vallegio.

Oudinot à Mincio. (26 décembre 1800.)

Une des batteries autrichiennes gênait considérablement les troupes françaises et jetait dans nos rangs le désordre et la mort. Oudinot, apercevant cette batterie placée sur le sommet d'un mamelon d'un difficile accès, réunit autour de lui quelques braves officiers d'état-major, ses aides-de-camp, et quatre soldats du 14.e régiment de chasseurs. Avec ce faible renfort, il gravit la pente escarpée du monticule qui protège les Autrichiens, arrive jusqu'à ces braves ennemis, les couche morts au pied de leurs canons, s'empare de leur position et une pièce tombe en son pouvoir. Contribuant par cet élan généreux à repousser l'ennemi qui battait la charge, marchait en masse, et en forces bien supérieures sur ces deux brigades, les colonnes ennemies se débandent bientôt, fuient de tous côtés et laissent entre nos mains près de deux mille prisonniers.

Le 30 décembre, Brune écrivait au premier Consul : « Le général Oudinot a sabré des canonniers ennemis sur leurs pièces. Ne jugerez-vous pas convenable de lui décerner quelque récompense d'honneur : un sabre, ou une armure, ou le canon qu'il a pris? »

Dans le rapport qu'en sa qualité de chef d'état-major général Oudinot fit au gouvernement, il ne se montra pas moins modeste qu'il avait été héroïque dans l'action.

Après avoir cité nominativement tous les officiers qui s'étaient dévoués et sur lesquels il fixait l'attention du premier Consul, il disait :

« Conduits par un général, *hors ligne*, là où la résistance était la plus forte, ils culbutèrent tout ce qui se trouva sur leur passage, parvinrent à enlever une pièce de canon, et donnèrent par ce dévouement le temps à la division Boudet d'arriver à leur hauteur. Dans cette charge, le général qui était à leur tête eut un cheval blessé ! »

Ce fait de bravoure et de modestie n'a pas besoin de commentaires.

Le 28 décembre, l'armée transporta son quartier-général à Villa-Franca ; l'ennemi avait évacué dans la nuit du 26 au 27 le poste de Gioto et le fort de Vallegio en y abandonnant quatorze pièces de canon.

Depuis le passage du Mincio, en avant de la Volta, jusqu'au 28 décembre, le nombre des prisonniers fut de six mille, celui des bouches à feu de trente-deux et nous prîmes sept drapeaux.

Le général Bellegarde se retira vers Trévise, Brune l'y suivit ; mais Hohenzollern arriva pour traiter d'un armistice. Brune y consentit et chargea le général Sébastiani de le conclure. Cet armistice, signé à Trévise le 16 janvier 1801, devait durer vingt-trois jours seulement et livrait aux Français les places de Peschiera, Porto-Legneno, Ferrare et Ancône.

L'étendue de la ligne française, occupée sur ses derrières par les corps impériaux, décida le général Brune à suspendre ainsi sa marche victorieuse.

Le général Oudinot fut envoyé à Paris par le général en chef pour porter le traité des deux armées belligérantes et les drapeaux conquis dans cette campagne.

Pendant son séjour à Paris, il se rendit souvent

chez le premier Consul pour l'entretenir des opérations de cette campagne. Le 4 février 1801, Oudinot écrivit à Brune la lettre suivante :

« Dans mon second entretien avec le premier Consul, j'ai non seulement obtenu sans peine l'assentiment le plus complet de tout ce que vous avez fait pendant cette campagne, mais encore de tout ce que vous êtes destiné à faire, tant militairement qu'administrativement, de manière donc que votre juste espérance, à cet égard, doit être comblée. Je n'ai pas même eu besoin de négocier cette obtention ; car si je n'ai pas été prévenu dans la réussite, il ne m'a fallu du moins qu'exposer ce que vous désiriez, pour que le premier Consul s'empressât de dire *oui* sur tout. »

Le premier Consul décerna à Oudinot un sabre d'honneur et décida que l'une des pièces qu'il avait prises lui-même au passage du Mincio lui serait remise comme récompense de sa haute bravoure. (17 ventôse an 9.) (1) {Il reçoit un sabre d'honneur et une pièce de canon. (8 mars 1801.)}

Oudinot avait trente-quatre ans, et son corps déjà couvert de blessures, meurtri de part en part, attestait de sa valeur et de la part glorieuse qu'il avait prise dans cette mémorable et glorieuse époque.

Pendant la paix qui vint alors mettre un terme à la guerre universelle qui, depuis tant d'années, agitait le monde entier, Oudinot fut promu inspecteur-général de l'infanterie. (24 juillet 1801.) {Inspecteur général de l'infanterie. (24 juillet 1801.)}

Le général Bonaparte, profitant d'un repos devenu bien nécessaire à ses troupes, reconstituait de nouvelles armées, et son génie militaire, dans son

---

(1) Cette pièce de canon orne encore aujourd'hui la propriété d'Oudinot, à Jeand'heurs.

incessante activité, plaçait à leur tête, pour surveiller et refondre, des généraux éprouvés par leurs talents et leur capacité.

Pendant les cinq mois qu'Oudinot remplit ses nouvelles fonctions, il se fit aimer et respecter de tous.

<small>Inspecteur général de la cavalerie. (18 décembre 1801.)</small>

Le 18 décembre suivant, il fut nommé inspecteur général de la cavalerie et s'attacha de nouveau toutes les affections. S'occupant avec une conscience irréprochable des intérêts du soldat, veillant à ce que rien ne lui manquât, pensant au moindre détail, visitant les arsenaux, les magasins à fourrage, il sut acquérir en peu de temps ce que d'autres ne pouvaient jamais obtenir.

<small>Son buste inauguré à Bar. (1.er octobre 1802.)</small>

Le 1.er octobre 1802, le conseil municipal de Bar-le-Duc apportait en triomphe, au son des tambours et d'une musique guerrière, drapeaux déployés, le buste du général Oudinot, qui fut placé dans la salle des séances.

M. Henrionnet, conseiller municipal, prononça un discours, dans lequel nous remarquons les passages suivants :

« Nous rendons aujourd'hui le juste tribut de notre estime et de notre considération, de notre reconnaissance et de notre amour à celui que son dévouement, sa valeur et ses vertus ont placé au premier rang des défenseurs de la patrie..

» Conscrits que la voix de la patrie appelle en ce moment, l'honorable magistrat qui préside cette assemblée vous a proposé pour modèle ce général que nous honorons ; les accents de sa voix paternelle ont pénétré vos cœurs ; les honneurs que nous rendons à celui qui a devancé ses compagnons d'armes donnent l'idée du rang que tiennent dans notre considération les braves qui se dévouent pour la cause commune..

» Corps des notables de cette ville, levons-nous, que notre vertueux et respectable chef, en notre nom et au nom de nos concitoyens, pose sur ce front glorieux la couronne civique qu'il a tant de fois méritée. »

Le citoyen Robert-Adam, maire, tenant une couronne de lauriers, l'a posée sur le buste du général Oudinot, et, adressant la parole aux conscrits et au citoyen Oudinot, père du général et membre du conseil municipal, a terminé ainsi :

« Conscrits,
» Ce serait une jouissance bien réelle de posséder en ce moment au milieu de nous le général lui-même, et de ceindre sa tête de cette couronne qui lui est due à tant de titres ; ce témoignage de reconnaissance que nous rendons à ses actions parle sûrement à vos cœurs.

» Respectable père d'un fils que nous chérissons, soyez notre organe, exprimez-lui nos sentiments; dites-lui que si les vœux de ses concitoyens sont exaucés, le bonheur accompagnera toujours sa gloire!. . . . .

Les drapeaux ont alors salué, et la cérémonie a été terminée par des airs patriotiques joués par la musique de Bar.

Quelque temps après, Oudinot prit le commandement de la première division du camp de Bruges.

Dans le mois d'août 1803, toutes les troupes qui se trouvaient dans le département du Nord reçurent l'ordre de se concentrer à Ostende.

Ce camp qui prit la dénomination de camp de Bruges était sous les ordres du général en chef Davoust. La première division (droite) était commandée par Oudinot; la seconde (gauche) par le général Friant; la flotte était sous les ordres de l'amiral Verhuel.

Oudinot occupait le village de Schilikens, où ses

soldats avaient construit une baraque d'une grande élégance pour loger leur général ; le front du camp faisait face aux Dunes sur quatre rangs de baraques. Chaque soldat avait son jardin parfaitement tenu, et le zèle de tous ces braves militaires redoubla, lorsque le général en chef annonça la prochaine arrivée du premier Consul.

Vers la fin du mois d'août, Bonaparte, accompagné de son collègue Lebrun, arriva à Ostende; delà, il vint à la première division. Toutes les troupes se mirent sous les armes pour le recevoir, les tambours battirent.... et les généraux ordonnèrent une grande manœuvre.

Vers cinq heures du soir, le lendemain de son arrivée, Bonaparte fit faire le défilé et se rendit ensuite à la baraque du général Oudinot pour lui témoigner toute sa satisfaction de la bonne tenue et des connaissances de ses troupes.

Peu de temps après, Oudinot fut rappelé à Bar-le-Duc pour remplir un bien triste devoir : sa mère allait mourir !

Il resta quelque temps dans sa famille.

Nommé par le suffrage de ses concitoyens président du collége électoral de la Meuse, il ouvrit la session par le discours suivant qu'il prononça le 18 septembre 1803 :

« Citoyens électeurs,

» Nous sommes réunis pour exercer les droits que nous assure une heureuse et bienfaisante constitution et former, pour la première fois, le corps le plus imposant et le plus respectable que puissent avoir les hommes réunis en société.

» Si la liberté s'établit par le courage et le dévouement, elle se maintient et s'affermit par le bon ordre auquel s'intéresse si puissamment la propriété.

» C'est à ce titre, citoyens, que le génie du législateur nous a confié la désignation des hommes qui peuvent faire partie des premières autorités de l'Etat et prendre part à l'administration du département.

» Les opérations qui doivent occuper l'assemblée dans cette session vous sont connues; nous fournirons des éléments à la composition du Sénat conservateur, à laquelle auparavant les départements n'avaient aucune part; nous en fournirons pour remplacer au corps législatif nos représentants; ils ont rempli si dignement leur mission, que la loi seule de l'Etat peut mettre un intervalle dans l'exercice de leurs fonctions; nous présenterons au gouvernement des sujets dignes de sa confiance comme de la nôtre, pour régler les intérêts locaux des arrondissements, l'économie et la dignité de l'administration générale.

» L'esprit public qui anime le département de la Meuse donnera son influence à nos travaux; administrés par un magistrat en qui la sagesse rend le pouvoir inutile; ayant pour exemple toutes les autorités constituées dont les lumières et les vertus commandent le respect et la considération, l'amour seul du bien présidera dans cette enceinte, et j'aurai la satisfaction de n'en être que le témoin.

» Nourri dans les camps, j'ai peu l'habitude des fonctions civiles; mon inexpérience m'aurait éloigné de l'honorable mission que je suis chargé de remplir; mais la douce satisfaction de me trouver au milieu de mes concitoyens m'a donné confiance pour l'accepter.

» Animés tous des mêmes sentiments, citoyens collègues, sentons le prix et la jouissance de nos attributions. Secondons les vues du chef suprême de l'Etat qui, par la hauteur de ses conceptions dans les lois organiques, nous fait concourir plus directement à des élections où nous avions si peu de part dans les listes de notabilités.

» Que les fonctionnaires que nous désignerons nous honorent, qu'ils soient propres par leurs talents et leurs vertus à contribuer au bonheur commun, à l'avantage du département et à la prospérité de la République. »

Ce discours, où respire un si grand amour de

la liberté et le patriotisme le plus pur, fut imprimé par ordre de l'Assemblée.

Oudinot retourna bientôt reprendre une part active à l'armée, et le 11 décembre, il fut nommé chevalier de l'ordre de la Légion-d'Honneur, qui venait d'être institué.

<small>Chevalier de la Légion-d'Honneur. (11 décembre 1803.)</small>

Le 8 mai suivant, le général en chef Davoust fut appelé à Paris par le premier Consul, et le général Oudinot fut choisi pour commander en chef, par intérim, le camp de Bruges.

Son quartier-général était à Ostende; chaque jour il écrivait à Davoust pour l'informer de tout ce qui se passait et pour lui adresser les rapports des différents corps qu'il commandait.

Le 16 mai, un engagement eut lieu entre la flotille batave et l'escadre anglaise. L'amiral Verhuel donna le signal d'appareiller à six heures du matin; à onze heures, la tête de la flottille se trouvant à la hauteur de Escht, l'amiral fit virer de bord à tous les bateaux canonniers pour rallier les traîneurs, et en même temps fit porter au large les prames et les chaloupes canonnières pour former sa ligne de bataille.

L'ennemi commença son feu; nos troupes, sous la direction du général Oudinot, y répondirent par un feu bien nourri et continuèrent leur marche.

Vers cinq heures du soir, Sidney Smitt voulut arrêter la tête de notre flottille et empêcher la jonction d'une division que l'amiral Magon avait fait sortir du port d'Ostende.

La ligne anglaise était formée d'un vaisseau, de quatre frégates et d'un brick.

A six heures et demie du soir les ennemis ne

pouvant éteindre notre feu, et la marée venant à baisser, ils furent contraints de livrer passage à nos prames.

Dès le jour où le général Oudinot prit le commandement en chef par intérim du camp de Bruges, il se concilia toutes les affections : officiers et soldats, tous lui obéissaient avec plaisir ; les désertions s'arrêtaient, le dévouement s'accrut et toute l'armée devint un modèle de discipline.

Dans le courant du mois de mai, Davoust écrivait à ce sujet à son ami Oudinot :

« J'ai reçu ta lettre, mon cher Oudinot, je suis très tranquille sur la manière dont l'armée sera menée pendant mon absence ; elle est en très bonnes mains. J'ai vu le premier Consul, à qui le ministre de la guerre avait déjà rendu compte de l'instruction, de la discipline et du bon esprit qu'il avait remarqué dans l'armée. Le dévouement et l'amour que nous lui portons l'ont vivement touché. Les marques de satisfaction qu'il m'a données sur l'armée sont notre récompense. »

Les conspirations successives qui avaient été dirigées contre la personne de Bonaparte faisaient désirer le repos et la prospérité. Il était évident pour tous alors que le vainqueur de Marengo était le seul capable de faire le bonheur de la France. Son administration, ses nombreuses victoires et son génie avaient attiré de son côté même les plus républicains, et les Français proclamèrent que lui seul était digne de porter le sceptre.

Le Tribunat fut le premier qui proposa d'élever Bonaparte à l'Empire : il fit la proposition, le corps législatif l'appuya d'une adresse, et le Sénat, par un vote unanime, l'adopta dans une séance extraordinaire.

Napoléon Empereur.
(18 mai 1804.)

Le lendemain (19 mai), l'Empereur éleva à la dignité de maréchal de l'Empire quatorze généraux qui s'étaient fait recommander comme commandant en chef les armées républicaines (1).

L'armée fut surprise et peinée de ne point voir parmi ces noms glorieux un nom devenu déjà populaire par la victoire, un nom que toute l'armée vénérait : celui d'Oudinot.

Le 23 mai, l'armée formant le camp de Bruges, toujours sous les ordres d'Oudinot, fut assemblée pour prêter serment de fidélité à l'empereur Napoléon. Peindre l'enthousiasme que produisit cette belle et grande journée est impossible.

Voici le discours que prononça Oudinot à ses troupes réunies, lors de la prestation du serment de fidélité :

« Messieurs les généraux et officiers, employés au camp de Bruges, inspecteurs et sous-inspecteurs, commissaires ordonnateurs et des guerres.

» Vos vœux sont exaucés : des milliers de voix se sont mêlées aux vôtres; Napoléon Bonaparte est proclamé Empereur!

» Je n'arrêterai pas vos yeux sur tant de malheurs que nous avons traversés, sur tant de factions que nous avons détruites, sur tant d'ennemis intérieurs que nous avons vaincus; j'aime mieux vous montrer le présent. Contemplons-le avec délices : jouissons des bienfaits qu'il nous offre, qu'une douce espérance embellisse notre avenir, et que le beau jour qui est notre ouvrage soit le gage assuré de notre bonheur.

» Je vais, Messieurs les généraux et officiers, recevoir et

---

(1) A ces quatorze maréchaux, nous devons ajouter MM. Kellermann, Lefebvre, Serrurier et Pérignon, qui furent nommés maréchaux honoraires.

prêter le serment prescrit par le sénatus-consulte..............

» Et vous aussi, braves grenadiers, premiers soutiens de cette gloire nationale, vous le prêtez ce serment de fidélité au héros qui vous a si souvent conduits à la victoire, à l'empereur Napoléon Bonaparte.. *Vive l'Empereur !*

Ce cri passa de bouche en bouche, et une voix immense le répéta.

Davoust, promu maréchal de l'Empire, publia l'ordre du jour suivant, à son retour au camp de Bruges (12 juin 1804) :

« Le maréchal de l'Empire, commandant en chef, ayant vu successivement, depuis son retour à l'armée, les trois divisions exécuter les manœuvres avec autant d'ensemble que de précision, d'instruction et d'ardeur, s'empresse d'en témoigner sa satisfaction aux officiers, généraux et colonels, et en particulier au général Oudinot qui la commandait pendant son absence ; il a reconnu dans le maintien de la discipline, dans les progrès de l'instruction de détail, dans la belle tenue des camps, dans cette touchante union qui existe entre tous les corps et les officiers, dans les sentiments d'amour et de fidélité que toute l'armée porte à l'Empereur, la preuve et les effets du bon esprit et de la vigilance de cet officier-général. »

Le 14 juin, anniversaire de Marengo, Napoléon nomma Oudinot grand-officier de la Légion-d'Honneur. Grand-officier de la Légion-d'Honneur. (14 juin 1804.)

Mais cette nouvelle dignité allait être dépassée par une marque de confiance supérieure à toutes les autres.

Le 2 décembre, Napoléon est sacré empereur des mains du Pape, venu à Paris. Il n'entre pas dans le cadre que nous nous sommes tracé, de décrire cette magnifique et imposante cérémonie, l'enthousiasme du peuple, la grandeur des préparatifs et de la journée.

Oudinot se rendit au couronnement avec ses aides-de-camp Demangeot, Lamotte et Hutin. Il resta à Paris jusqu'en février 1805, époque à laquelle il reçut le commandement en chef des dix mille grenadiers réunis à Arras par le colonel-général Junot.

Général en chef des grenadiers de la réserve. (5 février 1805.)

Le 6 mars 1805, Oudinot fut nommé grand'croix de la Légion-d'Honneur.

Grand'croix de la Légion-d'Honneur. (6 mars 1805.)

Le 30 mars, il écrivit au ministre de la guerre :

« La division de grenadiers que je commande devant, d'après vos ordres, être sous peu réunie en grande partie à Arras, vous sentez, Monseigneur, combien cette colonne qui est divisée depuis longtemps et qui reçoit trois nouveaux bataillons, a besoin d'être réunie le plus souvent possible, pour lui donner cet ensemble sans lequel on ne pourrait, à la guerre, tirer tout le parti que Sa Majesté peut et doit attendre de cette division d'élite. »

Lorsqu'Oudinot vint prendre, à Arras, le commandement des grenadiers réunis, il fut reçu au bruit du canon ; les généraux et le corps municipal se réunirent à son hôtel pour le recevoir.

Oudinot avait sous ses ordres les généraux Dupas, Laplanche-Mortière, Ruffin et l'adjudant-général Jarry. A peine arrivé à ce beau corps de grenadiers, Oudinot éprouva un sentiment de bonheur et d'orgueil à se trouver à sa tête.

L'époque de Napoléon a cela de particulier, c'est que, devant son génie extraordinaire et devant son intelligence surnaturelle, tout s'efface, tout disparaît, ou plutôt, si, près de lui, s'élèvent quelques réputations, si, à ses côtés, quelques hommes sortent de la foule, c'est comme pour proclamer encore la supériorité de son siècle. Cependant des talents reconnus, de grands et de nobles caractères se sont fait jour dans cette belle période, et parmi eux, Oudinot a percé.

Vers le mois de juillet 1805, le bruit d'une descente en Angleterre ayant pris dans l'armée une grande consistance, le corps des grenadiers réunis reçut l'ordre de quitter Arras et de se porter sans délai sur Boulogne.

En quittant Arras, Oudinot fut vivement regretté, car il avait su s'attacher à des hommes qui comprennent la gloire et dont le seul vœu est le bonheur de la France.

Il se lia avec l'aumônier de l'Empereur, qui plus tard devint le cardinal de Latour-d'Auvergne, évêque d'Arras, l'illustre parent du premier grenadier de France.

Singulier rapprochement de deux destinées qui, partant du même point, parcourent le monde en deux sens bien différents et parviennent aux dernières limites de la vie, après avoir été complétement et noblement remplie.

« S. Exc. M. le maréchal Oudinot, duc de Reggio, nous écrivait naguères le vénérable cardinal de Latour-d'Auvergne, est une des gloires précieuses de l'Empire ; j'ai eu l'honneur et le bonheur de faire sa connaissance au camp de Boulogne.

» Evêque d'Arras dès 1802, je servais d'aumônier à l'Empereur. Napoléon daignait m'honorer de sa bienveillance ; les généraux, cherchant à l'imiter en tout, me traitaient avec intérêt et presque amitié, à cause aussi, sans doute, de la faveur que m'accordait l'Empereur ; je me suis particulièrement attaché à M. le général Oudinot, j'en admirais les vertus guerrières et les belles qualités sociales. M. le maréchal m'a mis à même de continuer des relations dont je m'honorais : nous nous sommes écrit l'un et l'autre.

« Comme tous ceux qui l'ont connu, j'atteste qu'on n'était ni plus honnête, ni plus remarquable, ni plus digne de transmettre sa mémoire à l'immortalité.

« Telle est mon opinion sur ce grand homme! »

Oudinot partit en poste pour Saint-Omer, fut reçu en avant de la ville par un détachement du 9.ᵉ hussards qui l'accompagna jusque chez le général Broussier; de là, il se rendit à Vimil, chez Suchet, y établit son quartier-général qu'il transporta plus tard à Boulogne même, où l'Empereur arriva bientôt.

L'armée réunie pour opérer la descente et qui devait partir des quatre ports d'Ambleteuse, Wimereux, Boulogne et Etaples, était distribuée en six corps, présentant une force totale de cent trente-deux mille combattants; l'avant-garde, commandée par Lannes et composée de la division Gazan et des fameux grenadiers Oudinot réunis et campés à Arras, devait s'embarquer à Wimereux.

Ces dix bataillons de grenadiers, sur une légère division de péniches (bâtiments de transport), étaient appelés à l'honneur de se jeter les premiers à la côte d'Angleterre sous l'impulsion entraînante de Lannes et d'Oudinot.

Le 15 août, ce dernier voulant célébrer la fête de Napoléon, donna une grande soirée où il convia tous les maréchaux et les généraux des grenadiers.

Le lendemain, dès le matin, le colonel Burck, aide-de-camp du maréchal Davoust, arriva du grand quartier-général, apportant l'ordre à la division des grenadiers de lever le camp et de marcher sans retard sur le Rhin : la route était tracée par Mézières, Avesnes et Verdun.

Un revirement de politique avait, on le voit, changé brusquement les plans de Napoléon.

Les grenadiers campèrent à Strasbourg le 1.er octobre 1805. En arrivant, Oudinot avait trouvé Murat avec tout son état-major, une partie de la cavalerie avait déjà passé le Rhin ; il marcha droit sur Rastadt où il passa la journée. Napoléon arrivait le même jour à Strasbourg. Le lendemain, à la pointe du jour, le corps des grenadiers était en marche et entrait dans les duchés de Darmstadt et Wurtemberg, avec les ordres les plus sévères pour le respect dû aux personnes et aux propriétés.

Lorsque l'avant-garde parut devant Louisburg, elle trouva la ville fermée, l'électeur de Wurtemberg n'étant pas encore rallié à notre cause ; par un privilége exclusif, et pour sa personne, Oudinot y entra seul avec sa garde, le reste campa autour de la ville.

Le lendemain matin seulement, à l'arrivée de l'Empereur, 'alliance fut conclue.

Le 9 octobre, on reçut l'ordre de se mettre en marche sur Ulm. Oudinot suivit la cavalerie du prince Murat ; arrivés près de la ville, les grenadiers prirent leur rang de bataille. Les soldats harassés ne voulurent plus marcher, il leur avait fallu traverser des champs détrempés. Oudinot voyant leur découragement, s'écria : « Allons, à celui qui veut me suivre ! » et il s'élance le premier dans une boue épaisse occasionnée par les pluies très fréquentes qui, depuis quelques jours, arrêtaient la marche de notre armée.

L'obscurité est la plus profonde ; des feux sont

allumés devant deux ou trois maisons où l'on s'établit. On se couche pêle-mêle sur la paille étendue, et quelle n'est pas la surprise de ces braves qui, en s'éveillant le lendemain matin, voient des morts et des mourants ennemis dans les chambres où ils ont passé la nuit.

Pendant six ou sept jours qu'ils restèrent dans cette position, ils ne prirent part à aucune action remarquable. De temps en temps on entendait la canonnade sur la ville. Divers engagements eurent lieu, dans lesquels Murat se couvrit de gloire. Le 8 octobre, la division des grenadiers, commandée par Oudinot, alors sans artillerie, arrivée à la hauteur du village de Rogden, s'est formée sur-le-champ en colonne d'attaque, ayant à sa tête quatre régiments de chasseurs à cheval et de hussards qui se sont avancés entre le bois de Hartz-Berg et de Wertingen.

L'ennemi ne montrait dans la plaine que deux bataillons ; mais au moment où les grenadiers Oudinot se mirent en mouvement, neuf autres bataillons parurent sortant des bas-fonds où ils se tenaient en colonnes et se déployèrent en échelons.

La division des grenadiers, encore à une demi-lieue, s'avança au pas accéléré et dépassa la cavalerie légère.

Combat de Wertingen. (10 octobre 1805.) L'attaque commença par les brigades Dupas et Ruffin qui, formées en colonnes, se déployèrent en marchant et attaquèrent au pas de charge l'ennemi qui, après une fusillade très vive, fut forcé de se retirer. Cette colonne autrichienne, étonnée de notre impétuosité, veut cependant résister à une nouvelle attaque ; elle prend position, mais bientôt elle est culbutée et mise en déroute. Le général Nansouty, voyant les Autrichiens arriver sur lui, les poursuit et les enveloppe ; ceux-ci se forment en carré. L'ardeur inconcevable de nos troupes les force à se débander. « Voyant ce mouvement des Autrichiens, Oudinot frémissait de l'éloignement qui l'empêchait encore de se mesurer avec l'ennemi; mais à sa vue seule, les Autrichiens accélèrent leur retraite. » (1)

La nuit venue, la division prit position sur le champ de bataille à la hauteur de Wertingen ; dans ce premier combat, les grenadiers ont justifié d'une manière brillante la confiance de Sa Majesté, et après la bataille, d'un mouvement spontané, ils rompaient leurs rangs, se pressaient autour du général Oudinot qu'ils semblaient prendre pour interprète de leurs sentiments et répétaient avec enthousiasme les cris de vive l'Empereur !

Dans ce combat, le lieutenant-colonel Exelmans (2), aide-de-camp du prince Murat, doit être particulièrement cité ; démonté après plusieurs charges, il combattit constamment à la tête des grenadiers. L'Empereur témoigna sa satisfaction aux grenadiers de la division Oudinot : il est impossible de voir une troupe plus belle, plus animée du désir de se mesurer avec l'ennemi, plus remplie d'honneur et de cet enthousiasme militaire qui est le présage des plus grands succès (3).

Le 17 octobre, le maréchal Berthier et le général

---

(1) Troisième Bulletin de la grande armée.
(2) Aujourd'hui grand-chancelier de la Légion-d'Honneur.
(3) Troisième Bulletin de la grande armée.

Mack signèrent la capitulation d'Ulm. L'armée française avait fait plus de soixante-dix mille prisonniers. En défilant devant Napoléon, tous les corps ennemis déposaient leurs armes aux pieds du vainqueur. Soixante pièces de canon, quarante drapeaux tombèrent en notre pouvoir.

Les troupes ennemies avaient à leur tête trente-neuf généraux, dont onze feld-maréchaux. Les rigueurs de la saison, la fatigue des marches, les difficultés incessantes du pays, les privations de toutes sortes, rien n'avait ébranlé la constance et la fermeté de nos troupes.

Par suite de la capitulation d'Ulm, ce qui restait de l'armée ennemie se retira en toute hâte vers la basse Autriche et attendit des renforts russes. Sans perdre un instant, les grenadiers Oudinot manœuvrèrent sur Braunau. Leur général arriva dans la soirée sur la rive gauche de l'Inn, en face de la ville.

La brigade du général Treilhard occupait le bord du fleuve, Oudinot fit passer quelques cavaliers en bateau pour aller en reconnaissance dans la ville. Ils en revinrent bientôt, assurant que tout était parfaitement libre et tranquille. Le général passa avec son état-major, s'établit à Braunau, et le lendemain, le corps entier de Lannes effectua son passage sur les ponts préparés pendant la nuit.

Oudinot manœuvra sur Passau, où il trouva le pont brisé. En attendant les réparations nécessaires, les grenadiers s'arrêtèrent au bord de l'Inn, dans un vaste château gothique.

Le lendemain, à midi, Oudinot occupe Passau, s'y établit avec son avant-garde, et manœuvrant sur le Danube, passe sur Neubourg et Ingolstadt, en face de Lintz où, à notre approche, a été construite une tête de pont sur la rive droite du fleuve.

Le 3 novembre, après avoir occupé Lintz, Oudinot s'établit à Enns, pendant que l'ennemi, profitant de la nuit, détruisait le pont de la Lahn.

A cette nouvelle, Oudinot donne l'ordre à ses brigades de couronner les hauteurs par leurs feux ; l'ennemi, en les apercevant, se retire dans les forêts, où il attend des renforts.

Le 4, à la pointe du jour, Murat passe le pont et se range en bataille dans la plaine ; quand toutes les forces sont réunies, Oudinot ouvre la marche avec ses deux régiments de hussards ; se portant en avant, il aperçoit abandonnée à mi-côte, sur le verglas, une voiture appartenant aux équipages de l'ennemi ; le jugeant alors à sa portée, il prend le galop, suivi de M. Delamotte, chef d'escadron, et de MM. Exelmans, aide-de-camp de Murat, Demangeot, Hutin, Pierre, de Nettancourt, tous ces derniers de Bar ou des environs, et arrive ainsi devant un fort détachement de Hongrois et de Russes embusqués dans un profond ravin. Le général, le sabre à la main, s'élance sur eux.... Son attitude les confond, et par un mouvement spontané, officiers et soldats laissent tomber leurs armes ; la cavalerie, qui suivait de près, les fit tous prisonniers ; ainsi, ce trait d'audace fit, d'un péril, un triomphe.

Pendant cette escarmouche, un régiment de hussards russes se mit en bataille en avant du village d'OEde.

Le colonel d'artillerie Baltus fit alors avancer

Combat d'Amstetten.
(4 novembre 1805.)

deux pièces d'artillerie française et tirer à mitraille pour laisser le temps au général Walther d'arriver avec ses dragons et de charger l'ennemi qu'il rejeta jusque dans la forêt d'Amstetten, où s'engagea une vive fusillade. Murat, attiré par ce bruit du canon, arriva au galop jusqu'à notre avant-garde. Alors eut lieu dans la forêt une mêlée telle, que notre artillerie tira à mitraille et que plusieurs de nos soldats périrent sous le coup de nos propres biscaïens.

Murat voyant l'impossibilité de continuer cet engagement, ordonna à Oudinot de faire avancer les brigades Ruffin et Dupas. La nuit seule mit fin à cette action.

« Le combat d'Amstetten fait beaucoup d'honneur
» à la cavalerie et particulièrement aux 9.e et 10.e
» régiments de hussards et aux grenadiers de la
» division du général Oudinot. » (1)

Dans cette affaire, la position a été prise et reprise trois fois à la baïonnette ; l'ennemi avait reçu nos différentes attaques avec beaucoup de résolution ; les siennes ont été fournies avec bravoure, mais le courage des braves grenadiers a prévalu.

Le même soir, Oudinot était couché dans une grange, sur la paille, quand arriva Exelmans, son compatriote et son ami, qui, se rappelant que c'était la Saint-Charles, venait la souhaiter à Oudinot, en le félicitant sur cette brillante journée. Repousser l'ennemi et remporter sur lui une victoire signalée, c'était, certes, le plus noblement fêter le 4 novembre.

(1) Extrait du vingtième Bulletin.

Chaque fois qu'un combat était terminé, le général, suivi de son chirurgien, parcourait le champ de bataille et faisait porter des secours aux blessés français ou ennemis.

Le lendemain de cette affaire, on se porta sur Amstetten même ; le 7, Oudinot arriva à Neumarck ; le 8, à Molk ; le 9, à Saint-Polten ; le 10, à Siekars-Kierchen.

Le 11, dès la pointe du jour, par un froid très vif et après avoir passé la nuit dans le village de Burckersdorff, le général rejoignit la brigade Treilhard. L'ennemi s'était retiré pendant la nuit sur Vienne.

Le 13, Oudinot se porte au galop, en vue de cette ville. Il descendit de cheval, et fut très étonné du silence qui régnait dans cette foule immense qui garnissait les hauteurs.

Toute la cavalerie de Murat s'était massée et formée en bataille, pendant que le corps de Lannes se complétait. Oudinot se présenta à la grille où étaient postés la garde nationale et quelques cuirassiers autrichiens. Il les somma d'ouvrir, et pendant plus de deux heures, il attendit en vain.

Le chef du poste laissa enfin passer Lannes et Murat, pendant qu'Oudinot recevait les députations.

Entre midi et une heure, les troupes françaises, l'arme au bras et dans le plus grand ordre, faisaient leur entrée dans la capitale de l'Autriche. La garde nationale formait la haie à droite et à gauche. La marche des troupes fut lente et silencieuse. Murat, arrivé le premier à la tête du pont de Tabor-Brouken, au débouché du faubourg de Léopoldstadt, prit son rang de bataille à droite et à gauche et laissa l'entrée du pont à la brigade des grenadiers réunis du général Ruffin, qui marcha en tête.

Il est nécessaire de rétrograder avant de raconter la prise de ce pont et l'immense résultat de cette victoire.

Les Autrichiens avaient renoncé à défendre Vienne : l'empereur François avait même chargé le comte de Würbna de recevoir les Français et de se concerter avec eux pour prévenir toute lutte dans la capitale; mais du moins était-on fermement résolu à défendre et à disputer par tous les moyens possibles le passage du fleuve.

Ce fleuve, qui coule à quelque distance de Vienne, traverse des îles boisées; un grand pont unit les deux rives. Ce pont a été choisi pour accumuler tous les moyens de défense. Des colonnes d'infanterie, placées de chaque côté, doivent le balayer de leur feu croisé; une formidable artillerie doit seconder leurs efforts, et pour surcroît de précautions, au lieu de madriers, on n'aperçoit qu'un lit de fascines.

Oudinot au pont de Vienne. (14 novembre 1805.)

Les Autrichiens ont disposé des barils de poudre sous ce tablier du pont et sont prêts à le faire sauter dès que les Français se montreront.

Dans cette alternative pour nos troupes, ou de périr ou de rester en arrière du pont, Murat établit les grenadiers réunis derrière les plantations touffues qui bordent le Danube et s'avance, suivi de quelques aides-de-camp seulement, jusqu'à la tête du pont; une barrière en bois en ferme l'entrée; Murat la fait abattre et entame des pourparlers avec les Autrichiens.

Le bruit d'un armistice se répand de toutes parts, Murat en profite et, afin d'éviter l'effusion du sang, envoie l'ordre aux grenadiers de marcher. Cachés par les bosquets des îles du Danube, ils s'avancent à petit bruit.

Les Autrichiens, soupçonnant quelque ruse, hésitent, apprêtent leurs armes. Le commandement de feu est entendu. C'en est fait de Murat et des quelques officiers qui l'entourent; les braves grenadiers voyaient avec un impassible sang-froid cet immense danger....

Soudain, Oudinot se précipite avec son état-major sur les canonniers ennemis, enlève leurs mèches enflammées, fait battre la charge et, à la tête de ses troupes, franchit le pont au pas de course. La rapidité de ce mouvement fut telle que pas un seul coup de fusil ne fut tiré. L'artillerie arriva à l'autre bout du pont, et l'ennemi fut très surpris de la voir près de lui, sans avoir entendu une seule détonation.

Le comte d'Auersberg, qui commandait sept à huit mille hommes sur la rive gauche, arriva aussitôt à la tête du pont et fut cruellement déçu en la voyant au pouvoir de l'avant-garde française.

Pendant ce temps, de nouvelles troupes arrivaient, et il ne resta plus au comte d'Auersberg que de se rendre aux conditions imposées par Murat et par Lannes.

Murat fit alors visiter le pont que nous venions de franchir. Quel ne fut pas l'étonnement des officiers du génie chargés de cette opération, en voyant le danger que l'armée venait d'éviter.

Sous chacune des arches de ce pont (1), au nombre de vingt-huit, on découvrit un baril de

(1) Ce pont était long de deux cent trente toises.

poudre, enveloppé de torches de paille unies les unes aux autres par une immense corde goudronnée. L'explosion eut été inévitable d'un bout à l'autre, sans la présence d'esprit et le courage d'Oudinot et de ses braves grenadiers.

Napoléon, à cette nouvelle, éprouva un moment de satisfaction et fit partir sur-le-champ Murat avec la réserve de cavalerie, les corps de Lannes et de Soult, pour aller, par la route de Stockerau et d'Hollabrünn, couper la retraite du général Kutusof.

La division d'Oudinot se porta sur-le-champ, en avant du village de Spizen, où elle resta jusqu'à ce qu'on se fût assuré le parc d'artillerie, composé de cent quatre-vingts pièces de canon et de trois cents caissons; elle continua sa route sur Corn-Neubourg, où elle prit position.

Dans sa marche, elle avait enveloppé six bataillons, ainsi que le régiment des cuirassiers de l'empereur, une partie de celui de Nassau et différents détachements de hussards de Sikler et Kaiser; mais d'après des ordres supérieurs et sur des motifs de conventions qui lui étaient inconnus, le général Oudinot les autorisa à se retirer.

Le 14 novembre, les grenadiers arrivent à Stockerau, après avoir encore pris deux bataillons, dont l'un hongrois, fort de neuf cents hommes, et l'autre, de sept à huit cents hommes du régiment de Salsbourg qui mirent bas les armes le lendemain. Le 15, Oudinot est à Gollersdorf; le 16, dès le matin, on est devant Hollabrünn.

Tandis que Kutusof s'avance sur Hollabrünn ayant le prince Bagration en tête, Murat arrive pour couper sa retraite. Notre cavalerie et les troupes de Lannes rejoignent Oudinot ; l'ennemi est posté derrière Hollabrünn et s'étend jusqu'au village de Schœngraben.

Kutusof, voyant les Français en grand nombre sur la route qu'il voulait suivre et craignant que sa retraite ne fût coupée, tendit à Murat le même piége que celui dans lequel Murat l'avait fait tomber à la prise du pont de Vienne ; il lui envoya le général Vintzingerode pour lui dire que les négociateurs étaient arrivés à Schœnbrünn et qu'on se préparait à conclure la paix. Murat le crut et, flatté sans doute des paroles du parlementaire, accepta l'armistice. Napoléon envoya immédiatement son aide-de-camp, le général Lemarrois, qui, apportant une réprimande à Murat, lui donnait l'ordre d'attaquer sur-le-champ et sans aucun retard.

« Marchez, lui écrivit Napoléon, détruisez l'armée russe ; vous êtes en position de prendre ses bagages et son artillerie. »

Murat obéit et fait ses dispositions d'attaque. Bagration est à la tête de sept à huit mille hommes ; Oudinot et Lannes se trouvaient sur les hauteurs d'Hollabrünn, quand l'artillerie ennemie commença son feu ; Lannes attaqua le premier par la gauche, tandis que les grenadiers Oudinot tournaient par la droite le village qui sépare les deux armées. L'ennemi, qui occupait aussi une hauteur, ne l'abandonna qu'à la chute du jour. On échangea pendant quelque temps un feu de mousqueterie très vif.

A ce moment, Oudinot commande le pas de charge ; les grenadiers, jaloux de terminer seuls une affaire qu'ils avaient si bien commencée, s'élancent sur le village; de leur côté, les Russes, poussant des hurlements, sortent des maisons où ils s'étaient cachés et attaquent avec rage. On se bat corps à corps, la mousqueterie cesse et la baïonnette seule décide de ce nouveau combat où les grenadiers se couvrirent de gloire et firent un grand nombre de prisonniers. Les fantassins de Bagration ont été enfoncés et taillés en pièces par les grenadiers; le village de Schœngraben finit par rester en notre pouvoir; mais le brave général des grenadiers est blessé : il a reçu un coup de feu qui lui a traversé la cuisse; il combat toujours et conduit à la victoire ses légions. Le combat cesse; il est onze heures du soir.

Oudinot blessé à Hollabrunn. (16 décembre 1805.)

Les Russes, dans cette affaire, s'étaient conduits vaillamment et avaient perdu près de six mille hommes dont quinze cents au moins jonchaient le champ de bataille.

Dans cet engagement, les vêtements du général Oudinot avaient été traversés de coups de feu. Deux de ses aides-de-camp, Lamotte et Demangeot, avaient été blessés; le colonel Exelmans donna encore, dans cette occasion, de nouvelles preuves de son intrépidité.

Napoléon, à la nouvelle de ce sanglant combat, félicita Murat et envoya au général Oudinot le chef d'escadron Exelmans, chargé de le complimenter sur sa belle conduite et lui ordonner de sa part de se retirer sur Vienne, pour y faire panser sa blessure.

Exelmans trouva le général Oudinot couché sur une botte de paille et causant avec Murat des événements de la journée.

Oudinot se retira à Vienne dans un logement que lui avait offert Murat. A son arrivée, il fut agréablement surpris en voyant rangés, dans le vestibule du palais de ce prince, ses serviteurs, tous Français, qui l'attendaient.

Pendant qu'il traversait une grande salle pour se rendre dans son appartement, il entendit tout à coup les sons d'une musique militaire : c'était une attention de Murat pour le général qu'il affectionnait si vivement.

Cette campagne sera toujours remarquable, tant pour l'activité qu'y déploya le premier capitaine de l'Europe que pour les résultats immenses qui en furent les conséquences.

Quelques jours après Hollabrünn, le général Oudinot apprit que François II s'était retiré en Moravie avec une partie de son armée, qu'il avait été rejoint par une portion de l'armée Russe, envoyée à son secours par l'empereur Alexandre qui la commandait en personne.

Oudinot ne tient compte ni de sa récente blessure, ni de la distance qui le sépare de l'armée. Il l'a décidé, il la rejoindra.

Tout le pays est couvert de neige ; pour accélérer sa marche, il ordonne à ses officiers de lui trouver un traîneau. Il part, et souvent arrêté par des frères d'armes, arrive le 30 novembre à Brünn, à cent sept kilomètres de Vienne.

Malgré ses vives souffrances, la fatigue d'une route aussi pénible, il demande pour le lendemain des chevaux de selle et suit la route d'Olmütz où tout est en mouvement. Il arrive bientôt près de l'Empereur, l'aborde et lui demande ses ordres.

« Votre courage surpasse vos forces, lui dit l'Empereur, je donnerai vos grenadiers à Duroc, et vous resterez près de moi. »

Le 1.er décembre, Napoléon plaça son armée.

Nous avions soixante-cinq à soixante-dix mille hommes à opposer à quatre-vingt-dix mille Russes et Autrichiens.

Lannes, à gauche, devait occuper la route d'Olmütz; Napoléon lui avait donné les divisions Suchet et Caffarelli, et en outre la cavalerie de Murat, comprenant les cuirassiers d'Hautpoul et Nansouty, les dragons Walther et Beaumont, les chasseurs Milhaud et Kellermann.

Sur le *Santon*, mamelon arrondi, ainsi surnommé par les soldats d'Egypte, Napoléon établit le 17.e léger et dix-huit pièces de canon.

En prenant cette position qui était le point d'appui de la gauche, Claparède se jura à lui-même de la défendre jusqu'à la mort.

Les divisions Vandamme et Saint-Hilaire occupaient le centre; un peu plus loin était le général Legrand.

Napoléon présenta en ligne six divisions d'infanrie, sur dix qu'il avait.

Derrière les maréchaux Lannes et Soult, il garda une partie des grenadiers Oudinot séparés momentanément, comme nous l'avons dit plus haut, du corps de Lannes.

Oudinot arriva près de Duroc, qui avait compris l'importance et l'honneur attachés à ce commandement provisoire des grenadiers, et lui dit avec cette courtoisie militaire qui lui était si naturelle :

« Restez à la tête de mes grenadiers, mon cher maréchal, nous combattrons côte à côte. »

Tous les corps étaient prévenus que l'Empereur les reverrait pendant la soirée ; chaque soldat se pourvut d'une torche de paille qu'il mit au bout de son fusil ou de son sabre, et le souverain fut accueilli sur cette immense ligne par les cris de vive l'Empereur !

Dès que le jour parut, Napoléon et son brillant état-major étaient prêts pour cette bataille à jamais mémorable.

Austerlitz. (2 décembre 1805)

Aux premières lueurs, la canonnade commença sur l'extrême droite que l'ennemi avait déjà débordée, quand arriva la division Friant qui l'arrêta court et fit commencer le combat. Soult se dirigea vers les hauteurs de Pratzen avec les divisions Saint-Hilaire et Vandamme. Murat marcha avec sa cavalerie, et la gauche commandée par Lannes s'avança en échelons par régiment. Dès ce moment, la canonnade se fit entendre sur toute la ligne. Après une heure seulement de combat, la gauche de l'ennemi était déjà coupée. Un bataillon du 4.ᵉ régiment de ligne ayant été chargé par la cavalerie russe, Napoléon envoya pour le secourir la cavalerie de sa garde sous les ordres de Bessières.

Bientôt la bataille commença sur tous les points.

La canonnade redoublait sur la droite, lorsque le général Oudinot reçut ordre de l'Empereur de faire passer le ravin de droite et de porter sur la hauteur en avant quelques bataillons. Alors Duroc, ayant sous ses ordres le général Dupas et quatre bataillons de grenadiers, exécuta ce mouvement.

Une heure après, Napoléon donna l'ordre direct à Duroc de se porter avec sa troupe sur le village de Kobesnitz où le général Saint-Hilaire était vivement pressé par l'ennemi.

Napoléon donna avis de ce mouvement à Oudinot et lui ordonna de suivre celui de Duroc avec le reste de la division pour le soutenir au besoin.

Duroc, arrivé sur le plateau, d'où l'on découvrait parfaitement ce qui se passait entre la division Saint-Hilaire et l'ennemi, jugea parfaitement le terrain et marcha de manière à serrer et tourner l'ennemi dans un ravin très profond et très escarpé, ne laissa détacher que quelques tirailleurs et fit tirer quelques coups de canon. L'ennemi jugeant par la marche et les dispositions de Duroc qu'il n'y avait de salut pour lui qu'en mettant bas les armes, le fit; cette colonne ennemie était de trois mille hommes qui se rendirent à discrétion.

Oudinot, avec le reste de la division, arriva près de Duroc en ce moment même, ordonna une fouille du parc et du village où l'on recueillit plusieurs centaines de prisonniers qui firent peu de résistance.

Les deux Empereurs, témoins de cette action rapide, s'efforçaient en vain d'arrêter la fuite de leurs soldats. Il était une heure de l'après-midi, la victoire ne présentait plus de doute : Lannes et Murat étaient maîtres de la plaine à gauche; Soult, du plateau de Pratzen; il ne restait donc plus qu'à se rabattre sur la droite et à jeter dans les étangs les trois colonnes russes de Bux-Hœwden.

Napoléon tournant alors à droite avec le corps du maréchal Soult, la garde impériale et les grenadiers Oudinot, voulut assaillir lui-même ces colonnes ennemies et terminer par leur défaite cette immortelle journée, écrite en lettres d'or sur le grand-livre de l'Empire. Il était temps : le général Friant avait eu déjà quatre chevaux tués sous lui, et faisait ses derniers efforts pour ne pas succomber et pour empêcher les Russes de franchir le Goldbach.

Napoléon apparaît tout à coup avec une masse d'hommes d'élite. Une affreuse confusion règne dès-lors parmi les Russes surpris et désespérés. Les uns déposent leurs armes, les autres sont faits prisonniers, d'autres enfin s'enfuient vers Telnitz, et se jettent dans les étangs glacés.

La glace de ces étangs, affaiblie par la chaleur du *soleil d'Austerlitz,* ne peut résister au poids des hommes, des chevaux et des pièces d'artillerie; elle fléchit sur quelques points sous les Russes qui s'y engouffrent. Bientôt les deux empereurs d'Autriche et de Russie se retirent précipitamment.

Les résultats de cette journée sont immenses pour nous : cent quatre-vingts bouches à feu, une grande quantité de chevaux, de voitures d'artillerie et de bagages; les ennemis avaient perdu environ quinze mille hommes tués, et près de vingt mille prisonniers. Nous n'avions perdu que sept mille hommes.

Le soir de ce même jour, Oudinot et Duroc partagèrent la même tente, sur le champ de bataille.

Le 3, de grand matin, l'avant-garde suivit l'ennemi, et, après quelques escarmouches avec la cavalerie russe, Oudinot reçut l'ordre de faire halte.

Napoléon ordonna ensuite au général Oudinot de retourner à Vienne, pour y tenir garnison avec ses grenadiers. Le général se dirigea par Brünn et Nicolsburg, traversa le champ de bataille, encore couvert de blessés qui, se traînant sur leurs membres mutilés, poussaient des cris lamentables. Le terrain était en outre jonché d'armes et de caissons abandonnés. Le carnage avait été si grand, que le général Langeron s'écriait : « J'avais vu déjà quelques batailles perdues, je n'avais pas l'idée d'une pareille défaite. »

Après un mois de repos, Oudinot se vit séparé de sa première brigade (Laplanche-Mortière) qui se dirigea sur l'Italie, en traversant le Tyrol. Ce corps délite formait une seule famille, et cette séparation fut pénible pour tous, officiers et soldats.

Bientôt après (janvier 1806), Oudinot quitta Vienne avec ses grenadiers et, remontant le Danube à sa droite par Krems, prit cantonnement à Freystad et établit son quartier-général dans un vieux château au milieu des bois.

Cette marche avait été très pénible pour l'artillerie, traversant des montagnes couvertes de neiges.

Bientôt Oudinot se dirigea vers la France, en passant par Lintz, Passau, Ratisbonne, Ingolstadt et Donawert. Arrivé au pont de Kehl, il se mit à la tête de ses grenadiers pour faire son entrée à Strasbourg, où il attendit de nouveaux ordres.

Par une des clauses du traité de Schœnbrunn (15 décembre 1805), la Prusse cédait à la France les principautés de Neuchâtel et de Valingin. Napoléon voulant récompenser les services de Berthier, qui, depuis longues années, lui avait donné tant de preuves de bravoure et de dévouement, l'investit du titre de souverain de Neuchâtel et chargea le général Oudinot d'occuper avec ses grenadiers ce petit Etat.

Oudinot occupe Neuchâtel,

Ce fut vers le mois de mars (1806) que les Neuchâtelois en reçurent la nouvelle ; huit à dix jours se passèrent pour eux dans l'attente du sort qui leur était réservé. Ils aimaient leur prince et le regrettaient sincèrement. La fusion de ce pays dans la grande nation française qui devait éteindre leur nationalité de plusieurs siècles d'existence ne leur souriait nullement. (1)

Ne sachant par quelles troupes ils seraient occupés, ils craignaient d'autant plus cette invasion, que de tous côtés s'élevaient des plaintes contre les chefs et corps militaires qui, à cette époque, occupaient d'autres parties de la Suisse, ou qui l'avaient investie en d'autres temps.

Vers le milieu de mars, les Neuchâtelois apprirent l'arrivée des célèbres grenadiers Oudinot, ce qu'ils regardèrent comme un coup du ciel, une bénédiction spéciale.

Cette division, forte d'environ sept mille hommes de toutes armes (la brigade Laplanche-Mortière avait été distraite de ce corps, comme nous l'avons dit plus haut), franchit les montagnes de la Suisse, où elle laissa deux ou trois bataillons; le reste poursuivit sa route vers Neuchâtel. L'artillerie rencontra des difficultés immenses. Le général Oudinot, impatienté des lenteurs, dans les montagnes couvertes d'une neige épaisse et fraîchement accu-

---

(1) Le premier seigneur connu de Neuchâtel est Ulric de Fénis (1034). La principauté de Neuchâtel, par suite de la cession de Guillaume III, de Nassau, roi d'Angleterre, à Frédéric I.er, était sous la domination du roi de Prusse, ce que confirma la cour souveraine de Neuchâtel (1707).

mulée, monta à cheval et continua ainsi; mais plus tard, il eut recours aux autorités pour obtenir des traîneaux. On les lui amena le 18 mars, vers quatre heures du matin. Les autorités s'empressaient de pourvoir d'une manière convenable aux besoins matériels des troupes, mais l'attitude des populations était morne et triste.

Oudinot craignit un instant de la résistance.

L'occupation fut conséquemment accompagnée de toutes les précautions que prend une armée, pénétrant en pays ennemi et mise à la charge des populations en vertu d'ordres précis dont il ne dépendait pas du chef de s'écarter.

Le général Oudinot se prépara à faire son entrée dans Neuchâtel; le froid était glacial dans ces montagnes, ce qui n'arrêta pas des députations de bourgeois qu'il trouva sur son chemin vers Valengin. L'entrée à Neuchâtel se fit solennellement; mais les habitants qui, pour la première fois, se voyaient occupés militairement, se tinrent chez eux, laissant aux autorités les soins de la réception.

Les rapports entre le civil et le militaire demeurèrent quelque temps empreints d'une froideur et d'une retenue peu agréables à nos troupes, qui eurent le bon esprit de comprendre les regrets des Neuchâtelois et d'en respecter la source.

Grâce au général Oudinot, à cet esprit de loyauté, de modération et de justice qu'il manifesta en toute occasion, ces rapports ne tardèrent pas à changer de nature, et furent bientôt remplacés par des relations sociales empreintes d'intimité, de confiance et d'estime mutuelles.

Revêtu de pouvoirs illimités, Oudinot n'en fît usage que pour adoucir les rigueurs de l'occupation; il confirma les autorités établies, laissa son libre cours à l'administration de la police et de la justice. Point de ces réquisitions extraordinaires, de ces contributions arbitraires, qu'ailleurs on levait sans trop de scrupule.

Les caisses publiques laissées entre les mains des autorités qui jusqu'alors les avaient administrées, furent à l'abri de toute atteinte. (Il ne voulut pas que les frais de sa table, dont il faisait les honneurs avec noblesse et générosité, fussent à la charge des caisses municipales!) En un mot, tous ses procédés furent ceux d'un protecteur et d'un ami, et lui gagnèrent l'estime et l'amour des Neuchâtelois.

Aux pouvoirs dont il était revêtu, il y avait cependant exception en ce qui concernait les mesures ordonnées par Napoléon, au sujet des marchandises anglaises, dont la confiscation et la destruction par le feu étaient impitoyablement prescrites. Une bande de douaniers, leurs chefs en tête, était arrivée à Neuchâtel, chargée de l'exécution de ces mesures, et placée sous ce rapport hors de toute dépendance de l'autorité militaire.

Oudinot, touché des réclamations qui lui arrivaient de tous côtés, fit partir à franc-étrier son aide-de-camp Hutin, avec ordre d'exposer toute la situation à l'Empereur.

Le résultat de cette démarche, quoique incomplet, selon les désirs du général, le fit bénir de tous les habitants. Il sut, par de sages conseils, adoucir les rigueurs de l'ordre de Napoléon, et sauver la fortune de bien des négociants Neuchâtelois; car, en définitive, le feu de la fournaise ne dévora guère que des chiffons de peu de valeur.

Pendant qu'Oudinot se faisait chérir des Neuchâtelois, on annonça la prochaine arrivée du nouveau souverain, Berthier, prince de Neuchâtel et de Valengin. Le général des grenadiers réunis fit des préparatifs pour le recevoir ; une garde d'honneur se leva et l'on dut se trouver sur son passage à son arrivée ; mais un contre-ordre survint, et jamais le prince Berthier ne visita ce bon pays.

Pendant le court séjour que fit à Neuchâtel le général Oudinot, il sut se concilier toutes les affections et s'unit d'une vive amitié, notamment avec M. le comte Louis de Pourtalès, qui lui survécut seulement de quelques mois.

Les renseignements que nous avons obtenus sur l'occupation de Neuchâtel nous ont fait remarquer, une fois de plus, que la tradition, en ce qui concerne l'illustre Oudinot, emprunte presque la chaleur d'expression de l'actualité ; les souvenirs qu'il a laissés n'ont vieilli nulle part, et c'est une particularité qui se rattache à cette figure animée que nous avons à faire connaître dans ses détails et dans son ensemble ; oui, après quarante-quatre ans, et les flots des révolutions qui ont passé sur Neuchâtel depuis lors, n'est-il pas surprenant, exceptionnel même, de trouver dans les descendants des bourgeois de 1806 une reconnaissance si grande, un souvenir si expressif.

La ville de Neuchâtel voulut témoigner à Oudinot sa reconnaissance par quelque chose de plus durable et de plus solide que des paroles et des acclamations. Son désintéressement bien connu n'eût pas permis de songer à lui faire agréer, à lui proposer même une récompense pécuniaire. En sondant ses officiers les plus intimes, on sut que son attachement pour les Neuchâtelois et l'estime qu'il avait conçue pour leurs institutions libres et originales, lui feraient attacher un grand prix au don de la bourgeoisie de Neuchâtel.

Cependant un obstacle grave s'élevait contre ce désir : Oudinot était catholique romain, et la constitution toute protestante de la bourgeoisie s'opposait formellement à ce qu'un catholique fût admis. Néanmoins, sûr de l'assentiment du public, le conseil de la ville et bourgeoisie crut pouvoir se permettre une infraction à la règle commune, infraction qui fut généralement applaudie. Les lettres de bourgeoisie mentionnant les services que le général avait rendus au pays lui furent remises à un grand dîner qui eut lieu à l'hôtel-de-ville, et auquel avaient été invitées les autorités civiles et militaires.

Il est nommé bourgeois de Neuchâtel.

Il les reçut avec une vive sensibilité, signalant ce moment comme l'un des plus beaux de sa vie. La plus grande cordialité régna pendant tout le repas : les officiers dirent eux-mêmes que jamais ils n'avaient vu leur général aussi gai et aussi expansif.

Peu de temps après, un ordre du ministre de la guerre détacha du corps d'élite des grenadiers quelques bataillons pour les incorporer dans la garde impériale : c'était sans doute une grande récompense ; le général regretta, non pour eux, mais pour lui, ce démembrement d'un corps qui lui avait donné tant de preuves de courage et d'affection.

Pendant qu'il était à Neuchâtel, Oudinot reçut la lettre suivante de Joseph Napoléon :

« Général,

» J'ai reçu avec beaucoup de satisfaction les nouvelles
» marques d'intérêt que vous me donnez à l'occasion de
» mon avènement au trône de Naples. Il me sera toujours
» doux de compter sur votre attachement et de vous réité-
» rer l'assurance de celui que je vous ai voué.

» Agréez, mon cher général, toutes mes félicitations sur vos succès et mon amitié.

» Votre affectionné,
» JOSEPH.

» Rossano, le 28 avril 1806. »

Après cinq à six mois de séjour à Neuchâtel, Oudinot reçut l'ordre d'envoyer sur le Rhin ce qui lui restait de ses brigades, et de se rendre, lui, de sa personne à Paris.

Épée d'honneur décernée à Oudinot, par la ville de Neuchâtel.

La ville qu'il quittait voulut ajouter au don qu'elle avait fait à Oudinot du titre de bourgeois de Neuchâtel, celui d'une épée d'honneur. Elle fut commandée à Paris, mais ne put arriver avant le départ du général. Le conseil de la ville se rendit en corps auprès de lui pour le prier d'accepter ce témoignage de gratitude qui lui serait remis à son arrivée à Paris.

En réponse à cette offre des magistrats, Oudinot leur dit : « Cette épée ne sortira du fourreau que par les ordres et pour la défense de MM. les quatre ministraux (c'était le titre des chefs de la bourgeoisie.) »

L'épée offerte au général portait pour suscription : *La ville de Neuchâtel au général Oudinot*, 1806.

Oudinot quitte Neuchâtel.

Ce fut, accompagné des vœux et des bénédictions des Neuchâtelois qu'Oudinot partit affronter de nouveaux dangers. (A son entrée à Neuchâtel, il avait déjà reçu vingt-deux blessures!)

Vainement le général des grenadiers avait-il caché l'heure de son départ, la garde d'honneur se trouva rangée devant lui quand il monta en voiture; elle l'escorta toute entière au bruit du canon, l'accompagna pendant quatre lieues, au bout desquelles, faisant détourner les postillons, elle les dirigea vers une maison de campagne où un déjeuner splendide avait été préparé. Ce fut au milieu des plus vives acclamations que le général y prit part. Le jour était à son déclin quand Oudinot remonta en voiture; la garde d'honneur le suivit encore jusqu'à la frontière et se mit en bataille, le chapeau au bout du sabre, et faisant entendre ces nobles paroles : « *Quand le général Oudinot reviendra, nous irons encore plus loin au-devant de lui.* »

Le général embrassa alors le colonel en lui disant qu'il venait de passer les six mois les plus heureux de sa vie.

Le prince de Neuchâtel (Alexandre Berthier) écrivait au général Oudinot, quelque temps après :
« Je vous affectionne, je vous estime, et vous me
» rendez, j'espère, ces sentiments; je me flatte
» qu'un jour nous irons voir ensemble ces bons
» habitants de Neuchâtel, qui vous regardent
» comme un père....... »

Oudinot se rendit à Paris et de là à Saint-Cloud, où se trouvait l'Empereur. Napoléon l'accueillit par la remarque qu'il avait coupé ses moustaches: « Oui, sire, répondit le général, je les rognais chaque fois que Votre Majesté me retirait quelques-uns de mes grenadiers; aujourd'hui, j'ai dû les couper tout à fait, puisqu'ils ne sont plus et qu'il ne me reste que leur souvenir. »

L'Empereur causa longtemps avec Oudinot, et lui dit que bientôt il aurait besoin de ses grenadiers pour reformer un semblable corps dont il attendrait la même intrépidité et les mêmes services.

Quelques jours après, vers le mois de septembre, Oudinot reçut l'ordre immédiat de se rendre à Mayence.

La Prusse, imprudemment poussée vers des actes d'hostilité envers la France, se relevait et s'élançait contre nous. L'année précédente, elle n'avait pas osé s'engager et se précipiter seule dans les chances d'une guerre, et pourtant elle avait pour alliés l'Autriche, l'Angleterre, la Russie, la Suède et Naples.... Maintenant, au contraire, elle venait seule; il fallait qu'elle fût bien égarée par l'esprit de parti qui lui faisait entrevoir dans cette guerre les chances les plus favorables.

De toutes parts on disait que Napoléon, en décembre 1805, avait triomphé des Autrichiens et des Russes, par le fait de la faiblesse des uns et de l'ignorance des autres; mais que cette fois il succomberait devant les élèves du grand Frédéric.

Il y eut donc un mouvement de joie chez nos ennemis, qui voyaient déjà la France abaissée et vaincue et qui annonçaient que le terme de notre puissance était arrivé.

Le roi de Prusse, entraîné par de perfides conseils, voulait imposer au vainqueur d'Austerlitz des conditions déshonorantes.

L'empereur Napoléon passa le Rhin le 1.er octobre

1806, et porta son quartier-général à Bamberg. Il donna l'ordre à Oudinot de se mettre à la tête des dragons à pied et de suivre le mouvement de l'armée.

La droite se composait des corps des maréchaux Soult et Ney et d'une division de Bavarois. Ces différents corps étaient partis de Bamberg et de Nuremberg ; ils devaient se réunir à Bayreuth et marcher rapidement sur Hoff, où ils arrivèrent le 9. Le centre de l'armée était formé de la réserve du grand-duc de Berg, du corps d'armée de Bernadotte, de celui du maréchal Davoust et de la garde de Napoléon. Lannes, Lefebvre et Augereau commandaient la gauche.

Le 13 octobre, à deux heures de l'après-midi, Oudinot arrivait à Iéna ; il trouva l'ennemi en position et suivit avec ses dragons le grand quartier-général. Le maréchal Davoust reçut l'ordre de déboucher par Naumburg et de s'établir sur le point le plus favorable pour défendre les défilés de Kosen, si l'ennemi se portait sur Naumburg.

Oudinot à Iéna. (13 octobre 1806.)

La bataille d'Iéna eut lieu et les résultats de cette victoire furent immenses pour nos armes. Nous fîmes trente-cinq mille prisonniers, et trois cents pièces d'artillerie tombèrent en notre pouvoir.

Oudinot marcha sur Halle pour gagner Dessau ; il traversa le champ de bataille qu'avait occupé Bernadotte. Une partie de l'armée française manœuvrait déjà sur la rive droite pour couper l'ennemi qui avait encore quelques débris sur la gauche. A l'approche des dragons, en vue de Dessau, deux régiments de cuirassiers saxons se rendirent ; on leur fit mettre pied à terre, leur laissant leurs bagages, moins les armes qui furent mises en dépôt à Dessau et leurs chevaux que montèrent nos dragons.

Oudinot attendit à Dessau de nouveaux ordres. Le prince d'Anhalt lui offrit son château de Worlitz, et le lendemain même, Oudinot s'y installa avec tout son état-major.

L'armée se dirigeait sur Berlin : le général marcha sur Wittemberg, où il trouva Lemarrois, aide-de-camp de Napoléon, qui en était gouverneur.

Dès le lendemain, Oudinot se dirigea sur Postdam. Une scène attendrissante l'attendait sur ce point et le ramenait à de récents et précieux souvenirs.

Arrêté, pour y passer la nuit, dans une ferme isolée, il fut surpris d'y trouver un officier prussien de la garde du roi, qui, démonté et ayant perdu trace de son corps d'armée, était dans une grande désolation. Bientôt on découvrit que cet officier n'était autre que le frère du comte Louis de Pourtalès, de Neuchâtel, l'hôte et l'ami d'Oudinot. Le général, alors, lui ouvrit ses bras et l'emmena à Berlin. Frédéric de Pourtalès devint, par la suite, aide-de-camp du prince de Neuchâtel, et plus tard, chambellan de l'impératrice Joséphine.

Le 27 octobre, Oudinot était à Postdam, pendant que Napoléon, à la tête de sa garde, faisait son entrée à Berlin. Bientôt il y rejoignit l'Empereur et reçut le commandement d'un nouveau corps de grenadiers qui, détachés des régiments de ligne, arrivaient à Berlin. En six semaines, ce corps d'élite se trouva au complet et reçut l'ordre immédiat de rejoindre la grande armée.

Il se dirigea par Francfort sur l'Oder, et se trouva le 29 décembre à Posen, où il attendit, pendant douze jours, les ordres de l'Empereur.

Napoléon veilla bientôt à la marche de ses colonnes sur Varsovie et s'occupa surtout d'y faire arriver la garde et les grenadiers Oudinot, qui entrèrent dans cette ville le 1.ᵉʳ janvier 1807.

Les années que nous allons parcourir sont, sans contredit, les plus glorieuses de la vie d'Oudinot. Sur tous les champs de bataille, il va assister aux grandes luttes de l'Empire.

Les noms de Zurich, Gênes, Mincio, Vienne et Neuchâtel, attestent déjà la gloire du héros meusien; bientôt vont fleurir les lauriers d'Ostrolenka, de Friedland, de Wagram.

A peine arrivé à Varsovie, Oudinot tomba malade et ne put partir pour Pultusck qu'après quelques jours d'un repos obligé.

Napoléon avait rassemblé (janvier 1807) toute son armée sur le corps du maréchal Soult, en le prenant pour centre et pour point de ralliement de tous ses mouvements.

Davoust formait l'extrême droite, Augereau l'arrière-garde, et Ney la gauche.

Napoléon dirigea sa garde sur les derrières de Soult et fit occuper à la réserve des grenadiers Oudinot les environs d'Ostrolenka; cette réserve formait un échelon intermédiaire entre la grande armée et le cinquième corps dont Savary avait pris le commandement, à cause de l'état de santé du maréchal Lannes.

Oudinot devait secourir Savary, si l'ennemi se jetait sur Varsovie; dans le cas contraire, il devait rejoindre le quartier-général.

Le 14 février, Oudinot arrivait à Ostrolenka, petite ville située sur la Narrew, où se trouvaient les généraux Savary et Suchet.

Pendant toute cette journée du 14, Oudinot fit ses dispositions pour répondre à l'ennemi, s'il nous attaquait ; nos principales forces se trouvaient à la gauche de la Narrew, position très difficile et toujours entrecoupée de bois. La Narrew, très encaissée dans ses deux rives, rase les derrières des maisons d'Ostrolenka.

Ostrolenka. (15 février 1807.)

Tous les généraux se réunirent le soir, chez le général Gazan, pour s'occuper des préparatifs nécessaires à la journée du lendemain.

Ce soir même, très tard, Oudinot visitant les avant-postes, éveilla brusquement nos sentinelles, qu'il fut très surpris de voir endormies à la barbe de l'ennemi.

Le lendemain, à la pointe du jour, on entendit le feu qui commençait : c'était l'ennemi qui attaquait la division Gazan ; bientôt la canonnade s'étendit à l'extrémité gauche du général Suchet, et vers neuf heures, le feu de l'artillerie se fit entendre à l'autre bout de la ville.

Voici ce qui s'y passait : le général Ruffin commandait une brigade de la division Oudinot et s'avançait contre une masse d'infanterie russe qui arrivait droit sur Ostrolenka.

La brigade Ruffin, masquée par le cimetière et placée autour de l'église, recevait les Russes par une décharge à mitraille ; cela devint bientôt une lutte terrible. Les Russes voulaient entrer à Ostrolenka, pour nous prendre par trois rivières : l'Omulew, la Schwa et la Rosoya, et en voyant combien cette position était rigoureusement défendue par nos troupes, leur ardeur ne fit que redoubler.

Pendant qu'à la droite le feu se ralentissait, la brigade Campana (division Gazan) reçut l'ordre de repasser la Narrew pour soutenir la brigade Ruffin ; mais en traversant le pont, Campana fut emporté par un boulet russe.

L'infanterie ennemie pénétra dans la ville; mais les deux brigades françaises défendirent les rues avec tant d'acharnement, qu'elle fut forcée d'abandonner Ostrolenka pour prendre position derrière les montagnes de sable qui dominent la ville.

Bientôt Oudinot et Suchet arrivèrent. Les grenadiers pénétrèrent à la baïonnette au milieu de la bataille, laissant autour d'eux des monceaux de cadavres.

Oudinot s'était mis à la tête de la cavalerie, et par une charge très brillante, avait forcé l'ennemi à fuir sur tous les points. Les voltigeurs le poursuivirent à trois lieues au-delà d'Ostrolenka, voulant, disaient-ils, *faire la conduite à l'ennemi.*

Le soir de cette belle et mémorable journée, le général Ruffin, qui s'était illustré dans cette journée, disait à Oudinot, en relevant sa moustache et de l'air le plus martial : « L'Empereur a failli me donner pour dotation le cimetière d'Ostrolenka. »

Sur ce champ de bataille, treize cents Russes étaient couchés, ils avaient autant de blessés et nous leur avions pris deux drapeaux et sept pièces de canon. Nous n'avions perdu qu'une centaine d'hommes, mais parmi eux était le brave général Campana.

Le lendemain, un engagement peu sérieux eut lieu entre les troupes d'Oudinot et quelques cosaques ; le sang ne coula pas et l'armée reprit ses cantonnements.

Oudinot reçut l'ordre de l'Empereur de se rendre à Osterode ; il s'y établit bientôt avec son quartier-général et prit place dans une maison qui avait été littéralement criblée de boulets ; mais qu'importait à Oudinot, il connaissait les balles et les blessures. Trois et quatre généraux étaient obligés de partager le même logement. On peut, par ce fait, juger de l'entassement des troupes. Il en résulta un grand malaise, auquel vint succéder la dyssenterie.

Le 1.er mars 1807, Napoléon écrivait à ce sujet à son frère Joseph :

« Les officiers d'état-major ne se sont pas déshabillés depuis deux mois, et quelques-uns depuis quatre ; j'ai moi-même été quinze jours sans ôter mes bottes... Nous sommes au milieu de la neige et de la boue, sans vin, sans eau-de-vie, sans pain, mangeant des pommes de terre et de la viande, faisant de longues marches et contre-marches, sans aucune espèce de douceurs, et nous battant ordinairement à la baïonnette et sous la mitraille ; les blessés obligés de se retirer en traîneau, en plein air, pendant cinquante lieues... Nous faisons la guerre dans toute son énergie et son horreur..... »

Au milieu de cette pénible situation, l'imprudence des soldats occasionna un incendie qui, en un instant, dévora plusieurs des granges où étaient les chevaux et les bagages. Oudinot y perdit sept chevaux et leurs harnais, ce qui le mit dans un tel embarras, qu'on fut obligé de chercher des cordes dans les villages voisins pour traîner sa voiture.

Quelques jours après, l'Empereur désigna à chaque corps un nouveau quartier-général.

Oudinot se retira avec ses troupes à deux lieues d'Osterode, à Nepkau, où il resta deux mois. Pendant ce séjour, l'Empereur passa souvent en revue les grenadiers et félicita leur général sur leur bonne tenue et sur l'ensemble avec lequel ils marchaient.

Pendant que l'Europe entière était fatiguée des luttes sanglantes que depuis des années elle soutenait, la Prusse était restée longtemps dans la neutralité; l'accroissement de ses richesses, la prospérité de son commerce et son alliance recherchée par les puissances étrangères, tels furent les résultats du système qu'elle avait adopté. Mais bientôt elle trouva sa perte dans l'excès de sa prospérité. Vaincus à Iéna, les Prussiens vont encore échouer à Dantzick.

Quinze mille Prussiens et six mille Russes composent la garnison de cette ville. Pour la bloquer, Napoléon n'a que quelques Allemands, quelques Polonais et un seul régiment français, le 2.ᵉ léger.

Le roi de Prusse avait donné pour gouverneur à Dantzick le célèbre maréchal Kalkreuth qui s'attacha, dès son arrivée, à relever l'esprit de la garnison et à intimider quiconque serait tenté de se rendre.

Il était donc extrêmement difficile de s'emparer de cette place. (1) L'Empereur en chargea le maréchal Lefebvre. Le 23 février, Dombrowski fit

---

(1) Dantzick soutint trois siéges mémorables : l'un, en 1734, où Stanislas commandait en personne; le second, en 1807, où le maréchal Lefebvre dirigeait nos troupes, et le dernier en 1813, où s'immortalisa Rapp.

faire la première reconnaissance et poursuivit les Prussiens qui, forcés d'abandonner les abords de Dantzick, se replièrent sur la ville.

Le 28, le maréchal Lefebvre établit son quartier-général à Dirschau, où il resta jusqu'au 9 mars.

Lefebvre trouva un rival digne de lui dans le comte de Kalkreuth, et après divers engagements sans grande importance, l'ouverture de la tranchée devant Dantzick fut fixée à la nuit du 1.er au 2 avril.

L'attaque en règle de la ville offrait les plus grandes difficultés : traversée par la Motlau, elle est enceinte de larges fossés qui se remplissent par cette rivière, dont différentes écluses retiennent les eaux, pour former au sud et à l'est de la place une vaste inondation qui s'étend à plus de quatre lieues et couvre les deux tiers des fronts de son enceinte. Dantzick, ainsi entourée au nord, à l'est, au sud de terrains inondés, serait inabordable sans les hauteurs qui la dominent.

Une île, située entre la Vistule et le canal de Laake, gênait la communication entre la presqu'île et le corps principal de l'armée. Le maréchal Lefebvre résolut de s'en emparer dans la nuit du 5 au 6 mai ; il tira de l'armée assiégeante huit cents hommes qui furent chargés de cette expédition dans l'île d'Holm. De nombreuses redoutes établies dans cette île gênaient beaucoup le côté gauche de notre armée.

Nous attaquâmes l'ennemi à la baïonnette, et les retranchements qui protégeaient ces redoutes furent emportés par nos troupes.

Les Russes, qui défendaient cette île, opposèrent une résistance des plus opiniâtres ; mais ce fut en vain : la prise de la redoute de Kalkschantz termina l'expédition d'une manière très glorieuse pour nos armes, et désormais les Français furent maîtres de l'île d'Holm (1).

Cependant, différents indices et l'apparition de plusieurs voiles ennemies dans le Frische-Haff donnaient à craindre au maréchal Lefebvre que l'empereur de Russie et le roi de Prusse ne vinssent à marcher au secours de Dantzick. Des bruits sortis de la place assiégée avaient confirmé ces nouvelles et jetaient le maréchal Lefebvre dans la plus vive anxiété.

Le 29 avril, Oudinot avait reçu une dépêche de Lefebvre qui l'appelait à son secours ; le 30, le corps des grenadiers se trouvant devant Marienbourg, Oudinot se mit à sa tête, passa la Nogath, et entra dans l'île formée par cette rivière. Il traversa ensuite la Vistule vers onze heures du soir et s'arrêta une heure à Dirschau ; il reprit bientôt sa marche et arriva à cinq heures du matin près de Langefuhr.

Oudinot arrive à Dantzick.

Le 1.ᵉʳ mai, Lannes reçut le commandement du corps de réserve et eut sous ses ordres immédiats le général Oudinot.

Lannes écrivit la lettre suivante au général des grenadiers :

« A Faulen, le 3 mai 1807.
» Vous avez sans doute été prévenu, mon cher général,
» que je prendrais le commandement du corps d'armée de

---

(1) L'artillerie se distingua particulièrement à la prise de l'île d'Holm. Le capitaine Aubert, aujourd'hui colonel retiré à Langres, est cité très honorablement dans le rapport du maréchal Lefebvre. Le colonel Aubert devint, par la suite, le digne ami du général Drouot.

» réserve et que votre division en ferait partie. Si quelque
» chose me flatte dans cette disposition, c'est d'avoir les
» grenadiers sous mes ordres et surtout de me rapprocher
» de vous, qui méritez sous tant de rapports mon estime et
» ma confiance.
» Je vous salue et vous aime.
» LANNES. »

Vers les premiers jours de mai, par un brouillard très épais, un brick anglais se fourvoya et entra dans le canal qui sépare la ville et le fort de Weischelmünde ; chose étrange, il fut attaqué et vaincu par notre infanterie. Immédiatement averti, le général Oudinot arriva au galop et, voyant tout l'équipage sur le pont, il fit aussitôt cesser le feu de ses voltigeurs et accepta la capitulation que demandait l'équipage. Le bâtiment resta à l'ancre et attendit le résultat des conférences (1).

L'ennemi, ayant appris cette capture, fit une sortie en masse des forts de Weischelmünde et de Pharwassen : le général Oudinot se porta précipitamment sur ce point et plaça lui-même ses tirailleurs. Comme on trouvait une grande résistance, le général se mit à la tête de ses officiers et fondit sur les Russes. Cette attaque, à laquelle prirent part tous les grenadiers, dura toute la matinée, et l'ennemi rentra après avoir éprouvé de grandes pertes.

A son arrivée au quartier-général du maréchal

---

(1) L'équipage entier reçut l'hospitalité de la part de nos troupes ; les officiers dînèrent à la table du général Oudinot et offrirent à ce dernier un orgue qui était sur ce brick et qui figure encore aujourd'hui dans le château de Jean-d'heurs.

Lefebvre, Oudinot fut reçu dans les bras de ce valeureux capitaine qui l'appelait avec tant de raison, dans ses lettres que nous avons sous les yeux, le *Chevalier sans peur et sans reproche*.

A la vue de cette scène touchante, les braves soldats tout émus répétèrent avec enthousiasme le serment que venaient de prononcer Lefebvre, Lannes et Oudinot : *Vaincre ou mourir!*

Le 15 mai, la canonnade commença; Lannes et Oudinot, sur la gauche de la basse Vistule, attendent, pour marcher avec leurs troupes, que le danger se manifeste; ils sont venus pour aider les assiégeants et non pour leur enlever l'honneur de la victoire. Trois fois les Russes se précipitent sur les Français, trois fois ils sont repoussés.

Le combat est horrible; le général Schram se précipite au milieu des rangs et anime ses soldats. Instruits de la position critique de ce général, Lannes et Oudinot se sont mis à la tête de leur première brigade, et, s'élançant au pas de charge, ils se sont précipités comme un torrent au milieu de la mêlée. Le carnage redouble, il devient affreux. Un boulet renverse et tue le cheval que monte Oudinot et effleure la tête du maréchal Lannes (1).

Lorsque le général Oudinot tomba, les clameurs les plus vives se firent entendre, et quand il parvint à se relever, ses troupes s'élancèrent de nouveau sur l'ennemi en criant d'une seule voix : Vive le général !

<small>Oudinot se distingue particulièrement.</small>

---

(1) Les grenadiers se disputèrent le cheval décolleté par un boulet et en firent leur soupe.

Oudinot, qui a failli, dans sa chute, renverser le maréchal Lannes, combat à pied avec les simples grenadiers. Ralliant autour de lui la masse de ses troupes, puis les ramenant en avant, il culbute les Russes, et encore une fois les pousse la baïonnette dans les reins jusque sur les glacis du fort de Weischelmünde où il les contraignit à se renfermer définitivement. Les Russes laissèrent quinze cents morts sur le champ de bataille ; nous eûmes trois cents hommes hors de combat. « Le général Ou-
» dinot a tué de sa propre main trois Russes ; plu-
» sieurs de ses officiers d'état-major ont été blessés » (1).

Parmi les blessés, quatre aides-de-camp du général Oudinot et un du maréchal Lannes attestaient la part glorieuse qu'ils avaient prise à ce combat.

Cependant, pour terminer ce siége, on sentait la nécessité d'enlever le Hagelsberg. Le génie fut chargé de tenter cette entreprise ; mais soit par trop de précipitation, soit par imprudence, l'opération ne produisit pas l'effet qu'on en attendait.

Le capitaine du génie, Vigneron, attaché à la division de grenadiers et qui avait demandé à se mettre dans les travaux du siége, fut tué dans cette affaire. Vigneron était aussi distingué par son talent dans son arme que recommandable par ses vertus privées. Le général Oudinot voulut assister à ses obsèques avec tout son état-major. C'était faire de Vigneron le plus bel éloge.

L'Empereur envoya bientôt des renforts. Le ma-

---

(1) Extrait du 74.e Bulletin.

réchal Mortier arriva à la tête de son corps de cavalerie, composé en partie de Bavarois, Badois et Wurtembergeois.

Tous les généraux se réunirent chez le maréchal Lefebvre pour concerter ensemble sur l'attaque générale et pour prendre la ville d'assaut.

Quand l'ennemi fut instruit de ce projet, le maréchal Kalkreuth envoya un de ses généraux, le 23 mai, au soir, près du maréchal Lefebvre pour entrer en pourparlers et demander quarante-huit heures pour sortir en armes avec les honneurs militaires.

Le 24 mai, se signa la capitulation.

Le 26, en conséquence de l'article 6, les Français prirent possession de Hagelsberg et des postes d'Oliva, de Jacob et de Neugarten. Le 27, à neuf heures du matin, la garnison de Dantzick fit sa sortie avec la musique, drapeaux déployés. Les Français la virent défiler avec les témoignages d'intérêt que les braves ne se refusent jamais entre eux.

Dès que la place fut évacuée, l'armée de siége y fit son entrée; le maréchal Lannes et le général Oudinot donnèrent en cette circonstance au maréchal Lefebvre un témoignage de justice et d'amitié que l'on doit citer dans l'histoire de ce siége si mémorable.

Lannes et Oudinot pouvaient s'attribuer une portion de la gloire dont le maréchal venait de se couvrir. Lefebvre, lui-même, avouait que l'arrivée de ses deux vaillants camarades avait seule mis fin à une lutte trop inégale et dont le succès avait auparavant paru douteux. Le maréchal Lefebvre se fit donc un devoir d'inviter Lannes et Oudinot à partager la gloire de la prise de Dantzick, en entrant solennellement avec lui dans la place conquise par tous.

<small>Noble conduite d'Oudinot à la prise de Dantzick.</small>

Lannes et Oudinot déclinèrent cet honneur mérité pour le laisser tout entier à leur vieux camarade.

Le maréchal Lefebvre entra donc seul à Dantzick à la tête de ses troupes victorieuses.

Le corps des grenadiers se dirigea alors sur Mariembourg, où fut établi le quartier-général. Bientôt l'Empereur vint le visiter; ce fut à Mariembourg que la division passa pour rejoindre le corps du maréchal Mortier et s'arrêta quelques jours, n'ayant pas reçu d'ordre officiel.

Le général Oudinot invita à dîner les chefs de corps. Pendant le repas, le général Buisson apprit à Oudinot qu'il avait sous ses ordres son premier camarade de lit. A cette occasion, Oudinot réunit de nouveau à sa table tous ses chefs de corps, et plaça à côté de lui son premier camarade. Pendant tout le repas, on parla du régiment de Médoc et des premiers faits d'armes d'Oudinot.

En le quittant, Oudinot embrassant son camarade de Médoc promit de lui être utile; il le fit, en effet, nommer lieutenant quelque temps après, à la suite d'une affaire où ce sous-officier s'était bien comporté (1).

Arrivé à l'apogée de sa gloire, Oudinot racontait rarement ses hauts faits; mais quand, vaincu par les sollicitations de ses amis, il était forcé de capi-

---

(1) Il fut tué à Friedland.

tuler, c'est surtout sur ses premières campagnes qu'il aimait à revenir.

Le corps de Lannes, composé des fameux grenadiers et voltigeurs Oudinot, des 2.e et 12.e légers, des 3.e et 72.e de ligne et d'un régiment saxon, ne resta pas longtemps à Mariembourg, et le 8 juin, il reçut l'ordre de se porter sur Guttstadt, où le maréchal Ney était placé avec son corps d'armée.

Le 9, l'armée russe achevait de franchir la Passarge, autour de Guttstadt, lorsque survinrent les Français. Déjà une portion de nos troupes se trouvait réunie autour de Deppen. Lannes avec les grenadiers, parti de Mariembourg; la garde, de Finkenstein; Murat, de Christbourg, et arrivés tous à Deppen le 8 au soir, formaient, avec le corps du maréchal Ney, une masse formidable de soixante mille hommes, qui pressa vivement l'ennemi.

Le 10 juin eut lieu l'attaque des retranchements de Heilsberg par la division Saint-Hilaire; l'affaire fut des plus chaudes, et dix-huit mille morts russes et français prouvèrent avec quel acharnement on s'était battu.

Le 12, le corps des grenadiers se mit en marche sur Eylau. Napoléon envoya le maréchal Lannes d'Eylau sur Domnau, lui adjoignit un partie de la cavalerie et des dragons de Grouchy, avec ordre d'envoyer des partis jusqu'à Friedland, pour savoir ce que faisait l'ennemi. Le 13 au soir, Oudinot fut prévenu par quelques hussards du 9.e qui formait l'avant-garde, que ce régiment avait été surpris et fort maltraité par les cosaques, qui l'avaient assailli au passage d'un pont. Oudinot prit le galop et arriva à Domnau, où le colonel Gauthrin, entouré de blessés, lui fit un rapport sur la position de l'ennemi.

Le général observa la situation jusqu'à onze heures du soir ; à deux heures du matin, il était sur pied : c'était l'anniversaire de Marengo, 14 juin.

Oudinot à Friedland. (14 juin 1807.)

Le maréchal Lannes commandait ce corps de dix mille hommes, dont sept mille grenadiers et voltigeurs Oudinot, dix-huit cents cavaliers de Grouchy et douze cents hommes, pris dans le 9.ᵉ hussards, les chevau-légers et les cuirassiers saxons.

Le feu commença à trois heures du matin ; notre artillerie placée sur le plateau de Posthenen, sous la protection des grenadiers Oudinot, tenait les Russes à distance et leur faisait éprouver de grandes pertes ; à droite, nos voltigeurs, répandus sur la lisière du bois de Sortlack, arrêtaient leur infanterie par un feu incessant de tirailleurs. Vers six heures du matin, Oudinot donna l'ordre au colonel Gauthrin de tourner le bois sur la droite, pendant qu'un bataillon s'y engageait en chassant l'ennemi devant lui. Dans cette action, le colonel Gauthrin fut blessé à la tête.

Voici quelles étaient les forces des deux armées réunies à Friedland :

De trois heures du matin à sept heures, dix mille Français contre trente mille Russes ; de sept heures du matin au soir, quatre-vingt mille Français contre cent vingt-cinq mille ennemis.

Comme nous l'avons dit plus haut, Lannes commande les dix mille Français, Benningsen les trente mille Russes, dans cette matinée de Friedland.

L'artillerie ennemie agit vigoureusement et nous fait éprouver des pertes considérables ; quelques-unes de nos pièces sont démontées et le nombre de nos blessés augmente à chaque instant.

Voyant ce cruel état de choses, Oudinot envoie un aide-de-camp à Napoléon pour lui faire savoir que l'ennemi est trop nombreux et que nous ne pouvons plus lutter avantageusement.

En ce moment, une explosion terrible se fait entendre : c'est un caisson qui saute à la gauche de la brigade Cohorn. Un bataillon tout entier est ébranlé par ce choc.

Sur ces entrefaites, la division Dupas entre en ligne ; le maréchal Mortier ouvre sur les Russes un feu d'artillerie bien nourri qui cause d'affreux ravages.

Quand Lannes apprend l'arrivée de la division Dupas, il rappelle à lui les grenadiers qu'il avait d'abord rangés à la gauche de Posthenen et en face du bois de Sortlack. Le général Oudinot les commande ; il se présente aux Russes, et profitant de tous les accidents de terrain, tantôt des bouquets de bois semés là et là, tantôt des flaques d'eau formées par les pluies des jours précédents, il dispute le terrain avec habileté et énergie. Il ne cède pas un pouce. Tour à tour, il cache ou montre ses soldats, les dispose en tirailleurs ou les oppose en une masse hérissée de baïonnettes aux efforts des Russes.

Ces héros s'obstinent, malgré l'infériorité numérique ; leurs rangs s'éclaircissent, un grand nombre tombent blessés ; quelques chefs sont hors de combat. Bientôt ce valeureux corps est réduit de moitié ; la bravoure devient alors de la rage, on combat corps à corps.

Belle résistance des grenadiers Oudinot.

La division Verdier arrive en ce moment pour soutenir le choc : cette lutte disproportionnée durait encore quand Napoléon arriva : il était temps.

« C'est aujourd'hui le 14 juin, s'est écrié Napoléon, c'est l'anniversaire de Marengo ! » Sa présence anime toute la troupe : généraux et soldats. Lannes, Mortier et Oudinot l'entourent.

Napoléon n'avait pas cru que cette affaire fût aussi sérieuse : il ne s'attendait pas à voir le champ de bataille couvert de morts.

Oudinot se présente à lui : ses vêtements sont criblés par les balles, son cheval ruisselle de sang. « Hâtez-vous, Sire, mes grenadiers n'en peuvent plus, mais donnez-moi un renfort et je jette tous les Russes à l'eau. »

« Général, lui répond l'Empereur, vous vous
» êtes surpassé, vous avez fait des prodiges, et
» quand vous êtes quelque part, il n'y a plus à
» craindre que pour vous. Vous me rappelez Léoni-
» das, mais votre dévouement aura un plus heureux
» succès ; c'est à moi de finir la journée (1). »

Napoléon voulut se rendre compte de la situation de l'ennemi et se porta en avant ; mais Oudinot se précipita au-devant de lui. « Ce n'est pas votre place, lui dit-il, j'y vais, moi ; mais je ne veux pas que vous attrapiez leurs balles, voyez comme ils ont arrangé mon cheval. »

La bataille devient alors générale ; il est cinq heures du soir ; Napoléon met en première ligne l'artillerie de la garde qu'il fait appuyer par la grosse cavalerie ; il donne des ordres à ses lieutenants et assigne à chacun le rôle qu'il doit remplir. Tous, soldats et généraux, prévoyaient l'issue

---

(1) Horace Vernet, dans son magnifique tableau de la bataille de Friedland, a reproduit cet épisode.

de cette bataille : jeter les Russes à l'eau ; mais il fallait calculer les moyens.

Pendant la journée, l'aide-de-camp du général Oudinot fut tué par un boulet : le capitaine Hutin fut vivement regretté de tous ses compagnons d'armes qui avaient su apprécier sa brillante valeur dans tant de combats.

Enfin le moment décisif étant arrivé, Napoléon donna le signal. Vingt pièces de canon tonnent à la fois, et le maréchal Ney ébranle son corps d'armée. S'élançant « *comme un lion,* » il culbute tout sur sa route.

Les dragons et les cuirassiers chargent alors la cavalerie russe, la rejettent sur son infanterie, et la poussant contre l'Alle, la précipitent dans cette rivière. Deux mille Russes s'y noient.

A la fin du jour, le brave général Sénarmont conduit son artillerie au trot, en forme une immense ligne et arrête le feu de l'ennemi. Bientôt on entre à Friedland ; une affreuse mêlée s'engage aux abords de la ville ; on presse les Russes, on pénètre dans les rues, on rejette l'ennemi sur les ponts de l'Alle.

Pendant que le maréchal Ney s'empare de Friedland et s'y installe avec le maréchal Mortier, Lannes et Oudinot tiennent tête aux Russes et les repoussent sur tous les points. Friedland est en flammes, et la victoire est gagnée. Il est onze heures du soir.

A la fin de cette grande journée, des sept mille grenadiers Oudinot, il en restait à peine trois mille.

La perte des ennemis fut de soixante mille prisonniers, blessés ou tués, parmi lesquels vingt-cinq généraux.

Quatre-vingts pièces de canon et soixante-dix drapeaux formèrent les trophées de cette mémorable victoire.

Le 15 juin, à la pointe du jour, Napoléon, visitant le champ de bataille et s'informant de l'état des blessés, arriva à cheval devant le front des grenadiers ; il remarqua la faiblesse des compagnies dont les rangs étaient très éclaircis. Il fit alors appeler le général qui lui confirma ses pertes immenses.

Napoléon complimenta ensuite Oudinot et les officiers sur leur belle conduite à Friedland, et repartit au galop.

Avant de quitter ce champ de bataille, où venait de s'illustrer l'armée française et notamment les grenadiers et voltigeurs réunis, le général Oudinot asssembla tout son état-major et rendit les derniers devoirs à son brave et malheureux aide-de-camp tué à ses côtés.

Après avoir passé l'Alle, le général des grenadiers reçut l'ordre de manœuvrer sur Memel ; il s'y trouva le 18, et après une suspension d'armes, l'entrevue de Tilsitt eut lieu (le 23 juin).

Le 7 juillet, la paix fut signée avec la Russie, et, le 9, avec la Prusse.

Le corps des grenadiers se dirigea sur Dantzick par Kœnigsberg et Elbing ; une partie fut casernée à Dantzick, l'autre fut cantonnée.

A peine établi dans la ville, le général alla prendre son logement entre Langefuhr et Oliva, sur une colline au bas de laquelle se développait un magnifique panorama.

Pendant son séjour à Dantzick, Oudinot faillit

être tué : étant monté à cheval avec le général Pajol pour visiter le fort Wasser, son cheval s'emporta et l'on apprit avec douleur que le général avait une jambe cassée ; c'était la seconde fois. Chaque jour ses grenadiers venaient s'informer de son état ; au bout d'un mois, il put les recevoir et invita les plus anciens à sa table.

Oudinot a la jambe cassée.

Pendant que le général Oudinot goûtait en paix les fruits de ses récentes et glorieuses victoires, M. de Fontanes, alors président du corps législatif, lui écrivait, à la date du 4 octobre 1807, la lettre suivante qui n'a pas besoin de commentaires et qui prouve combien la noble conduite d'Oudinot était appréciée par toute la France :

« Monsieur le général et cher collègue,
» Il n'y a de gloire aujourd'hui que dans les camps que
» vous habitez. C'est aux braves tels que vous que sont
» dus tous les éloges. Quant à moi, je n'en mérite aucun,
» mais je suis fier d'être votre collègue ; c'est le titre qui
» flatte le plus mon amour-propre, et celui qui toucherait le
» plus mon cœur serait le nom de votre ami.

» Recevez, Monsieur le général et cher collègue,
» l'assurance de mon attachement et de ma haute
» considération. ». FONTANES. »

Le 5 février 1808, Oudinot fut nommé commandeur de l'ordre de Saint-Henry, de Saxe. Bientôt, il demanda de retourner en France, voulant hâter un rétablissement trop lent pour lui.

Le 2 mars, il se mit en route. A la sortie de la ville, il fut salué par l'artillerie, et le général Rapp, à la tête des autres officiers, lui offrit un magnifique déjeuner, à quelques lieues de Dantzick.

Dans ce temps où les institutions et les idées militaires dominaient seules, quelquefois des pensées gracieuses et riantes surgissaient ; pourquoi omettrions-nous de citer celle que le général Rapp, l'ami d'Oudinot, eut à cette occasion.

Au milieu du déjeuner, on servit un pâté; le général Rapp enleva le dessus et aussitôt un grand nombre d'oiseaux en sortirent ; ils portaient tous à leur cou des devises en l'honneur du général Oudinot.

Ce déjeuner, où ne cessa de régner la plus franche gaîté, se termina par un toast porté par Rapp : « Au général Oudinot et à la gloire de ses braves grenadiers!........ »

Un détachement du 7.ᵉ régiment de chasseurs l'escorta jusqu'à Luxembourg, et le général Cohorn fit encore un long trajet à la portière du général.

Le 17 mars, Oudinot arrivait à Bar; sa santé se rétablit peu à peu, et bientôt il put se rendre à Saint-Cloud, près de Napoléon.

L'Empereur, en le voyant marcher avec peine, lui dit : « *Vous êtes encore faible, mon cher général,* » *nous vous donnerons un bâton pour vous soutenir.* »

Le 25 juillet 1808, Oudinot reçut le titre de comte de l'Empire avec le domaine d'Inowaclo pour dotation.

Oudinot resta dans sa famille, à Bar-le-Duc, jusque vers le milieu du mois d'août, époque à laquelle il dut partir pour Erfurth, où se réunissait le congrès.

Napoléon, dans cette circonstance, voulant rapprocher l'empereur de Russie des deux héros de Friedland, Lannes et Oudinot, nomma ce dernier gouverneur d'Erfurth (septembre 1808) et donna l'ordre au maréchal Lannes d'escorter l'empereur

Oudinot, gouverneur d'Erfurth. (Septembre 1808.)

Alexandre depuis la Vistule jusqu'au lieu du rendez-vous.

A l'arrivée de ce prince, Napoléon lui présenta nominativement toute sa cour, et, en lui montrant Oudinot, lui dit : « Sire, je vous présente le Bayard de l'armée française ; il est, comme lui, sans peur et sans reproche. »

Alexandre répondit en entendant nommer Oudinot : « Il y a longtemps que je le connais de réputation ; ceci remonte à mon vieux général Souwarow. »

Napoléon et Alexandre sont accompagnés à Erfurth des rois de Bavière, de Saxe, de Wurtemberg et des princes de la confédération germanique.

De tous les grands personnages réunis au congrès, le plus difficile à maintenir était sans aucun doute le grand-duc Constantin.

Assistant un jour à une revue de troupes françaises, il voulut examiner de près un détail d'uniforme et prit par l'épaule un grenadier. Le grenadier, pressentant une main étrangère, s'écria avec le ton d'un homme indigné et dans le doute : « On ne touche pas un soldat français ; qui m'a touché ? — Moi, répondit Oudinot. — A la bonne heure ! » répliqua le grenadier. Sans cette présence d'esprit du général, cette licence du grand-duc pouvait avoir des suites très fâcheuses.

Après son gouvernement d'Erfurth, Oudinot fut comblé de présents de la part des souverains étrangers qui, pour la plupart, lui donnèrent leur portrait comme marque éclatante de leur estime et de leur affection.

Bientôt le corps des grenadiers se dirigea sur

Bayreuth, de là sur Hanau, par Bamberg (14 novembre). Pendant le séjour que fit à Hanau le général Oudinot, il y avait souvent des revues et tous les dimanches une messe militaire.

Depuis le camp d'Arras, particulièrement, Oudinot avait fait célébrer des messes où assistaient en masse tous ses grenadiers. A Hanau, le général se servit de l'église française réformée. Quelque temps avant son départ, il écrivit à MM. les membres de cette église :

« La complaisance avec laquelle vous avez bien voulu prêter votre église pour servir à la célébration de la messe militaire pour moi et les troupes sous mes ordres, mérite que je vous en témoigne ma gratitude et me porte à vous tranquilliser sur les craintes qu'on avait voulu vous inspirer à l'égard de votre propriété. Elle ne doit être troublée en aucune manière, et s'il était possible qu'on voulût faire servir cette occasion à y porter atteinte, je serais le premier à vous aider de tout mon pouvoir dans la conservation de vos droits et de votre possession. Je vous prie d'en recevoir l'assurance. »

(1809.) Mais une nouvelle campagne va s'ouvrir, l'année 1809 a paru et, avec elle, l'armée va cueillir encore de nouveaux lauriers.

Oudinot est à la tête de dix-huit mille grenadiers et voltigeurs réunis. Ce corps a été recruté parmi les soldats du centre; il se dirige sur Stuttgard, Ulm et Augsbourg. Arrivé à Ulm, Oudinot va visiter les hôtes qui l'ont recueilli pendant sa captivité; il reste deux jours près d'eux et se rend ensuite à Augsbourg. A peine arrivé, il reçoit du roi de Bavière, l'invitation de se rendre à Munich, où il passa deux jours avec le général de Wrède.

A son retour à Augsbourg, il apprend que l'ennemi

fait des progrès rapides et qu'il envahit la Bavière, en se dirigeant sur le Lech.

Oudinot appelle à lui les généraux d'Espagne, Edouard Colbert, Claparède, Conroux et Tharreau, on se met en mouvement pour cette campagne qui va illustrer encore Oudinot et ses intrépides grenadiers. (Avril 1809.)

Le corps du maréchal Masséna et celui des grenadiers marchaient parallèlement.

Le maréchal Davoust commandait un corps d'armée; Masséna un autre; et Oudinot un troisième, composé de deux divisions d'infanterie sous les ordres des généraux Conroux et Claparède, et d'une division de cavalerie légère commandée par le général Edouard Colbert : en tout dix-huit mille hommes.

Le 9 avril, l'archiduc Charles, commandant en chef l'armée autrichienne, fit parvenir au général en chef de l'armée française à Munich une déclaration portant qu'il marchait en avant avec toutes ses troupes; le même jour, l'avant-garde ennemie passait l'Inn.

Ce ne fut que le 15 au soir que l'armée française opéra son mouvement.

Oudinot et Masséna s'approchèrent de Pfaffenhoffen, sur le flanc gauche de l'armée autrichienne. Oudinot, après quelques instants de tranquillité, rencontra les Autrichiens le 19, au nombre de trois à quatre mille, les attaqua, les mit en déroute et leur fit trois cents prisonniers.

C'est pendant cette marche que le corps des grenadiers fit halte à la colline d'Oberhausen où se trouve le monument élevé à Latour-d'Auvergne, premier grenadier de France, tué à la tête du 46.ᵉ de ligne, le 27 juin 1800. Le général Oudinot, suivi de tout son état-major, rendit hommage au chef intrépide, au guerrier magnanime qui conduisit à la victoire la *colonne infernale*, confiée plus tard au général Oudinot, comme le plus digne de conserver et d'agrandir cette réputation de bravoure qu'elle avait acquise sur tant de champs de bataille.

Le 22 avril, Oudinot et son corps d'armée arrivèrent devant Ratisbonne; là, on apprit le résultat des combats de Tann, Abensberg et Eckmühl. Le 23 a lieu la bataille de Ratisbonne dans laquelle Napoléon est blessé.

Le lendemain, on marchait sur Vienne; Oudinot se dirigea sur Straubing, par Braunau.

Le général Colbert, dont la cavalerie formait l'avant-garde du corps d'Oudinot, en arrivant sur la rive droite de l'Inn, envoya quelques soldats pour connaître la situation de la ville; ils revinrent bientôt rapportant que l'ennemi l'avait évacuée.

Oudinot, pour s'en assurer, s'embarqua avec quelques officiers, passa de l'autre côté et pénétra dans la ville. Il donna l'ordre de requérir toutes les barques et, pendant la nuit, fit jeter les fondations d'un pont.

En effet, le lendemain, le maréchal Lannes put pénétrer dans la ville. Le général Oudinot reçut l'ordre de repasser sur la rive droite; il arriva à Scharding où il trouva le pont coupé, le fit reconstruire, traversa Scharding, Efferding et arriva à Ried.

L'avant-garde d'Oudinot rencontra l'ennemi qui avait fait couvrir l'entrée du bourg par des hulans;

ils furent aussitôt attaqués et mis en fuite; on les poursuivit au travers du bourg, et on leur fit quinze cents prisonniers. (1.ᵉʳ mai 1809.)

Oudinot fait à Ried 1,500 prisonniers. (1.ᵉʳ mai 1809.)

Le corps des grenadiers passa la nuit du 1.ᵉʳ au 2 mai à Ried, et arriva le lendemain à Wels, où il trouva encore le pont de la Traun coupé par les Autrichiens.

Le 2 mai, Oudinot reçut l'ordre de se rendre à Ebersberg. La division Claparède rencontra, dans la matinée du 3, l'arrière-garde autrichienne. Le général Cohorn, appartenant à cette division, à la tête des bataillons des tirailleurs du Pô et des voltigeurs corses, attaqua impétueusement les Autrichiens au moment où, sous la protection des nombreuses batteries qui garnissaient le pont d'Ebersberg, ils s'avançaient en ligne pour gagner la rive droite de la Traun. Ce pont qui menait à Linz avait une longueur de cent vingt toises et était défendu par des troupes placées sur la rive opposée et les hauteurs situées devant la tête du pont; le bourg d'Ebersberg se trouve à mi-côte et un peu sur la droite.

Quand Oudinot arriva de sa personne, l'action était déjà commencée; il se porta au galop avec Masséna vers la tête du pont, à une très petite distance de l'ennemi; ils se mirent à examiner la position : au même instant, un boulet passa entre Masséna et Oudinot.

Oudinot à Ebersberg.

L'entrée du pont était obstruée par des monceaux de cadavres : le général Cohorn, à la tête de sa brigade, faisait des prodiges de valeur; en ce moment la grosse artillerie s'avance au galop et se met en batterie dans la plaine, dirigeant son feu vers le château d'Ebersberg qui s'enflamme aussitôt et grille toute l'infanterie autrichienne qui s'y trouvait alors. Le prince Louis veut arrêter la poursuite des Français et sauver son armée ; il met l'incendie partout. Ebersberg n'est plus qu'une vaste fournaise. Le feu gagne le pont, on en coupe les parapets. Encouragé par son chef intrépide, le corps des grenadiers combat toujours et soutient pendant trois heures le choc de l'ennemi.

A six heures seulement, les Autrichiens battent en retraite : les généraux Legrand, Molitor et Durosnel se mettent à leur poursuite. Les grenadiers restent sur la rive gauche. Les eaux de la rivière étaient rouges de sang et charriaient une quantité de cadavres. Les Autrichiens nous laissèrent quatre canons, deux drapeaux et douze mille hommes dont sept mille cinq cents prisonniers. Cette action d'Ebersberg, dit le cinquième Bulletin, est un des plus beaux faits d'armes dont l'histoire puisse conserver le souvenir.

Dans cette journée, la division Claparède seule avait perdu trois cents hommes.

D'Ebersberg, les grenadiers furent dirigés sur Enns ; le 5, ils arrivèrent à Amstetten ; le 6, à Neumarck ; le 7, à Molk, où ils passèrent la rivière à gué. Le 8, on arriva à Saint-Polten, et le 9, on fut en vue de Vienne. Oudinot établit son quartier-général près du faubourg de Marienhielf, dans une manufacture d'armes impériales. Le 10 mai, à neuf heures du matin, Napoléon parut aux portes de Vienne avec le corps du maréchal Lannes. L'archiduc Maximilien occupait la capitale de l'Autriche avec dix bataillons de troupes de ligne et dix de landwehr formant un corps d'armée d'environ seize mille hommes.

Les habitants, encouragés par la présence des troupes autrichiennes, étaient décidés à se défendre jusqu'à la dernière extrémité.

Arrivé devant le faubourg de Marienhielf, le général Oudinot envoya en parlementaire le capitaine François de Lagrange; à peine ce dernier était-il introduit dans la ville, que la populace se rua sur lui pour le massacrer et le couvrit de blessures.

Les troupes passèrent la nuit sur pied; le lendemain, dès le matin, l'archiduc Maximilien fit recommencer sur tous les points le feu des remparts. Oudinot, à la tête de ses grenadiers, s'empara des faubourgs.

Une batterie d'artillerie de campagne était établie, mêche allumée, à la porte de Vienne.

Plusieurs fois le général somma le peuple de se retirer; mais tous les moyens étant insuffisants, Napoléon fit tirer un coup de canon à mitraille qui, en un instant, balaya cette foule obstinée. La rue fut envahie par les grenadiers qui la montèrent au pas de charge et sous une grêle de pierres. Oudinot devança le général Tharreau, et, au milieu de cette charge, son cheval ayant été effrayé par un boulet qui frappa une maison devant lui, fit un écart, et le sabre du général Oudinot, détaché de son ceinturon, tomba à terre. Déjà la populace voulait s'en emparer, quand Pils, le valet de chambre du général, qui ne le quittait jamais, parvint à le ramasser.

A une heure après midi les grenadiers pénétrèrent jusque près d'Ebersdorf, où ils campèrent sur les bords du Danube, et où vinrent bientôt les maréchaux Lannes et Masséna.

Le 13, le commandant de Vienne demanda à capituler, et à six heures du matin nos troupes occupaient militairement la capitale de l'Autriche. Napoléon n'entra pas dans Vienne, et, comme en 1805, établit son quartier-général à Schœnbrunn.

Le corps de Lannes et celui de Bessières cantonnèrent dans les environs de Vienne, et la garde impériale autour du quartier-général de Napoléon. En passant la revue des troupes, l'Empereur vit qu'elles étaient trop rapprochées les unes des autres, et donna l'ordre au général du génie Bertrand d'employer avec célérité tous les matériaux contenus dans les arsenaux, pour les campements.

Bientôt un pont fut jeté, et les maréchaux Lannes et Masséna, avec les divisions Lasalle et Nansouty, furent dirigés de l'autre côté du Danube; le corps des grenadiers passa le dernier.

Dans cette soirée, Oudinot se trouva dans la première île où était le bivouac de l'Empereur; le général resta près d'une heure avec Napoléon et passa la nuit couché au pied d'un arbre.

Bataille d'Essling. (22 mai 1809.)

Le lendemain 22 mai est le jour fameux de la bataille d'Essling. A quatre heures du matin, Masséna fut attaqué par l'ennemi; l'Empereur s'étant placé en arrière de la ligne suivit avec attention le mouvement des deux armées et voulut partager l'armée autrichienne en deux. Le canon ennemi se fit entendre sur toute la ligne, nous ripostâmes, et le bruit de la canonnade devint continu. Les broussailles qui bordent le Danube étaient sillonnées par des boulets. Victor Oudinot, alors âgé de quinze ans et page de l'Empereur, sachant son père engagé dans cette horrible mêlée, était dans la plus vive anxiété et craignait de ne plus le revoir; enfin, le général parut, ses habits étaient percés par les balles. Il venait en toute hâte, voyant le désastre, faire établir des bateaux pour passer les nombreux blessés de l'autre côté du fleuve.

A peine arrivé dans cette île de Lobau, Oudinot reçut une légère blessure au bras; son sous-chef d'état-major Chaponel, et ses aides-de-camp Picard et Jacqueminot furent également blessés. *Oudinot est blessé.*

C'était un spectacle affreux que tout cet amas de membres mutilés qui gisaient épars sur le sol et couvraient l'île. Un grand nombre de blessés faisaient retentir l'air de leurs cris plaintifs, et l'on ne voyait pas sans horreur ce monceau de cadavres, héroïque attestation de la valeur que nos troupes avaient déployée.

A cinq heures du soir, Oudinot rentrait à Vienne et apprenait la mort de son brave compagnon d'armes, le maréchal Lannes, duc de Montebello.

L'armée tout entière s'associa à cette perte irréparable et fut douloureusement affectée quand elle apprit la mort de l'ami de l'Empereur. Lannes, l'homme au cœur brave et généreux, expirait dans des souffrances atroces au moment où l'armée, où la France avait tant besoin de ses loyaux et dévoués services.

Dans la nuit du 22 au 23 mai, Oudinot reçut l'ordre de prendre le commandement du 2.e corps. *Oudinot commande le 2.me corps de la grande armée. (23 mai 1809.)*

Voici comment le dixième Bulletin de la grande armée rend compte de cette nomination :

« L'Empereur a donné le commandement du 2.ᵉ corps de l'armée au comte Oudinot, général éprouvé dans cent combats, où il a montré autant d'intrépidité que de savoir. »

Le 23, à la pointe du jour, le général parcourut les rangs de ses grenadiers et eut à déplorer de grandes pertes. La désolation était dans tous les cœurs : les uns et les autres avaient à pleurer la mort d'un frère ou d'un ami ; la tristesse jointe au dénuement le plus complet, amena le singulier spectacle de sentinelles de deux armées ennemies gardant les extrémités du même pont.

Les travaux pour la construction d'une nouvelle tête de pont furent commencés par ordre de l'Empereur le 20 juin, et confiés au général du génie Rogniat. Napoléon attendait l'armée d'Italie qui s'avançait à grandes journées.

L'île de Lobau, formée par deux bras du Danube, servait de cantonnement à une partie de l'armée ; Oudinot se trouvait alors à Ebersdorf.

Oudinot court un grand danger, ainsi que Napoléon.

Dans l'île de Lobau, Napoléon et Oudinot coururent un grand danger que Las Cases rapporte ainsi dans le *Mémorial de Sainte-Hélène* : « Après la bataille d'Essling, raconte Napoléon, lorsque j'eus réuni mon armée à l'île de Lobau, il y eut des deux côtés, tacitement entre les soldats et sans que les généraux y eussent aucune part, une suspension d'armes : le feu n'eut produit d'autre avantage que celui de faire tuer quelques factionnaires ; je courus à cheval pendant plusieurs jours et de tous les côtés, on ne m'attaqua ni d'un côté ni de l'autre. Etant un jour accompagné d'Oudinot, je m'arrêtai un moment au bout de l'île, à peu près à quatre-vingts toises de distance de la route opposée, sur laquelle étaient postés les ennemis. Ils m'aperçurent et m'ayant reconnu à mon petit chapeau et à mon habit gris, ils pointèrent sur nous une pièce de trois. Le boulet passa entre Oudinot et moi, et nous rasa de près tous deux. Nous donnâmes de l'éperon et disparûmes promptement. Dans cette circonstance, l'attaque était, à peu de chose près, un assassinat; s'ils eussent tiré une douzaine de coups de canon à la fois, ils nous auraient tués. »

Le 1.er juillet, Napoléon transporta son quartier-général dans l'île de Lobau, où le général Oudinot le rejoignit le 2, dès le grand matin; le 3, l'Empereur parcourut l'île en tous sens et recommanda aux chefs de corps de faire observer par leurs troupes le plus grand silence.

Le 4, le 2.e corps descend le Danube; le ciel est sombre et la pluie commence à tomber au moment où le général arrive au bras du fleuve que garnissent deux pièces de canon de gros calibre et tout l'équipage d'un pont de bateau. Les ordres se donnent à l'oreille : tout présage une grande bataille; il est onze heures du soir.

Le capitaine Van-Bercken, aide-de-camp d'Oudinot, passa avec quelques voltigeurs dans un bateau et navigua lentement vers l'autre bord; à cet instant une décharge d'infanterie éclaira cette barque et montra la direction de l'ennemi.

Oudinot fit alors embarquer sur le grand bras du Danube quinze cents voltigeurs, commandés par le général Conroux. Le colonel Baste les convoya et les débarqua au-delà du petit bras de l'île Lobau, dans le Danube. Les batteries de l'ennemi furent bientôt écrasées, et ce dernier fut chassé des bois jusqu'au village de Muhlenten.

Oudinot passa au bout de deux heures et s'arrêta dans les roseaux, attendant le lever du jour et l'arrivée de toutes ses forces; la pluie qui tombait depuis douze heures cessait; le soleil éclaira bientôt la marche du corps entier du général.

A pied, l'épée à la main, Oudinot est à la tête du 2.ᵉ corps, avec une compagnie de tirailleurs. Les Autrichiens avaient établi des ouvrages de campagne, dont la droite était appuyée à Gross-Aspern, et la gauche à Enzersdorf.

A huit heures du matin, les batteries qui tiraient sur Enzersdorf avaient produit un tel effet, que l'ennemi s'était borné à lui laisser occuper cette ville par quatre bataillons.

Oudinot à Sachsengang.
Oudinot s'élance à la tête de ses grenadiers, vers le château de Sachsengang que l'ennemi avait fortifié.

Neuf cents hommes défendent ce château, douze pièces de canon sont braquées sur nos braves grenadiers; Oudinot réitère ses attaques, les pousse vivement, et après avoir essuyé un feu de mousqueterie, tourne à gauche et reçoit une grêle de mitraille. Mettant pied à terre, il fait avancer deux obusiers à portée de fusil contre le château dont l'ennemi a enlevé toutes les charpentes. Notre artillerie double son feu; ainsi entouré, l'ennemi envoya au général Oudinot un officier chargé de lui demander vingt-quatre heures, après lesquelles on se rendrait.

« Pas une minute ! » répond Oudinot, et sa canonnade n'a pas cessé un moment. Bientôt les grenadiers s'élancent, enfoncent les portes du château et se rendent maîtres de cette belle position.

Les neuf cents Autrichiens rendent les armes et sont conduits sans escorte sur la rive droite (1).

L'archiduc Charles fit alors exécuter plusieurs manœuvres pour tâcher de reprendre quelque avantage sur le nouveau terrain, où il fallait accepter le combat.

Il détacha de son armée plusieurs colonnes soutenues par une nombreuse artillerie et qui avaient l'ordre de déborder la droite de l'armée française ; une de ces colonnes vint à occuper le village de Rutzendorf. A ce moment, Napoléon parcourait l'armée, inquiet du retard que l'incident de Sachsengang avait apporté à la marche du corps d'Oudinot.

L'Empereur ordonna aussitôt au général de s'emparer de Rutzendorf, et lui dit : « Il me faut cette position. » Et Oudinot, à la tête de la *colonne infernale*, reprend Rutzendorf, comme il avait pris Sachsengang.

Ce fut alors que l'Empereur fit déployer toute l'armée dans cette immense plaine d'Enzersdorf. Oudinot arriva pour prendre son rang de bataille ; l'on distinguait parfaitement les lignes autrichiennes, occupant les hauteurs sur la gauche du Russbach. Souvent l'Empereur se portait seul en avant et lorgnait de sa longue vue les ennemis à travers les épis des champs de blé ! A trois heures après midi, les deux armées se rapprochèrent, et sur

---

(1) Oudinot a fait construire dans sa propriété de Jean-d'heurs (campagne située près de Bar-le-Duc, et sur laquelle nous reviendrons) une tour en l'honneur de ses grenadiers, avec cette inscription : *Aux mânes des grenadiers Oudinot*. Cette tour, par sa forme, rappelle la principale tour du château de Sachsengang.

toute notre ligne partit une canonnade très vive qui foudroya le village de Baumersdorf, où l'ennemi avait établi des retranchements pour masquer son infanterie.

« Depuis midi jusqu'à neuf heures du soir, on
» manœuvra dans cette plaine, on occupa tous les
» villages, et à mesure qu'on arrivait à la hauteur
» des camps retranchés de l'ennemi, ils tombaient
» d'eux-mêmes et comme par enchantement. » (1)

Oudinot passa cette nuit qui précéda l'immortelle journée de Wagram, dans un sillon de terre labourée.

Wagram. (6 juillet 1809). A la pointe du jour, 6, l'armée française se développa et se rangea en bataille parallèlement à l'armée autrichienne et à une portée de canon de cette armée ; au lieu de s'appuyer au Danube, Napoléon laissa une lieue entre sa gauche et le fleuve.

Masséna est à gauche, un peu en arrière avec Bernadotte, posté à sa droite et s'appuyant aux troupes du prince Eugène, commandant l'armée d'Italie ; le corps des grenadiers et voltigeurs réunis sous les ordres du général Oudinot, ayant en seconde ligne le corps de Dalmatie, commandé par Marmont, composait le centre ; Davoust tenait la droite et postait devant Neusiedel ; Macdonald occupait la gauche du général Oudinot.

Le champ de bataille avait deux lieues d'étendue, les colonnes les plus rapprochées de Vienne n'en étaient pas à douze cents toises. La nombreuse population de cette capitale couvrait les tours, les clochers, les toits, les monticules pour être témoin du grand spectacle qui allait immortaliser notre héros.

(1) Vingt-cinquième Bulletin de la grande armée.

Au lever du soleil, la canonnade s'engagea. Le maréchal Davoust, en se dirigeant sur Neusiedel, avait pris en flanc le corps autrichien et réussit promptement à le mettre en déroute.

Bientôt la bataille s'engagea sur toute la ligne; l'archiduc Charles avait porté sur sa droite des forces considérables, dans l'intention d'isoler l'armée française des ponts qu'elle occupait sur le fleuve. Combattant en personne à la tête d'une armée de cinquante mille hommes, il vint menacer en même temps le front et le flanc gauche des Français.

Le village de Gross-Aspern, que défendaient les troupes de Masséna, fut enlevé; Bernadotte pliait et se retirait. Les Autrichiens voyant ce désordre dans notre armée continuaient leur marche, débordaient notre flanc gauche de près d'une demi-lieue et poussaient jusque près de l'Empereur.

L'armée française se débande.... quelques soldats s'enfuient dans l'île de Lobau et répandent le bruit que nous sommes vaincus; il est dix heures du matin.

Rien cependant n'était désespéré, et les Autrichiens allaient bientôt se repentir d'avoir trop tôt crié victoire.

Napoléon, qui se trouvait en ce moment à la droite de son armée, ordonna à Davoust de tourner la position de Neusiedel et de pousser de là sur Wagram, fit former en colonne Marmont et Macdonald pour enlever Wagram au moment où déboucherait Davoust.

Davoust exécute avec succès ce mouvement.

Napoléon voyant les hauteurs de Wagram occupées par ses troupes, dit à Masséna de tenir ferme et fit attaquer le centre ennemi par Macdonald avec les divisions Broussier et Lamarque.

Oudinot était à pied, tenant sa longue vue braquée vers Neusiedel, lorsqu'il découvrit l'attaque des hauteurs. Montant vivement à cheval, il se porta en avant, traversa le Russbach et s'avança sur Wagram.

Oudinot fait alors appuyer la brigade du général Cohorn, pendant que ses intrépides grenadiers marchent au pas de charge, la baïonnette en avant. L'ennemi continuait toujours son feu qu'il dirigeait sur le corps du général Oudinot; ses masses serrées en bataillons commencent la retraite, Oudinot poursuit les Autrichiens, et pour mieux les reconnaître, il se porte au galop, seul en avant et reçoit une décharge de mitraille qui coupe une jambe à son cheval.

Oudinot reçoit une balle. Au même instant, Oudinot, suivi seulement de M. Achille Delamarre, l'un de ses aides-de-camp, reçoit une balle dans l'oreille. Cette balle ayant ricoché sur M. Delamarre, le général Oudinot s'écrie : « Qui de nous deux est blessé? »

La retraite des Autrichiens a décidément lieu sur toute la ligne; dans ce moment décisif, Lauriston arrive au trot avec une batterie de cent pièces, les met en masse devant la ligne et foudroie l'ennemi.

Oudinot, quoique blessé, n'a pas quitté son commandement; il a toujours dirigé ses grenadiers.

Dans cette journée, l'ennemi a perdu dix drapeaux, quarante pièces de canon et vingt mille prisonniers.

« Dans la bataille de Wagram, le village de Wagram a été enlevé le 6, entre dix et onze heures du matin, et la gloire en appartient tout entière au maréchal Oudinot et à son corps. » (1)

L'Empereur qui savait le général Oudinot blessé, l'avait fait engager à prendre du repos avant la fin de cette mémorable journée.

Oudinot répondit qu'il ne quitterait pas le champ de bataille avant l'ennemi. Arrivé au village de Wagram, il s'assit sur un banc qu'avaient respecté les flammes et fit enfin panser sa blessure, pendant que l'armée s'établissait sur le Russbach.

L'Empereur s'y rendit, causa familièrement avec les chefs de corps, les officiers et les soldats. La nuit se passa ainsi.

Pendant ces deux journées des 5 et 6 juillet, tout l'état-major du général Oudinot avait été tué ou blessé ; ses aides-de-camp étaient hors de combat, trois officiers-généraux qui remplirent successivement, dans cette journée, le poste de chef d'état-major avaient succombé ; Gauthier, chef d'état-major, eut un talon emporté et mourut des suites de cette blessure. Le général de Lorencez prit, dès le 7 juillet, le titre de chef d'état-major du général Oudinot (2).

Le sous-chef fut tellement abîmé par un éclat d'obus, qu'on eut peine à retrouver ses membres.

S'intéressant vivement à tous les blessés, français ou ennemis, Oudinot fit preuve en cette circonstance

(1) Trentième Bulletin de la grande armée.

(2) MM. les généraux Pajol et de Lorencez, gendres du brave Oudinot, occupent une page glorieuse de cette histoire ; mais afin de ne pas interrompre le récit, nous avons cru devoir reporter la notice de ces deux illustrations à la fin de l'ouvrage.

d'une grande humanité : rencontrant un soldat hongrois, dont les reins avaient été emportés par un boulet, il appela son chirurgien-major, fit mettre le blessé sur un brancard et ordonna qu'on le conduisit loin du champ de bataille.

Après quelques engagements à Hollabrünn et à Znaïm, le 10 et le 11, Napoléon établit son quartier-général à Znaïm, où il était arrivé le 11 à midi, avec la garde impériale et les grenadiers Oudinot, au moment où Masséna s'emparait du pont. Au même instant, le prince de Lichtenstein se présenta, porteur de propositions d'armistice. L'acharnement était si grand que les parlementaires des deux armées furent blessés en voulant faire cesser le feu. Enfin, cet armistice de Znaïm fut signé dans la nuit.

Oudinot maréchal d'Empire. (12 juillet 1809.) Le soir du 12 juillet 1809, Oudinot dormait tranquillement, quand le colonel Flahaut portant une dépêche pressée de l'Empereur, arriva près du général Oudinot.

C'était sa nomination de maréchal d'Empire !

Montant aussitôt à cheval, Oudinot accourut auprès de l'Empereur et reçut ses félicitations devant tous les généraux et les chefs de cette vaillante armée.

« Oudinot méritait le bâton d'honneur depuis Austerlitz ; n'avait-il pas constamment dirigé cette réserve de grenadiers dont la renommée obtenait un si mémorable retentissement en Europe? Et à Friedland, quelle admirable conduite, lorsque, son cheval criblé de balles et son habit de mitraille, il s'offrit si beau aux yeux de l'Empereur (1).

(1) *L'Europe pendant le Consulat et l'Empire.* (CAPEFIGUE).

L'armée tout entière applaudit à la décision impériale, qui plaçait au premier rang de l'armée le Bayard moderne, et aux félicitations de ses compagnons d'armes, de ses amis, vinrent se joindre des adresses de tous les pays et même des ennemis de la France.

L'empereur Alexandre qui, depuis longues années, aimait et estimait Oudinot, lui écrivit à cette occasion :

« Mon cher maréchal, recevez mes sincères félicitations
» sur votre élévation à la dignité de maréchal; amis et
» ennemis applaudissent à cette justice qui vous est rendue;
» elle n'honore pas moins votre souverain que vous-même.
» Quand vous réunissez ainsi tous les suffrages, le mien ne
» pouvait vous manquer, il est inaltérable comme l'amitié
» que je vous ai vouée. »

La ville de Bar-le-Duc, heureuse et fière de voir un de ses enfants, promu au titre de maréchal, l'en félicita par une adresse que nous transcrivons textuellement d'après l'original que nous avons eu sous les yeux :

ADRESSE DES HABITANTS DE LA VILLE DE BAR.

« Bar-sur-Ornain, 22 juillet 1809.

Adresse de la ville de Bar' au maréchal Oudinot.

» *La ville de Bar-sur-Ornain,*

» A Son Excellence Monseigneur le comte d'Empire, Charles-Nicolas Oudinot, maréchal d'Empire, grand-cordon de la Légion-d'Honneur, commandant le 2.ᵉ corps à l'armée d'Allemagne.

» Monseigneur,

» Le vœu public est rempli : tant de travaux, tant de dangers, tant de gloire sont enfin couronnés par la dignité de maréchal d'Empire que vient de vous conférer, dans sa justice et sa munificence, Sa Majesté l'Empereur et Roi.

» Vous n'aviez plus rien à ajouter à votre renommée, mais nous sommes fiers de voir une illustration éclatante sur la tête d'un guerrier qui a encore plus illustré ses exploits par ses vertus qu'il n'en a reçu d'éclat pour lui-même.

» Nous n'avons plus qu'un vœu à former, Monseigneur : c'est que fixant le siége de votre domicile dans la ville qui fut votre berceau, vous lui assuriez, par la perpétuité de votre famille, la garantie des avantages que votre puissant crédit lui maintient ; fixez-y pour toujours votre demeure, les vertus de votre digne épouse feront le charme d'un repos tant mérité, et vous trouverez dans le cœur de tous les Barisiens le sanctuaire du dévouement sans bornes, de la reconnaissance la plus méritée et de l'amitié inaltérable de tous vos concitoyens. »

(Suivent plus de sept cents signatures.)

Les Dames elles-mêmes de sa ville natale voulurent lui exprimer combien elles étaient heureuses de voir le titre de maréchal accordé à sa valeur et à son patriotisme :

<small>Adresse des Dames de Bar.</small>

ADRESSE DES DAMES DE LA VILLE DE BAR.

« *Les Dames de la ville de Bar-sur-Ornain, soussignées,*

» A Monseigneur le Maréchal, comte Oudinot,
» grand-cordon de la Légion-d'Honneur, commandant
» le 2.º corps de l'armée d'Allemagne.

» Monseigneur,

» La gloire est le prix mérité de la carrière brillante et périlleuse que vous parcourez ; l'estime et la reconnaissance de vos concitoyens est celui des vertus privées qui ornent votre âme et votre cœur. Si ces éminentes qualités trouvent leur récompense parmi les hommes, nous les voyons dans la nouvelle dignité que Sa Majesté vient de vous conférer, en vous associant aux héros qui ont mérité cette honorable distinction. La joie que cette nouvelle nous a causée a banni pour un instant les sollicitudes dont nous ne pouvons nous défendre pour vos jours sans cesse exposés : notre sexe timide ne voit que les dangers, l'amitié les craint; mais votre dévouement au service de Sa Majesté et à la patrie les méconnaît. Recevez avec nos félicitations les vœux ardents que nous formons pour revoir dans nos murs un héros, l'orgueil de son pays, et que nous puissions donner en exemple à nos enfants.

» Etrangères aux combinaisons de la politique et de la guerre, nous partageons les sentiments d'estime et d'admiration qui sont le juste tribut qui vous est dû, et nous nous empressons de vous en transmettre l'expression.

» Toussaint, veuve Garnier; épouse Desaux; épouse Launois; épouse Jacminot-Herbillon; Vallet, née Garnier; veuve Garnier-Huon, l'aînée; Garnier, la jeune; Garnier-Joly; Bouchot-Robert; Leblanc-Gand; épouse Binarville; épouse Thiébault; épouse Paillot; Thiéry-Dufresne; épouse Bouillard-Adam; Launois-Pierre; Morizot-Paillot; André, née Thiéry; Humbert (Charles); Adam, née Ficatier; veuve Bouillard, née Vaultier; Humbert-Mens; épouse Vergey; épouse Hannus; épouse Vergey-Baudot; veuve Exelmans. »

A ces deux adresses, Oudinot répondit avec une modestie et une simplicité d'expression dignes des temps antiques :

« Tabor, près Vienne, le 1.er août 1809.
» *Le maréchal d'Empire, comte Oudinot,*
» A la ville de Bar.

» Messieurs et chers compatriotes,
» Les félicitations que je viens de recevoir de la ville de Bar, sur les grâces que l'Empereur a daigné m'accorder, sont pour moi un second motif de satisfaction, et je ne sache pas que rien dans ma vie m'ait plus flatté. Je ne doutais pas, chers compatriotes, de votre attachement : il y a longtemps déjà que j'en ai reçu d'honorables témoignages; mais vous m'en donnez de nouveaux en vous intéressant si vivement à ce qui me touche; je vous prie d'en agréer mes remerciements, de croire que ce changement d'état ne changera rien aux sentiments de mon cœur; il ne pourra que m'être infiniment agréable, s'il me procure l'occasion de prouver à mes chers concitoyens la sincérité de mon attachement et de ma reconnaissance.

» Le maréchal d'Empire,
» Oudinot. »

« Vienne, 4 août 1809.
» Mesdames,

» Aussi flatté que sensible au témoignage aimable et obligeant que vous venez de m'adresser sur les faveurs que je viens de recevoir de l'Empereur, je m'empresse de vous en témoigner toute ma gratitude ; un encouragement si doux, Mesdames, fera toujours ma gloire et ma félicité ; heureux si bientôt la paix me ramène dans ma chère patrie, là, je pourrai vous exprimer de vive voix ma sincère reconnaissance pour l'attachement dont vous me donnez une si grande preuve.

» Daignez agréer, Mesdames, mes hommages empressés et respectueux.

» Le maréchal d'Empire,
» OUDINOT. »

Bientôt la renommée s'empara du nom d'Oudinot, l'Europe entière le cita comme le type de la bravoure et de la loyauté. Les souverains de tous les pays, les maréchaux ses collègues, le félicitèrent sur un titre qu'il avait mérité depuis longtemps.

Murat qui, depuis un an, était roi des Deux-Siciles, sous le nom de Joachim Napoléon, écrivit au maréchal Oudinot :

« Mon cousin, l'Empereur vient de vous élever au rang de maréchal de l'Empire. Cette marque de sa bonté récompense vos honorables et utiles services : elle vous était due. Recevez-en mes compliments avec l'assurance de mon inviolable amitié.

» Sur ce, mon cousin, je prie Dieu qu'il vous ait en sa sainte et digne garde.

» Votre affectionné,
» Joachim NAPOLÉON.

» Portici, le 2 août 1809. »

Oudinot nommé duc de Reggio. (15 août 1809.)

Le 15 août suivant, Oudinot reçut le titre de Duc de Reggio, avec une dotation de quatre-vingt mille francs de rente. (Lettres-patentes du 14 avril 1810.)

Le maréchal reçut bientôt l'ordre de se rendre à Ober-Hollabrünn, Surendorf et Korienbourg, et forma un camp à Spitz ; il établit son quartier-général sur la rive droite du Danube, en face du pont Tabor.

Quelque temps après, le maréchal s'établit à Vienne, dans l'un des plus beaux palais de cette capitale, chez le prince Jean de Lichtenstein.

Mais la paix avec l'Autriche vint changer cet état de choses. Les troupes rentrèrent en France, et le maréchal Oudinot, après être resté quelques jours à Linz, reçut une dépêche qui l'appelait à Versailles, pour présider le collége électoral de Seine-et-Oise, dont il avait été nommé président à vie ; il y arriva le 26 novembre.

De Versailles, il se rendit, d'après l'ordre de l'Empereur, à Anvers pour prendre le commandement de l'armée du Nord que dirigeait en chef le duc d'Istrie (6 janvier 1810.)

Commande l'armée du Nord. (6 janvier 1810.)

Le 12 janvier, Napoléon envoya l'ordre au maréchal Oudinot de prendre possession de Berg-op-Zoom et de Bréda. Arrivé le 17 au soir, dans cette dernière ville, il publia la proclamation suivante :

» ARMÉE DU BRABANT. — PROCLAMATION.

» Habitans du Brabant, des îles de la Zélande et de celles situées entre la Meuse et l'Escaut,

» S. M. l'Empereur et Roi Napoléon m'ayant ordonné de prendre militairement possession du pays situé entre la Meuse et l'Escaut, j'y envoie des troupes sages et disciplinées qui ont ordre de respecter vos personnes, vos usages, vos coutumes. J'espère qu'en retour, elles trouveront un accueil digne de la bonne conduite dont je me plais d'avance à me rendre garant.

» Fait à Bréda, le 18 janvier 1810.

» Le maréchal DUC DE REGGIO,
» Commandant en chef l'armée. »

Le 7 février, Oudinot établit son quartier-général à Bois-le-Duc qu'il occupa ainsi que les villes environnantes. Il s'acquitta de cette haute et difficile mission avec une modération et une sagesse qui furent vivement appréciées.

Le 20 février, le ministre de la guerre lui écrivait :

« Je vois avec une grande satisfaction comment vous avez su allier avec la fermeté nécessaire dans une opération aussi épineuse, la modération et la sagesse qui concilient, qui aplanissent les difficultés. J'espère que vos mesures auront jusqu'à la fin tout le succès qu'elles doivent obtenir et que Nimègue avec l'île de Bommel tomberont entre nos mains, comme le reste, sans coup férir ; l'opération se terminera par-là aussi heureusement qu'elle a été commencée. L'Empereur ne peut manquer d'en apprécier le mérite, et je remplis un devoir en mettant sous ses yeux tout ce qui peut, dans cette occasion importante, mériter sa satisfaction comme sa bienveillance. Votre Excellence sait que je suis porté d'inclination à y mettre le plus véritable empressement. »

Toute la correspondance officielle et ministérielle de cette époque est dans ce sens de satisfaction pour le maréchal Oudinot.

Le 22 mars, le maréchal perdait sa femme, qui mourut à Bar-le-Duc, emportant avec elle l'amour et les regrets de son mari et de ses enfants.

Oudinot était alors à Utrecht, quand le maire de Bar, accompagné du fils aîné du maréchal, Victor Oudinot, vint lui apprendre cette triste nouvelle.

De ce premier mariage, Oudinot avait eu six enfants, parmi lesquels Victor Oudinot, aujourd'hui général de division, qui a commandé en chef l'armée des Alpes et l'armée expéditionnaire de la Méditerranée, — et le colonel Auguste Oudinot, mort au champ d'honneur le 26 juin 1835 ; mais nous reviendrons sur chacune de ces illustrations, car dans cette famille, tout est héréditaire : honneur, bravoure, vertus.

Le 2 avril, l'armée de Brabant fut en fête pour célébrer le mariage de Napoléon avec l'archiduchesse Marie-Louise.

A cette occasion, Oudinot se faisant l'interprète des sentiments de son armée, écrivit à Napoléon la lettre suivante :

« Sire,
» Les braves de votre armée de Brabant, non moins attentifs à tout ce qui peut embellir votre destinée que fidèles à l'honneur de vos aigles, ne peuvent contenir en ce moment le désir de déposer aux pieds de Votre Majesté l'expression de leurs sentiments ; j'éprouve moi-même une jouissance bien douce à devenir leur interprète dans cette occasion, et je supplie Votre Majesté de me permettre aussi l'hommage particulier des félicitations et des vœux qui remplissent aujourd'hui le cœur de tant de peuples, et sur lesquels je rivalise avec le meilleur de vos sujets.

» Puisse la princesse auguste, que vous avez placée si haut dans vos pensées et qui va désormais partager votre trône et votre gloire, nous donner des enfants dignes comme vous de l'immortalité ! Puisse-t-elle aussi jeter autant de fleurs sur vos jours, que nous désirons vous offrir encore des preuves de notre respectueux dévouement ! »

Le 4 avril, l'armée de Brabant ayant été dissoute, une partie des troupes retourna en France, et le maréchal Oudinot se fixa en Hollande avec un corps d'occupation.

Nous allons assister à un grand événement qui a donné son nom à l'année 1810, et qui a été pour le héros de cette histoire un fleuron bien remarquable apporté à sa couronne de gloire : l'abdication du roi Louis au trône de Hollande.

Pour que l'Empereur se décidât à enlever la couronne à son frère Louis, il avait fallu de puissants motifs, car Napoléon avait pour ce frère une très grande estime.

Depuis les mémorables campagnes d'Italie et d'Egypte, Louis s'était fait connaître, et de tous les frères de l'Empereur, ce fut celui qui, certes, conserva comme roi la plus belle renommée de justice et d'honnêteté.

Louis était devenu hollandais dans l'âme, et avait pris à cœur les intérêts de ses sujets. Placé dans une position difficile, il ne comprit pas que la paix était cachée derrière le blocus continental; il espéra trouver un moyen de conservation, en tentant, auprès de l'Angleterre, l'œuvre d'une paix maritime.

Le cabinet anglais s'y refusa, et le roi Louis, voulant sauver sa couronne et l'indépendance de la Hollande, abdiqua le 1.er juillet 1810 en faveur de son fils, Napoléon Louis, et à son défaut, de Charles-Louis Napoléon.

L'Empereur n'accepta pas cette abdication, et par un décret impérial, réunit la Hollande à l'Empire français.

Napoléon écrivit alors à son frère Louis :

« Votre Majesté, en montant sur le trône de la Hollande, a oublié qu'elle était française et a même tendu tous les ressorts de sa raison, tourmenté la délicatesse de sa conscience, pour se persuader qu'elle était hollandaise..... Votre Majesté trouvera en moi un frère, si je trouve en elle un Français; mais si elle oublie les sentiments qui l'attachent à la commune patrie, elle ne pourra trouver mauvais que j'oublie ceux que la nature à placés entre nous.

» En résumé, la réunion de la Hollande à la France est

ce qu'il y a de plus utile à la France, à la Hollande, au continent, car c'est ce qu'il y a de plus nuisible à l'Angleterre. »

Il fallait, pour déposséder le roi Louis, un homme ferme et conciliant : Oudinot fut choisi par l'Empereur. Il se rendit à Utrech où se trouvait le roi, et grâce à sa loyauté et à son habileté, il concilia le respect et les égards dus au monarque dépossédé avec les ordres de plus en plus pressants qui lui arrivaient de Napoléon. *Réunion de la Hollande à la France. Oudinot gouverneur.*

A la tête d'une armée de vingt mille hommes, Oudinot pénétrait dans la Hollande et prenait Berg-op-Zoom, Bréda, Bois-le-Duc et Utrech, se trouvait le 4 juillet devant Amsterdam, marchant méthodiquement et craignant sinon une résistance armée, du moins quelques obstacles. Son étonnement fut grand lorsqu'il vit, au contraire, les populations accourir à deux lieues au-devant de son armée; il ordonna une halte pour se disposer à la solennelle entrée dans la capitale, épargnant toutefois autant qu'il le put au roi Louis les conséquences du triomphe des armées françaises.

Le lieutenant-général Bruno, grand-écuyer de la couronne, accompagné du gouverneur et de son état-major, à la tête d'un escadron de gardes à cheval, alla au-devant du maréchal Oudinot à l'entrée du Diemer-Meer, où M. le maréchal se trouvait à la tête de ses troupes. *Son entrée à Amsterdam. (4 juillet 1810.)*

Un fort détachement de la garde bourgeoise était rangé en ordre de bataille à quelque distance de la ville.

Le maréchal, arrivant à deux heures de l'après-midi, fut salué à son entrée par vingt-un coups de canon tirés des remparts et d'une salve pareille des bâtiments de guerre.

La garnison se trouvait sous les armes et postée sur les places publiques et sur le chemin que le duc de Reggio devait parcourir.

Immédiatement après l'entrée des troupes, tous les ministres se rendirent auprès de M. le maréchal pour lui témoigner combien le bonheur et la prospérité de leur pays dépendaient de la bienveillance de l'Empereur des Français.

Se trouvant en présence de M. Cambier, chef du ministère, chargé de la remise du gouvernement de Hollande, il lui dit avec sa franchise militaire, en le voyant justement et profondément ému de la pensée que son pays allait perdre son indépendance : « Allons, Monsieur Cambier, ne pleurez pas ainsi, car, voyez-vous, je finirais par pleurer aussi, et nous serions ridicules tous les deux. »

On aime à voir un vainqueur s'exprimer ainsi.

L'événement mémorable de ce jour avait attiré une foule immense; la tenue des troupes françaises était admirable, et l'accueil qu'on leur fit ne laissa rien à désirer.

La tranquillité et l'ordre qui régnèrent dans la plus grande ville du royaume, après l'entrée d'un nombre aussi considérable de troupes étrangères, offraient une nouvelle preuve de leur excellente discipline, tandis que toutes les opinions se réunissaient à placer une confiance sans bornes dans leur illustre chef, qui joignait à la réputation si bien fondée d'une valeur intrépide, l'amour et l'estime que sa bienveillance et son affabilité lui avaient acquis pendant le peu de jours qu'il était resté dans le royaume.

Le 7 juillet, la régence de la ville lui offrit un repas magnifique. La galerie couverte, dite la *Maison des vieillards*, fut convertie en salon destiné au dîner et décoré élégamment. Une table de cent trente couverts réunit M. le duc de Reggio, ses généraux et les chefs d'état-major français, les officiers supérieurs hollandais de l'armée et de la marine, les ministres, les grands-officiers de la couronne.

La plus parfaite harmonie régna pendant tout le repas, et pendant qu'une musique militaire se faisait entendre, on porta les toasts suivants : A Leurs Majestés l'Empereur et l'Impératrice des Français! A la Régence de la Capitale! A Son Excellence le maréchal Oudinot, duc de Reggio! Aux armées française et hollandaise.

Quelque temps après (15 juillet), l'archi-trésorier Lebrun, duc de Plaisance, vint rejoindre Oudinot et prendre la partie administrative de la Hollande.

Pendant l'été de 1810, Oudinot s'occupa à visiter en détail le royaume de Hollande, descendit au Texel, vint souvent à Amsterdam voir le duc de Plaisance et reçut maintes fois les félicitations de son souverain sur l'accomplissement de sa mission.

Le 3 novembre 1810, MM. les généraux, officiers supérieurs et d'état-major français et hollandais, ainsi que tous les officiers de la garnison d'Amsterdam, se réunirent pour célébrer la fête de S. Exc. le duc de Reggio, *Charles* Oudinot.

Les salles du *grand Dœlen* avaient été disposées pour un bal auquel assistèrent les autorités civiles et militaires et tout ce que la ville possédait de personnes distinguées.

La Saint-Charles à Amsterdam.

A un souper splendide qui fut servi après le bal, un seul toast fut porté, et avec enthousiasme : Au brave maréchal Oudinot, duc de Reggio!

Caserne de St-Charles Le 17 novembre eut lieu à Amsterdam la pose de la première pierre de la caserne *Saint-Charles*, ainsi baptisée du nom et en honneur de S. Exc. le maréchal Oudinot, auquel MM. les magistrats d'Amsterdam en firent agréer l'hommage en mémoire de leur attachement et de leur souvenir.

Après quelques discours prononcés et auxquels répondit le maréchal, Son Excellence posa la première pierre de la caserne Saint-Charles, sous laquelle fut placé le procès-verbal de l'inauguration, ainsi qu'une inscription et quelques pièces de monnaie. *(Note 4.)*

Les principaux ouvriers offrirent au maréchal de magnifiques bouquets, et la cérémonie se termina par un déjeuner à la salle des Bains.

Tout avait concouru à rendre cette cérémonie aussi belle qu'imposante : la présence des troupes, celle de leur valeureux chef, des généraux, des magistrats et autorités de la ville d'Amsterdam, tandis qu'un salut de vingt-un coups de canon était tiré au moment de la pose de la première pierre et qu'en même temps le pavillon était arboré.

Le soir, le maréchal réunit dans un dîner toutes les autorités civiles et militaires qui avaient assisté à la cérémonie du jour.

Cette caserne, qui a environ neuf cents pieds de longueur et qui est d'une grande importance, a conservé le nom de caserne Saint-Charles. *(Note.)*

Oudinot rentre en France. (3 janvier 1811.) Oudinot étant tombé malade, revint à Bar-le-Duc passer quelques mois de repos.

A son départ d'Amsterdam, un journal publia l'éloge suivant :

« 7 janvier 1811.

» Son Excellence le maréchal Oudinot, duc de Reggio, a quitté cette ville le 3 de ce mois avec son état-major et toute sa suite. Les qualités personnelles de Son Excellence, sa bonté et son affabilité envers les habitants de ce pays, lui avaient concilié l'affection générale, qui ne cède qu'à l'admiration qu'inspirent ses talents militaires et sa bravoure. Déjà, avant son arrivée, l'excellente discipline qu'il a fait observer au corps d'armée sous ses ordres et qu'il a su toujours maintenir, ainsi que sa libéralité, laisseront longtemps dans le cœur de nos concitoyens des souvenirs agréables et des regrets de n'avoir pu conserver plus longtemps le bonheur de sa présence. Si Son Excellence emporte les regrets de la population entière de cette grande ville et du pays, elle peut aussi se flatter qu'on ne cessera d'y faire des vœux pour le succès des hautes destinées auxquelles Sa Majesté impériale et royale daignera l'appeler. »

Ne pouvant rendre aux Belges et aux Hollandais les avantages du trafic maritime, Napoléon chercha à les éblouir par le spectacle de sa gloire. Il résolut de visiter la Hollande avec Marie-Louise.

Le congé d'Oudinot fut abrégé, et il se rendit à Amsterdam pour préparer les esprits : le succès fut complet.

Oudinot revient Amsterdam.

La Hollande organisa une garde d'honneur qui vint au-devant de Leurs Majestés jusqu'à Anvers. Napoléon félicita Oudinot et lui témoigna toute sa satisfaction sur le résultat d'une mission aussi délicate qu'importante.

Le 9 octobre 1811, Napoléon fit son entrée à Amsterdam, et pendant tout son séjour dans la capitale de la Hollande, il y eut continuellement des fêtes, et la première fut le lancer d'une frégate qui avait reçu le nom de *Friedland*, en souvenir de cette bataille où le brave Oudinot s'était immortalisé.

<small>Épée d'Amsterdam. (30 octobre 1810.)</small>

Au départ du maréchal Oudinot (30 octobre), les magistrats de la ville d'Amsterdam lui firent don d'une épée magnifique sur laquelle fut gravée l'expression d'une profonde estime.

Amsterdam et Neuchâtel ajoutent à la gloire d'Oudinot : ce n'est pas seulement le général illustre et couvert de blessures sur tous les champs de bataille, c'est le pacificateur : partout l'homme de bien.

Diplomate à la fois intègre, rempli de prudence, de fermeté, de probité et de lumières, les villes qu'il a administrées ne se sont jamais cru sous le joug d'un ennemi, et partout où l'Empereur l'a envoyé, toujours il a rapporté l'estime des vaincus et sa gloire a grandi dans ce pays. (1)

Nous approchons d'une époque à jamais mémorable à laquelle les âmes fortement trempées seules ont survécu ; l'heure de nos désastres arrive à grands pas, mais avec nos revers se signale la valeur de notre belle armée et de ses chefs héroïques.

Avant de nous porter sur les champs glacés de la Russie, nous allons assister au mariage du maréchal.

<small>Il épouse M.elle de Coucy. (20 janvier 1812.)</small>

Dans la nuit du 19 au 20 janvier 1812, Oudinot épousait à Vitry-le-Français M.elle Marie-Charlotte-Eugénie-Julienne de Coucy, fille de Nicolas-Antoine

---

(1) Nous citerons, à l'année 1816, une lettre du roi de Hollande à Oudinot, qui prouve combien ce dernier avait noblement ému le cœur des Hollandais.

de Coucy, capitaine au régiment d'Artois, chevalier de Saint-Louis, descendant des sires de Coucy, et de Marie-Gabrielle Maignien de Merçuay.

Arrivé à cette époque de la vie du maréchal, essayons d'esquisser son portrait.

Portrait du maréchal Oudinot.

Sa taille moyenne était droite et bien prise, son front découvert et orné de beaux sourcils bien arqués était véritablement admirable; ses yeux vifs et pénétrants laissaient voir à travers la limpidité de son regard intelligent et franc toute la loyauté et la grandeur de son âme, son sourire fugitif et rare était essentiellement gracieux, son regard perçant se lançait toujours et fixait peu, le coin de sa bouche légèrement relevé et sa lèvre inférieure tant soit peu avancée, donnaient à sa physionomie une finesse extrême d'une teinte sardonique et fière, expression assez juste de la pente naturelle de son esprit, — mais un grand air de bonté, qui était le fond de son caractère, dominait et tempérait ces dispositions un peu railleuses; cette bonté, du reste, ne nuisait en rien à la dignité que lui donnait l'habitude du commandement

Le 14 février 1812, Oudinot reçut l'ordre de partir pour la Westphalie où se formait alors le 2.ᵉ corps de la grande armée dont il avait le commandement depuis le 9 janvier.

Commande le 2.ᵐᵉ corps de la grande armée. (9 janvier 1812.)

Oudinot se rendit à Munster en suivant les bords de la Meuse par Namur, Liége et Maëstrich. Les aides-de-camp du voyage étaient MM. de Thermes, Bourcet et Jacqueminot. Le reste de l'état-major devait se trouver réuni à Munster. Le général de Lorencez, gendre du maréchal, était son chef d'état-major.

Après quelques semaines passées à organiser l'administration de son corps d'armée, le maréchal dirigea ses colonnes sur Berlin.

Le roi de Prusse flottait encore incertain sur le parti qu'il prendrait dans la lutte immense qui allait s'engager. Son inclination et l'intérêt de sa politique le portaient à garder une parfaite neutralité. La population prussienne, encore sous l'amère impression de sa récente défaite, furieuse de voir son territoire envahi de nouveau par nos armes, ne rêvait que vengeance : Napoléon ne tergiversait pas ; il lui fallait alliance offensive et défensive ou la guerre. Le maréchal devait entrer immédiatement à Berlin en allié ou en maître : telles furent ses instructions formelles.

Quoique Davoust occupât déjà une partie du territoire prussien et ses principales places fortes, une collision qui eût pu devenir le signal d'un soulèvement général en Prusse eût été un fait bien grave dans de telles circonstances, pouvant créer des complications sérieuses qu'il était important d'éviter à tout prix.

Resserrés dans le cercle étroit tracé par l'Empereur, tenus en éveil par les dispositions de la population et de l'armée prussienne dont nous avions à traverser les cantonnements, notre situation était très délicate et périlleuse. Oudinot, plus que tout autre, possédait le génie nécessaire pour vaincre de pareilles difficultés. Pour en triompher, il employa avec une extrême fermeté, une grande activité, cet esprit conciliant et persuasif dont personne comme lui ne connaissait le secret. Sans perdre une étape pour se rendre à Berlin, l'exacte et sévère discipline qu'il fit toujours observer, ses rapports remplis de convenances avec les autorités prussiennes, enfin ses égards empressés pour le roi, aplanirent les obstacles.

Le maréchal fit son entrée le 15 mars dans la capitale de la Prusse, bannières et enseignes déployées.

Le roi se retira à Potsdam, à trente kilomètres de Berlin; le duc de Reggio prit possession du palais Sacken, et devint le gouverneur de Berlin, ou plutôt encore le véritable souverain.

M. le comte de Thermes, un des braves aides-de-camp du maréchal, présent à cette occupation et qui fit avec le duc de Reggio la mémorable campagne de Russie, nous donne sur l'entrevue d'Oudinot avec le roi de Prusse quelques détails que nous citons textuellement, voulant leur laisser l'éloquence et le cachet d'authenticité que la présence de M. le comte de Thermes à Berlin rend irrécusables :

« Peu de jours après notre établissement, nous écrit M. de Thermes, un incident, une fantaisie du roi, auxquels nous ne devions pas nous attendre, vinrent renouveler les embarras dont nous venions à peine de sortir et compliquer de nouveau cette situation déjà si délicate.

» Frédéric-Guillaume fit témoigner au maréchal le désir de voir son armée réunie ; c'était presque demander d'en passer la revue ; désir de roi est un ordre, même de la part d'un roi tributaire, mais cet ordre n'était pas d'une exécution sans danger.

» Quel pouvait être le but de ce prince? Voulait-il, avant d'asseoir sa détermination, voir la physionomie de l'armée, juger par lui-même de ses dispositions ; certes, cette preuve ne pouvait que le pénétrer de l'ardeur dont elle était animée. Nos soldats connaissaient les dispositions hostiles des Prussiens ; elles les irritaient, ils n'auraient pas mieux demandé d'en venir aux mains.

» La plus grande difficulté qu'éprouvaient les chefs, inspirés par le maréchal, était de contenir ces dispositions ; mais quel que fût l'ascendant et la prudence de ces chefs, on pouvait craindre qu'en présence d'un état-major ennemi, tel que celui dont le roi serait entouré, il résultât quelque manifestation dont les conséquences pouvaient devenir funestes.

» Le maréchal crut devoir prendre les ordres de Napoléon. La réponse du quartier impérial ne se fit pas attendre : adhérer aux désirs du monarque, l'entourer de tous les égards dus à son rang suprême, mais en même temps recommandation expresse de prendre toujours le pas sur l'auguste visiteur, conserver intacte cette suprématie dont l'Empereur était si jaloux et dont il prétendait qu'un de ses généraux conservât l'avantage vis-à-vis d'un roi vaincu, telles furent les instructions auxquelles il fallait se soumettre.

» Le jour de la revue fut fixé ; le plus beau soleil favorisa cette solennité d'une armée en bataille, munie de tout son matériel et dans la plus belle tenue. Avant l'arrivée du roi, le maréchal passa dans les rangs, cherchant à inspirer à tous ce sentiment de haute et respectueuse convenance si nécessaire dans cette occasion, et dont il était un si parfait modèle. Bientôt un signal convenu annonça l'arrivée du roi, à la tête d'un nombreux état-major. Celui du maréchal était au grand complet et dans cette tenue brillante dont l'Empereur avait lui-même exigé l'état pour toute l'armée, dès le début de cette campagne qu'il cherchait à nous montrer comme devant être une marche triomphale.

» A quelque distance du cortége royal, M. le maréchal s'arrêta. Il nous fit encore quelques recommandations de prudence sur la mesure que nous devions conserver avec les officiers étrangers, parmi lesquels nous allions nous mêler, nous ordonna de l'attendre et s'avança au-devant du roi avec le seul officier de service : le sort m'avait désigné.

» Le duc de Reggio aborda Frédéric-Guillaume, le chapeau à la main, avec sa courtoisie chevaleresque, son attitude tenait à la fois de la noble liberté d'un chef républicain, de la loyauté des antiques chevaliers et avait cette aisance pleine d'élégance et de grâce que n'eût pu surpasser le maréchal de Richelieu. Nous étions fiers de voir l'armée si dignement représentée; et moi, surtout, que le sort avait désigné pour l'approcher de plus près, j'étais émerveillé des mots heureux, de l'esprit d'à-propos dont ses réponses au monarque prussien étaient constamment empreintes ; elles prouvaient qu'il était aussi fin diplomate que général habile.

» Peu à peu les regards s'adoucirent autour du roi sous l'influence de cette courtoisie pleine de dignité, et bientôt l'on eût pu croire, à voir ces mêmes hommes, dont la physionomie était naguères agitée par de si haineuses passions, qu'un même intérêt nous avait tous réunis.

» Le maréchal plaça le roi à sa droite et lui fit ainsi parcourir les rangs, ayant soin, toutefois, que la tête de son cheval fût constamment en avant de celle du cheval de son hôte royal, afin de conserver cette prééminence dont il lui était si fort recommandé de ne pas perdre l'avantage.

» Cette obligation gênait le maréchal et lui semblait puérile ; mais ne pouvant s'y soustraire, il mit à l'observer un tact si fin, tant d'adresse et de naturel, que si le roi s'en aperçut, il ne songea pas à s'en offenser.

» Le défilé eut lieu enfin ; à l'aide de cette manœuvre, le maréchal fut plus à l'aise pour rendre au roi les honneurs qu'il voulait lui prodiguer, sans enfreindre les ordres qu'il avait reçus.

» Cette journée, en apparence insignifiante, ne fut peut-être pas sans influence dans l'affermissement de cette alliance longtemps en suspens ; elle satisfit le roi, prévint favorablement les Prussiens en faveur du maréchal et lui rendit plus facile l'administration de son gouvernement de Berlin, dans lequel sa modération, sa rigide intégrité, le soin qu'il mit à ménager les habitants lui valurent une popularité qui s'étendit dans tout le royaume. »

Oudinot resta à Berlin jusqu'au 1.er mai, époque à laquelle le 2.me corps de la grande armée fit un mouvement en avant et se porta à Marienwerder, où il resta jusqu'au 2 juin.

Le 23, le 2.me corps passa le Niemen.

Avant d'entreprendre cette série de combats, il faut, en quelques lignes, exposer nos forces militaires.

Dix corps principaux vont entrer en ligne sous le

commandement en chef de l'empereur Napoléon.

Le 1.er corps forme cinq divisions sous les ordres de Davoust, le deuxième est sous les ordres d'Oudinot; il forme trois divisions (Legrand, Verdier et Belliard). La cavalerie est commandée par les généraux Doumerc et Corbineau; Dulauloy commande l'artillerie; Dode de la Brunerie, le génie.

Le 3.me corps sous les ordres de Ney, le 4.me du prince Eugène, le 5.me de Poniatowski, le 6.me du général Gouvion-Saint-Cyr, le 7.me du général Reynier, le 8.me du général Vaudamme, le 9.me du duc de Bellune, le 10.me enfin, Macdonald le commande.

Outre ces dix corps principaux, il y avait dans l'armée un corps autrichien, un corps formé de la garde impériale et placé sous les ordres immédiats de Napoléon. Le maréchal Lefebvre commande trois divisions d'infanterie, le maréchal Bessières la cavalerie, et Sorbier est à la tête de 1,372 pièces d'artillerie.

L'armée française, pour la campagne de Russie, présentait un effectif de six cent dix mille hommes; jamais nous n'avions eu une telle armée.

L'armée russe, sous les ordres de Barcklai de Tolly, se composait de cinq cent vingt mille hommes et formait trois grands corps.

Le 24 juin au soir, le 2.me corps passa la Wilia, près de Kowno, sur les ponts établis par le 1.er corps et coucha à Kowno. *Oudinot passe la Wilia. (24 juin 1812.)*

Le 25, à la pointe du jour, tandis que l'Empereur marchait sur Wilna, le 2.me corps manœuvra sur Wilkomir. Ne recevant aucune nouvelle de la grande armée, Oudinot poussa en avant la brigade du général Castex et se porta de sa personne au galop en avant de la cavalerie légère ; bientôt, au débusqué d'un bois, il arriva quelques boulets sur la route ; la brigade Castex et la division Verdier manœuvrèrent en même temps. L'ennemi prit position, mais le général Verdier l'en chassa presque aussitôt.

Pendant ce temps, le général Castex avait occupé le bourg de Wilkomir, et lorsque le maréchal y entra, il le trouva notre propriété. Les coups de canon tirés sur Wilkomir furent les premiers de la campagne de Russie.

Le 26, le maréchal duc de Reggio arriva à Janow, établit un camp à mi-côte sur la Dwina, resta quelque temps à Avanta, le 27, se dirigea sur Chatouï.

Ce mouvement obligea le prince de Wittgenstein, commandant le premier corps de l'armée russe, à évacuer toute la Samogitie et le pays situé entre Kowno et la mer, et à se porter sur Wilkomir.

« Le 28, la rencontre eut lieu. Le maréchal Oudinot trouva l'ennemi en bataille vis-à-vis Deweltowo. La canonnade s'engagea, l'ennemi fut chassé de position en position et repassa avec tant de précipitation le pont, qu'il ne put pas le brûler. Il a perdu trois cents prisonniers, parmi lesquels plusieurs officiers et une centaine d'hommes tués ou blessés ; notre perte se monta à une cinquantaine d'hommes (1). »

Le 12 juillet, on arriva à Dunabourg. Des hau-

---

(1) Quatrième Bulletin de la grande armée.

teurs, on distinguait parfaitement les travaux de l'ennemi; à mesure qu'elle arrivait, l'infanterie descendait et marchait dans la plaine. Le même soir, tout le corps d'armée étant réuni, l'on se disposa à une attaque pour le lendemain, 13. En effet, dès les premières lueurs du jour, le maréchal fut à cheval et manœuvra une partie de la journée. On se canonna de part et d'autre, mais les Russes n'ayant fait aucune sortie, le maréchal résolut de tourner cette position, et pendant que l'armée allumait ses feux, il fit des recherches pour étudier sa nouvelle marche.

Le 14, avant le jour, l'armée française, laissant ses feux allumés, partit à travers bois et champs, et, marchant avec peine, campa aux environs de Drouiatouï, où elle passa le 15 et le 16, sans apercevoir l'ennemi.

Le maréchal voulait pousser jusqu'à Polotsck; il arriva le 19, à une lieue et demie de cette ville et s'arrêta sur les bords de la Dwina : le pont avait été détruit, mais quelques cavaliers avaient déjà trouvé moyen de gagner l'autre rive.

Bientôt le général du génie Dode se mit à l'œuvre pour jeter un nouveau pont que la cavalerie légère passa immédiatement, afin de reconnaître Polotsck.

Le lendemain dans la matinée, le maréchal fit le tour de la ville et obtint du supérieur d'un couvent de jésuites, Richardet, français d'origine, quelques renseignements sur les forces dont pouvait disposer l'ennemi.

Le 26 juillet, l'Empereur écrit au major-général:

« Mon cousin, expédiez l'aide-de-camp du duc de Reggio, de Thermes. Vous ferez connaître au duc que nous marchons sur Vitepsck et que le prince d'Eckmuhl a battu Bagration à Mohilow. Dites-lui qu'il faut qu'il balaie la rive droite et pousse Wittgenstein l'épée dans les reins; qu'il doit toujours laisser dans Polotsck une petite garnison dans le cas qu'il se jetât sur la gauche; qu'après être arrivé à Vitepsck, je dirigerai un corps sur Newel, qui se mettra en communication avec lui. Il est à présumer que si, de Polotsck, le duc faisait un mouvement sur Sebèje, il obligerait Wittgenstein à s'élever pour couvrir la route de Pétersbourg. Comme Wittgenstein n'a pas dix mille hommes d'infanterie, il peut marcher haut la main sur lui. »

Le 27, après avoir laissé des forces considérables à Polotsck, Oudinot se porta en avant, passa la Drissa sans obstacle et marcha dans la direction de Jacobowo. Vers une heure de l'après-midi, il se trouva au débouché d'un bois, à l'embranchement de deux routes; on fit halte, et l'on prit un repos devenu nécessaire; bientôt un hourra de cosaques se fit entendre et un combat très opiniâtre s'engagea jusqu'à Jacoubowo; mais ce point était gardé par la cavalerie.

Le 28 juillet seulement, Oudinot peut sortir de Polotsck. Le 30, on n'en est encore qu'à sept lieues, à Kliastitza. La cavalerie de Corbineau, placée sur la gauche, rencontre bientôt l'ennemi qui espérait nous barrer le chemin de Sebèje; Oudinot poste alors en avant ses deux divisions Verdier et Legrand, et laisse les dix mille Suisses de la division Merle pour garder le passage de la Drissa.

Dans la nuit du 30 au 31, Wittgenstein arrive avec quinze mille hommes; Oudinot, qui avait placé en seconde ligne la division Verdier et la cavalerie Doumerc, pouvait opposer à l'ennemi une force égale à la sienne; mais il ne veut pas engager une affaire générale dans un espace trop resserré.

Dès le jour, l'ennemi commence ses attaques. Oudinot les contient très bien jusqu'à huit heures du matin; mais alors il ordonne la retraite qui s'effectue en bon ordre.

Wittgenstein, encouragé par ce mouvement rétrograde, nous suit sur la Drissa, et le 1.er août, au lever du soleil, l'avant-garde de Koulnieff et la réserve de Sazanoff, formant dix à douze mille hommes, s'élancent au-delà de la rivière. Oudinot harangue ses troupes ; le général Albert prenant un fusil, et le maréchal, à pied, l'épée à la main, se mêlent à ces belliqueuses phalanges et les électrisent de leur présence.

Oudinot au combat de la Drissa. (1.er août 1812.)

L'ennemi déploie ses forces à la rive droite et porte en avant ses tirailleurs en criant *hourra, hourra!* nous commençons le feu sur toute la ligne, l'infanterie arrive au pas de charge et, croisant la baïonnette, aborde l'ennemi et le pousse à l'arme blanche.

Pendant ce temps, la cavalerie légère a chargé l'artillerie russe qui est culbutée avant d'avoir pu recharger ses pièces.

L'action dura moins d'une heure, et l'ennemi perdit son général, ses canons et un très grand nombre d'hommes.

Dans cette affaire, M. de Thermes, aide-de-camp du maréchal Oudinot, se distingua particulièrement.

Le 11.me Bulletin de la grande armée s'exprime ainsi sur ces combats :

« Le 1.er août, l'ennemi a fait la sottise de passer la Drissa et de se placer en bataille devant le 2.me corps. Le duc de Reggio a laissé passer la rivière à la moitié du corps ennemi, et quand il a vu environ quinze mille hommes et quatorze pièces de canon engagés au-delà de la rivière, il a démasqué une batterie de quarante pièces de canon qui ont tiré pendant une demi-heure, à portée de mitraille. En même temps, les divisions Legrand et Verdier ont marché au pas de charge, la baïonnette en avant, et ont jeté les quinze mille Russes dans la rivière. Tous les canons et caissons pris, trois mille prisonniers, parmi lesquels beaucoup d'officiers et un aide-de-camp du général Wittgenstein, et trois mille cinq cents hommes tués ou noyés, sont le résultat de cette affaire.

» Le combat de Drissa, ceux d'Ostrowna et de Mohilow, dans d'autres guerres, pourraient s'appeler trois batailles. »

A cette occasion, le comte Louis de Narbonne adressait de Vitepsck le billet suivant à Mme la duchesse de Reggio :

« Vous m'avez permis, Madame la duchesse, un billet par
» victoire. Je vous demande pardon d'avoir tant tardé;
» mais en voici une et bien conditionnée, et vous croyez
» bien que c'est notre *Bayard* qui l'a gagnée. Hélas! je n'y
» étais pas, mais j'ai du moins le bonheur de vous annoncer
» que, pour une égratignure à la main, il vient de prendre
» vingt pièces de canon, trois mille hommes, et le barbare
» en a tué quatre mille.

» Sur ce, Madame la duchesse, agréez l'hommage du res-
» pectueux dévouement de votre vieux serviteur.
   » L. NARBONNE. »

Le 2 août, Oudinot laissa, à deux lieues d'Oboiarszina, une de ses divisions d'infanterie et sa cavalerie légère, et se retira sur Polotsck avec deux autres divisions de cuirassiers; Wittgenstein rentra dans sa position d'Owéia.

Voici, du reste, l'exposé de cette brillante affaire adressé par Oudinot lui-même au major-général :

« Biala, le 1.er août 1812, à dix heures du soir.

» Monseigneur,

» Hier au soir, vers onze heures, l'ennemi fit une attaque sur les troupes chargées de garder le gué de Sivochina. Elles se retirèrent ainsi qu'elles en avaient l'ordre. L'ennemi a employé le reste de la nuit à déboucher, puisqu'au point du jour il s'est trouvé en mesure de nous attaquer ; on s'y attendait. Le feu s'est engagé par une nuée de tirailleurs suivis par des colonnes qui s'avançaient sur nos positions en battant la charge et en poussant de grands cris ; mais le feu de notre artillerie qui était parfaitement placée et qui a été bien servie, a d'abord modéré leur ardeur et les a bientôt obligés à se déployer.

Pendant ce temps, nos colonnes se formaient et les trois divisions étaient disposées de manière à se remplacer successivement dans chaque position; tout était prêt, j'ai ordonné la charge. Les Russes ont fait d'abord une résistance assez vive, mais inutile. Ils ont été culbutés en un clin-d'œil et jetés dans la Drissa, laissant entre nos mains quatorze pièces de canon, treize caissons et plus de deux mille prisonniers. Pendant trois quarts de lieue qu'on les a menés battant jusqu'à la rivière, la terre est couverte de leurs morts. J'ai vu peu de champs de bataille qui offrissent l'image d'un aussi grand carnage. »

Oudinot se retira sur Polotsck; dès le 6 août, il fit sa jonction avec le 6.me corps, commandé par Gouvion-Saint-Cyr.

Avec ce renfort, il se porte par Walintsouï à la rencontre de Wittgenstein, Oudinot disposait alors de trente-cinq mille hommes.

Le 10 août, les avant-gardes eurent un engagement à Swolna; après un combat assez vif, nos troupes furent repoussées. Ne voulant pas attaquer avec la totalité de ses forces, Oudinot se retira lentement sur Polotsck où il arriva le 16. Les deux armées se trouvèrent en présence le lendemain, dès la pointe du jour : Oudinot avait fait occuper le village de Spas par la division de Wrède et avait placé la division Deroy en arrière sur la rive gauche de la Polota.

Dans la nuit du 16 au 17, le général russe Wittgenstein, renforcé de douze bataillons de la garnison de Dunabourg, déboucha par les routes de Pétersbourg et de Newel et enveloppa entièrement Oudinot sur la rive droite de la Dwina. Le village de Spas, sur lequel Wittgenstein se dirigea, fut pris et repris plusieurs fois et resta enfin en notre pouvoir.

Nos troupes, après des charges et des manœuvres très brillantes, repoussèrent l'ennemi sur tous les points; le duc de Reggio parcourut alors toutes les divisions, et venant sur les hauteurs où se trouvaient les Croates, vit ses tirailleurs se replier.

<small>Oudinot reçoit un biscaïen et tombe de cheval.</small>

Descendant alors au galop, il se porta au milieu d'eux, les fit avancer et reprendre leurs lignes : ce fut en ce moment que, frappé d'un biscaïen à l'épaule gauche, il chancela et fut retenu par ses aides-de-camp Letellier et de Thermes; on le crut tué et on le transporta au couvent; il était deux heures.

Quand l'ennemi apprit la blessure du maréchal, il redoubla d'ardeur dans l'attaque; mais il trouva toujours la même opiniâtreté de défense et ne gagna pas un pouce de terrain.

A peine déposé dans le couvent qui lui servait de

retraite, le brave Oudinot renvoya ses aides-de-camp et ses officiers sur le champ de bataille, écoutant et jugeant par lui-même, à travers ses horribles souffrances, l'état des choses par le bruit du canon ; dès l'instant où le maréchal Oudinot avait été blessé, il avait remis le commandement de son corps à Gouvion-Saint-Cyr, et ses officiers le transportèrent à Wilna pour faire soigner sa blessure.

Le lendemain, Gouvion-Saint-Cyr, sur les dispositions prises par Oudinot, remportait une victoire éclatante à la suite de laquelle l'Empereur le nommait maréchal de France.

Pendant la marche rapide de notre armée, Oudinot entrait à Wilna, et le duc de Bassano (Maret) le tenait au courant de la marche de la grande armée qui s'avançait sur Moscou.

Oudinot reçut à Wilna les soins de tout un peuple : on connaissait la bravoure héroïque du maréchal et chacun voulait porter un remède aux souffrances d'un chef dont l'absence à la grande armée était un malheur.

M.{me} la duchesse de Reggio était accourue à la première nouvelle de la blessure de son mari, avec M. de Coucy, son oncle.

Ce fut à Wilna que le maréchal reçut la lettre suivante, qui prouve combien son état attristait non seulement l'armée, mais la France entière :

« Paris, 10 septembre 1812.

» Monsieur le maréchal,

» Permettez que je m'associe à l'armée française pour vous témoigner ma douleur de vous savoir blessé et mes vœux ardents pour votre prompte guérison. Les bontés que vous avez eues pour mon fils m'autorisent à vous parler de mes sentiments ; il en conservera une éternelle reconnaissance. Nous avons une lettre de lui, datée du 18 août, de Polötsck ; il ne nous parle que de ses regrets d'avoir vu blesser son général qui a été obligé de s'éloigner de son armée ; il ne nous dit pas un mot de lui : cependant dix lettres du quartier-impérial nous apprennent qu'il a reçu une balle dans le bras, mais ajoutent que sa blessure n'est pas dangereuse.

» J'aime à voir mon fils s'oublier pour ne penser qu'au général qui était l'objet de ses respects et de sa reconnaissance.

» Recevez, Monseigneur, l'assurance de mon inviolable attachement et de mon respect.

« CRILLON. »

Bientôt après, on reçut à Wilna la nouvelle de la célèbre bataille de la Moskowa, où Ney, le brave des braves, avait acquis une glorieuse renommée, où l'armée française s'était immortalisée. Cette sanglante journée fut connue à Wilna en même temps que la prise de Moscou et l'incendie de cette ville.

Il reprend le commandement du 2.me corps. (28 oct. 1812.)

Enfin, Oudinot apprend qu'une blessure du maréchal Gouvion-Saint-Cyr laisse sans chef le 2.me corps ; dès le même jour (28 octobre), il prépare tout pour son départ, malgré son état de souffrance et de faiblesse.

Indépendamment des chances ordinaires de la guerre, il y avait ici une responsabilité morale bien imposante pour le duc de Reggio : c'était de son propre mouvement qu'il allait rejoindre le 2.me corps.... Sans ordres, sans instructions de l'Empereur dont on ignorait la marche et les projets,

Oudinot assumait ainsi sur sa tête le poids des événements qui allaient survenir et dont on pouvait déjà prévoir toute la gravité ; c'était un cri de conscience plutôt qu'un cri de gloire qui rappelait Oudinot au combat.

Le 3 novembre, il est à Borisow qu'il trouve encombré de blessés et de malades ; déjà le pays est déserté et dénué de ressources. Informé le lendemain de la situation des avant-postes du corps du maréchal Victor, Oudinot se remit en route vers ce point ; dès-lors, il ne s'arrêta plus, malgré la neige abondante qui ne cessait de tomber.

Napoléon était à Viasma, quand il apprit qu'Oudinot se mettait en marche. Le jour même, il écrivait au major-général :

« Mon cousin, écrivez au duc de Reggio que j'ai appris avec la plus vive satisfaction que sa blessure était guérie et qu'il était dans le cas de reprendre du service ; qu'en conséquence, mon intention est qu'il retourne au 2.me corps pour en reprendre le commandement. »

Après être resté quatre jours dans la position de Czéréia, le maréchal Victor avait reçu de l'Empereur l'ordre de rejeter Wittgenstein au-delà de la Dwina.

Oudinot le rejoignit en conséquence ; mais ces deux maréchaux différaient d'opinion sur la manière d'exécuter les ordres de Napoléon ; Oudinot voulait qu'on attaquât Wittgenstein dans sa position ; Victor, qui la trouvait trop forte, préférait la tourner. Le quartier-général fut établi le 11 novembre à Lukoml ; le 13, l'armée se porta sur Smolvany ; le 14, au point du jour, une canonnade très vive s'engagea devant Smolvany et sur la gauche de ce village qui, pris et repris plusieurs fois, resta enfin en notre pouvoir, et Wittgenstein fut contraint de se retirer derrière la Lukomlia. Le maréchal Victor ne voulut point l'y attaquer et dirigea le général Partouneaux sur Boiszikowa, avec l'intention de le suivre de concert avec le 9.me corps; mais le duc de Reggio blâma énergiquement ce mouvement en démontrant les dangers de cette séparation, et le maréchal Victor y renonça, il se retira le 15 sur Czéréia; le lendemain, son quartier-général fut établi à Krasnogura, et Oudinot resta à Czéréia avec un détachement à Lukoml.

La saison devenait tous les jours plus rigoureuse, le ciel se déclarait contre nous. Les hommes que l'on avait vus jusqu'alors lutter incessamment contre les rigueurs du froid ne peuvent plus résister; ils tombent et ne se relèvent plus, ils ont ou les pieds, les mains, ou le nez gelés.

Le 13 novembre, le thermomètre a marqué dix-sept degrés au-dessous de zéro; cette température produit des effets déplorables sur les malheureux accablés déjà de tant de maux, de privations et de fatigues.

Le 16, le gouverneur de Minsk a perdu avec cette ville les malades et les munitions confiés à sa garde. Il ne sait ni rallier Oudinot, qui est à deux marches de lui, ni secourir Dombrowski, qui vient de succomber.

Dans la nuit du 17 au 18, Napoléon quitte Liady avec tout son état-major, et arrive avant le jour à Dubrowna. Il apprend alors que Tchitchagoff vient de s'emparer de Minsk, ce qui rend la situation très critique. Aussitôt il envoie l'ordre à

Oudinot de se diriger en toute hâte sur Borisow avec son corps et la division Doumerc, de réunir à ces troupes la division Dombrowski et de se reporter sur Minsk, afin de reprendre cette place importante que le gouverneur, homme très présomptueux et peu capable, a perdue le 16.

Le maréchal Victor est chargé de tenir Wittgenstein en échec, et de lui cacher aussi longtemps que possible le mouvement d'Oudinot.

Le lendemain, 19, à trois heures du matin, Napoléon envoie de nouvelles instructions au maréchal Victor : il faut qu'il prenne position près de Orsza et qu'il masque le mouvement du duc de Reggio.

Le 20 novembre, Oudinot reçut l'ordre de se rendre à marches forcées sur Borisow, et commença le jour même son mouvement.

Arrivé le 21 à Bohr, il écrivit à l'Empereur qu'il marchait sur Borisow. Le 22, à deux heures et demie du matin, Napoléon lui fit répondre du quartier-général de Kokhanow, par le major-général :

« Je reçois, Monsieur le duc, votre lettre du 21 ; Sa Majesté voit avec plaisir que vous serez aujourd'hui à Borisow ; l'Empereur espère que le gouverneur-général de Minsk aura senti la nécessité de garder la tête de pont qui assure le passage. »

Lorsque le maréchal Oudinot reçut l'ordre de marcher sur Borisow pour garantir les ponts et assurer le passage de l'armée, il était trop tard pour secourir le général Dombrowski, lequel, après une faible résistance, avait abandonné ce point important ; le maréchal Oudinot avait chargé l'un de ses aides-de-camp, M. Achille Delamarre, de porter à Dombrowski l'ordre de faire tuer son dernier homme avant de se retirer, lui annonçant qu'il arrivait en toute hâte pour maintenir cette position. L'aide-de-camp Delamarre trouva le général Dombrowski en pleine retraite et dans le plus grand désordre; il arrêta ses troupes et assura au général que le maréchal Oudinot serait, à la pointe du jour, 23, en état de prendre l'offensive.

En effet, le 23, de grand matin, le maréchal quitte Bohr, et apprend pendant sa marche que son avant-garde, commandée par le général Castex, a rencontré l'ennemi. Devançant alors la division Legrand qui forme tête de colonne, il se trouve bientôt hors du défilé de la forêt et découvre l'infanterie russe éparse et à la débandade dans des marais.

Oudinot arrive à Borisow.

Pendant que le général Aubry retourne pour faire avancer l'artillerie, Oudinot rentre à Borisow, où il trouve un véritable chaos de chariots et d'équipages amoncelés par l'ennemi qui les avait abandonnés, pourchassé qu'il était par la brigade Castex.

Oudinot poursuit les Russes, commandés par Lambert, bat complètement le général et le mène à coups de canon, de sabre et de baïonnette, jusqu'à la Bérézina, après s'être emparé de neuf cents hommes, de quinze cents voitures et de six pièces de canon.

C'est à ce mouvement rapide du maréchal que l'armée a dû son salut.

Mais les Russes en fuyant ont brûlé le pont et nous ont fermé le passage; il faut en trouver un autre, et le duc de Reggio fait faire immédiatement au-dessus et au-dessous de Borisow des reconnaissances qui doivent être favorables à la jetée d'un pont destiné à remplacer celui que les Russes ont détruit.

Le maréchal était occupé d'une de ses brigades (Corbineau), dont il n'avait aucune nouvelle; le soir du 23, elle arriva cependant; voici ce qui s'était passé : Corbineau s'était trouvé sur la rive gauche, et, pour rejoindre le 2.ᵐᵉ corps, il lui avait fallu chercher un gué. A force de reconnaissances, il l'avait trouvé trois lieues plus haut que Borisow et était enfin arrivé sain et sauf. Oudinot s'empressa de transmettre ce rapport à l'Empereur qui en étudia sur la carte tous les détails et fit dire au maréchal de lui envoyer Corbineau.

Le 23 novembre, Napoléon écrit au maréchal :

« Monsieur le duc de Reggio, je reçois votre lettre du 22, datée de Naczo. Le duc de Bellune sera aujourd'hui 23 à Kolopenitchi, il se portera le 24 sur Barau. Tâchez d'être maître du gué de Weselowo le plus tôt possible, d'y faire construire des ponts, des abattis pour le garantir. Nous pourrons de là revenir sur Minsk ou enfin, comme vous le proposez, nous porter sur Vileika, par la route que vous avez faite et que vous avez trouvée très bonne. »

Mais Oudinot a chargé M. Delamarre, son aide-de-camp, de porter à l'Empereur le résultat du mouvement de Borisow, la destruction des ponts, le retour du général Corbineau, la reconnaissance que le maréchal allait faire sous Studzianka et son espérance bien fondée que l'armée pourrait passer sur ce point et se retirer sur Wilna par Wileika. Il est à observer que cette route de Wilna à Borisow par Wileika avait toujours été libre, que Tchitchagoff, arrivant de Minsk sur Borisow, était fort embarrassé, croyant que toute la grande armée allait lui tomber dessus et ne pensait guère aux passages des ponts vers Zembin. On peut croire qu'il ne connaissait pas ces passages, puisqu'il abandonnait Studzianka; il était persuadé que l'armée voulait refaire les ponts de Borisow, passer de vive force, l'écraser et se diriger sur Minsk; cette idée fixe de sa part a contribué à sauver l'armée.

Le 24, l'Empereur écrit au général Eblé et lui donne l'ordre de partir avant six heures du matin (la lettre est du 24 à quatre heures et demie du matin), pour se rendre en toute hâte au quartier-général du duc de Reggio, à Borisow, et travailler à établir plusieurs ponts sur la Bérézina pour le passage de l'armée.

A Orcha, la confiance de l'Empereur n'était pas très grande, car réveillé par l'aide-de-camp Delamarre, au milieu de la nuit, et apprenant les événements de Borisow, son premier mot fut : *Comment passerons-nous ?*

C'est à Oudinot, au héros de Friedland et de Wagram, que Napoléon confie le soin et l'honneur de sauver nos glorieux débris.

Oudinot sauve l'armée. Oudinot se met aussitôt en marche vers le village de Weselowo, à une heure de l'après-midi.

Déjà les lanciers Corbineau y étaient postés, et à mesure que l'infanterie arrivait, elle se plaçait de manière à être le moins en vue possible.

Le 24, à midi, Oudinot écrit à l'Empereur qu'il espère être sur l'autre rive le lendemain et y tenir assez pour assurer le passage des troupes. Mais Oudinot demande du renfort.

Napoléon reçoit cette lettre à minuit ; à une heure

du matin, un de ses aides-de-camp porte au duc de Reggio la réponse suivante :

« Vous croyez avoir besoin d'être soutenu pour opérer le passage, vous allez l'être; le duc de Trévise sera aujourd'hui, 25, de bonne heure, à Borisow avec deux divisions de la garde, et si cette nuit vous n'avez pas passé, il devient très urgent que vous passiez dans la journée. »

Pendant cette correspondance, les généraux Chasseloup et Eblé dirigeaient les travaux nécessaires à la construction des ponts. Bientôt arrivèrent Murat et Ney. Murat resta peu de temps, et les maréchaux Ney et Oudinot s'établirent près de la Bérézina, où ils passèrent la nuit du 24 au 25.

L'Empereur était arrivé à Bohr; les circonstances graves où se trouvait alors l'armée française commandaient de prendre un parti décisif ; plusieurs points de la Bérézina pouvaient offrir un passage, particulièrement au-dessous de la ville; le maréchal Oudinot fut chargé de les reconnaître; on savait qu'à quinze lieues au sud de Borisow existait un endroit favorable à l'établissement d'un pont; le village d'Ucza, plus rapproché de quatre lieues, présentait aussi des facilités; enfin, à peu de distance de Borisow et dans la même direction, on pouvait passer la rivière à Ucholoda; mais les chemins que l'on se fut ouverts de ce côté conduisaient tous à Minsk.

Au nord de Borisow, à quatre lieues environ, les cartes de l'état-major marquaient un gué devant le village de Weselowo; Oudinot reconnut qu'il se trouvait un peu plus près de la ville, en face du bourg de Studzianka, où passe le chemin de Lepel à Zembin.

Tchitchagoff en personne était devant Borisow avec la plus grande partie de ses forces. Napoléon quitta Borisow le 25, à dix heures du soir, et arriva à Weselowo dans la nuit. A peine fut-il arrivé, qu'il se rendit à la tente d'Oudinot et l'éveilla.

Ils allèrent ensemble, suivis de quelques officiers seulement, reconnaître les positions.

Le général Eblé vint les rejoindre et leur désigna l'heure à laquelle le pont serait jeté.

Napoléon félicite Oudinot sur la conservation de son corps d'armée.
Dès les premières heures du jour, l'Empereur fit éveiller les cosaques par quelques coups de canon; il félicita Oudinot d'avoir su conserver une si belle et si bonne artillerie, un corps d'armée encore debout et parfaitement organisé. En effet, le 2.me corps comptait 5,000 hommes, et sa bonne tenue contrastait singulièrement avec la désorganisation de tout le reste de l'armée.

Cette décharge d'artillerie avait fait fuir les cosaques vers le bois; ils y furent poursuivis par les lanciers que l'Empereur avait fait passer à la nage.

M. Jacqueminot, aide-de-camp du maréchal, avait passé le fleuve, et d'après le désir de l'Empereur, qui voulait un prisonnier, il se mit à la poursuite des cosaques, prit un sous-officier, le mit en croupe, repassa le fleuve à la nage, amenant ce prisonnier à l'Empereur qui le félicita hautement de sa bravoure et de son adresse.

Depuis le commencement de la journée, Napoléon était toujours en mouvement ; enfin, vers neuf heures, les premiers chevalets furent posés.

Assis sur un tas de glaçons, au bord de la rivière, l'Empereur encourageait les pontonniers qui travaillaient avec un zèle admirable. Plongés dans l'eau glacée de la Bérézina, jusqu'à la poitrine, ils ne discontinuèrent pas un seul instant que tous les chevalets ne fussent posés. On voyait ces braves pontonniers lutter contre les glaçons que charriait la Bérézina, s'élancer en avant pour ne pas perdre un instant, reculer pour éviter un choc, reprendre leurs machines, quelquefois tomber vaincus par les éléments ; mais avant de tomber, tourner leurs bras vers Napoléon en s'écriant : vive l'Empereur ! Et celui qui tombait était immédiatement remplacé par un autre.

Admirable patriotisme, dévouement sans bornes de héros que l'histoire doit enregistrer, et dont les noms doivent passer à la postérité la plus reculée, comme le type du plus pur héroïsme !

Entouré de tous ses officiers-généraux, Napoléon, assis sur des glaçons, avait à ses pieds Alexandre Berthier, prince de Neuchâtel, écrivant des ordres sur ses genoux, le prince Murat, en costume de lancier polonais, le manteau rouge jeté négligemment sur l'épaule ; les maréchaux Oudinot, Ney, Lefebvre et Mortier ; au milieu de leurs sapeurs et pontonniers, Lariboissière, Eblé, Chasseloup, Jomini ; puis des officiers et soldats de toutes armes, les blessés, les gelés, les malades. — Et sur l'autre rive, les lanciers polonais et les tirailleurs qui faisaient feu par intervalles sur les cosaques, dès qu'ils paraissaient à la lisière du bois.

La largeur de la Bérézina à Weselowo où s'effectua le passage est de cinquante toises environ et a sept pieds de profondeur. Le premier pont avait vingt-trois chevalets.

Quelle ne fut pas la surprise de nos soldats, en

n'apercevant sur l'autre rive qu'un désert où fumaient quelques feux à demi-éteints, trente pièces d'artillerie en retraite et l'armée russe qui s'écoulait vers Borisow.

Wittgenstein reculait : c'était évident pour tous, et l'armée entière fut unanime pour convenir que cette méprise de l'ennemi était due aux habiles combinaisons d'Oudinot qui, simulant divers passages, avait donné le change aux Russes.

Oudinot passe la Bérézina.

Vers une heure de l'après-midi, le premier pont était achevé. Oudinot fait passer la brigade Albert et se met à sa tête ; Napoléon craignant pour son valeureux lieutenant, lui crie : « Prenez garde, vous allez vous faire prendre ! — Je ne crains rien au milieu de ces braves ! » répond Oudinot, et il s'élance le premier.

Son cheval, effrayé de la canonnade qui s'est aussitôt engagée de part et d'autre, se jette de côté et s'embourbe dans un marais ; le maréchal met pied à terre et rejoint le général Albert. Ils rencontrent en cet instant un escadron de cosaques : Albert marchant à eux est renversé par un boulet, à vingt pas du maréchal qui le voit presque aussitôt se relever. « J'aurais dû être coupé en deux, s'écrie-t-il, mais leur poudre ne vaut rien ! »

La brigade fait halte, se range en bataille, et Oudinot fait prévenir l'Empereur que ce parti de cosaques a de l'artillerie. Toute la division Legrand monte alors la colline.... l'ennemi fait volte-face et s'enfuit au galop : nous le poursuivons dans la forêt, et marchant ainsi pendant trois quarts d'heure sur ses traces, le maréchal rejoint ses avant-postes, et voyant l'ennemi calme, prend position dans une forêt couverte de neige où il fait allumer ses feux. Pendant toutes les journées du 26 et du 27, l'armée passa.

Le 27, vers deux heures, le maréchal est averti que l'Empereur se rend aux avant-postes; il le rejoint aussitôt, et c'est dès ce moment seulement que les Russes connurent la véritable position de l'armée française.

La nuit du 27 au 28 fut affreuse et le jour eut peine à percer les épais nuages d'où s'échappait une neige très abondante. Dès les premières heures (le 28), M. de Cramayel, aide-de-camp du maréchal, accourt à perdre haleine et s'écrie : « Vite, Monsieur le maréchal, l'ennemi va attaquer. »

En effet, au même instant, un obus éclate auprès du bivouac, l'ennemi commence un feu bien nourri, le maréchal accourt sur la route, y trouve le 2.e régiment de ligne, de la division Merle, le fait marcher en avant, — les boulets tombent sans relâche; le maréchal fait appuyer à gauche et se jeter dans le bois où s'engage une fusillade générale mêlée au bruit de l'artillerie.

L'éclat des obus domine de temps en temps cet affreux et continuel roulement si retentissant dans les forêts de sapins..., la neige tombe à gros flocons..., on ne distingue pas à soixante pas devant soi..., la mêlée devient générale.

Oudinot se porte à sa gauche, fait avancer la division Merle, retourne à ses autres divisions, revient sur la route, voit les éclairs de l'infanterie russe, amène deux pièces qu'il place devant lui; l'ennemi les charge et les prend : Oudinot alors fait avancer les cuirassiers... au même instant,

Il reçoit une balle et est traîné par son cheval. (28 novemb. 1812.) une balle qu'il reçoit dans le côté droit le renverse de cheval.

Le pied retenu dans l'étrier, il était traîné la tête en bas par son cheval effaré, lorsque l'un de ses aides-de-camp qui était heureusement à sa portée, se précipita et parvint à retenir le cheval assez promptement pour qu'aucune blessure plus grave ne vint achever la catastrophe.

L'aide-de-camp était M. de Lachaise, pauvre jeune homme qui, l'année suivante, périt de la même manière.

En même temps qu'il avait repoussé l'ennemi dans la direction de Borisow, le duc de Reggio avait envoyé un petit détachement sur Zembin qu'il était très important d'occuper, parce qu'à une lieue et demie de Studzianka, cette route de Zembin traverse un bois marécageux impraticable; qu'elle n'a en cet endroit que la largeur nécessaire pour livrer passage à une voiture et parce qu'avant de quitter ce bois, on passe sur trois ponts, longs ensemble de trois cents toises et séparés par des intervalles de cent toises chacun. Si l'ennemi eût brûlé ou détruit ces ponts, il eût mis l'armée française dans le plus grand embarras en lui fermant la route de Wilna.

Le détachement envoyé par Oudinot avait atteint Zembin sans rencontrer l'ennemi; quelques cosaques seulement qui occupaient ce bourg s'étaient retirés à notre approche.

On a voulu cacher aux troupes la blessure du maréchal, mais nos soldats ont vu de loin la chute de leur chef intrépide. Cette perte cruelle les décourage; ils vont céder le terrain aux Russes;

mais le maréchal Ney qui a pris le commandement en chef du corps d'Oudinot les ramène au combat, défonce les colonnes russes et fait deux mille prisonniers.

Le maréchal Victor a passé la Bérézina, après avoir brûlé les innombrables voitures qui encombraient le rivage.

Jusqu'au 27, le passage de la Bérézina s'était effectué avec assez d'ordre, mais dans la nuit du 27 au 28, il y eut un tel encombrement que l'on ne pouvait, qu'après les plus grands efforts et en courant les plus grands dangers, parvenir jusqu'aux ponts. C'était un spectacle déchirant que de voir six à huit mille hommes, femmes et enfants, poussant des cris de désespoir et ne pouvant passer de l'autre côté de la rivière.

Sans doute, en ce moment, l'on pouvait maudire cette guerre aux éléments, mais pas une plainte ne se fit entendre contre Napoléon.

L'Empereur, informé de la blessure du maréchal, avait envoyé sa voiture avec une escorte de sa garde pour recueillir et enlever le héros blessé; mais ce dernier, ne pouvant supporter le mouvement de la voiture, fut porté sur un brancard par ses officiers.

Lorsque, de la route où il était à pied, Napoléon vit ce cortége, il s'approcha du maréchal et lui dit : « Ne me reconnaissez-vous donc plus, maréchal? »

Le duc de Reggio était sans parole, mais non sans connaissance (la balle était restée dans sa profonde blessure); il fit un signe, et l'Empereur se retournant dit à Corvisart et à Larrey : « Suivez et soignez le maréchal dans ma barraque. »

La blessure était très grave, mais non jugée mortelle....; la faculté de l'Empereur s'empressa d'aller rassurer Sa Majesté.

Oudinot, couché sur un lit de camp de Napoléon, n'avait voulu être ni tenu, ni attaché; mordant une serviette entre ses dents, il jugeait du désespoir de son entourage...., lui seul ne désespérait pas. On s'établit à Ouloya, et au bout de quelques heures on vit arriver le grand quartier-général. Ce fut dans cette même soirée du 28 que le maréchal qui avait repris l'usage de la parole, apprit avec douleur les pertes immenses éprouvées par son corps d'armée, la blessure du général Legrand et la destruction presque complète de la brigade suisse.

Cette nuit du 28 au 29 avait dix-huit degrés de froid et fut affreuse; il n'y avait pas d'abri même pour tous les officiers; l'on voyait des hommes devenir bleus et raides, tomber en parlant et ne plus se relever.

Un désordre horrible régnait en ce triste lieu et afin d'éviter un encombrement qui allait nécessairement surgir, le maréchal partit le 29, dès le matin, avec le reste de son escorte de la veille; c'est-à-dire son fils, ses officiers, ses gens de service et quelques chasseurs du 24.ᵉ, en tout une trentaine de personnes seulement.

On marcha sans accident jusqu'au village de Plechnitsouï, à quelques lieues de Zaniski.

Le colonel Jacqueminot ayant demandé au maréchal s'il voulait s'établir dans un petit château qu'on voyait au loin, Oudinot répondit : « Je ne quitterai pas la route. » On s'arrêta dans une maison, sur la place, où le maréchal fut descendu. Pendant qu'on étendait de la paille, que son chirurgien-major préparait son pansement, le maréchal voit entrer précipitamment son fils aîné qui lui annonce qu'ils vont être prisonniers : en effet, deux cent cinquante à trois cents cosaques viennent assaillir la maison où se trouve le maréchal avec sa faible escorte de trente hommes. Oudinot retrouve toutes ses forces, et se mettant sur son séant : « Donne-moi, dit-il à Pils, son valet de chambre, mes pistolets et mon grand cordon. Je ne veux pas qu'ils me prennent pour un brigand! » (Oudinot était alors simplement revêtu d'un witchoura.)

Oudinot est attaqué Plechnitsouï.

Victor Oudinot, alors capitaine de chasseurs de la garde impériale, et le colonel Jacqueminot organisent un peloton dont ils prennent le commandement : on lutte corps à corps avec les cosaques. Ceux-ci commencent à assaillir le réduit; Oudinot, ses pistolets à la main, est prêt à la défense. Les Russes repoussés ne peuvent croire à cette héroïque résistance de trente hommes contre trois cents. Notre petite troupe faisait tête de colonne qui bouchait la route et pouvait faire croire à quelques forces derrière.

Les ennemis reculent; on choisit ce moment pour transporter Oudinot dans une maison palissadée qui se trouve au bout d'une place vide; soutenu par ses deux aides-de-camp, MM. Letellier et Jacqueminot, malgré une blessure de six pouces de profondeur dans le côté, Oudinot s'est fait mettre à cheval pour gagner cet autre gîte. On traverse la place, et gagnant ainsi cette maison, on y dépose le maréchal, puis on défend la tête de la rue qui débouche sur la place. Les cosaques sont à la continuation de la rue de l'autre côté : on voit bientôt plusieurs escadrons de cavalerie ennemie qui se montrent sur les hauteurs. Cet état de choses dure assez longtemps, puis les cosaques reconnaissant le petit nombre de Français, se décident à charger : ce qu'ils font avec promptitude et sans s'arrêter. Notre petite troupe bousculée se retire dans la maison du maréchal où une défense s'était organisée.

Aides-de-camp, officiers, soldats, maître d'hôtel, valet de chambre, tous ont saisi des armes. C'est là qu'une partie de l'escorte va succomber sous les coups des cosaques.

Dans l'enceinte palissadée dont nous avons parlé se trouvent pêle-mêle officiers, soldats, chevaux et voitures. En un clin-d'œil, l'ordre s'établit et chacun pourvoit à la défense; il aurait fallu mettre pied à terre pour prendre nos héros, mais les cosaques n'étaient pas capables de ce courage. Les Français tiraient sur eux quand ils se montraient.

Bientôt l'on entend le canon que, des hauteurs, la troupe ennemie dirigeait sur la maison où le maréchal était déposé. Un des coups tua deux chevaux que l'on venait d'atteler à sa voiture. L'on pouvait juger que ce parti ne devait guère avoir que deux pièces d'artillerie; mais l'un de ces coups fut si bien dirigé qu'il tomba sur la toiture qui abritait le maréchal et, détachant un morceau de bois, atteignit Oudinot et le renversa au moment où l'un de ses pistolets à la main, il se traînait à la lucarne pour voir ce qui se passait au-dehors.

Il est encore blessé.

Ce siége étrange traînait en longueur, la nuit arrivait, l'anxiété augmentait à chaque minute et fut à son comble quand l'on crut distinguer au loin une ligne informe encore, qui fit opérer un mouvement aux assaillants ; était-ce du renfort pour eux ou pour nous ?

Les cosaques avaient quitté la maison où se trouvait le maréchal et se contentaient d'observer la route. L'on se crut perdu, et cependant pas un mot de faiblesse ne fut entendu dans cette situation désespérée.

L'aide-de-camp Delamarre s'échappa de l'espèce de fort où l'on se défendait avec un courage surnaturel, et prenant le galop, il arbora de précaution un signal de parlementaire. Quelle ne fut pas sa joie en reconnaissant une colonne française ! C'était Junot; on flanqua aussitôt le village, et l'aide-de-camp revint rassurer les assiégés qui ne pouvaient, à cette heure avancée du jour et de si loin, se rendre compte de ce qui se passait. Le maréchal embrassa M. Achille Delamarre, et la joie succéda aux heures mortelles qui venaient de s'écouler.

Ainsi, pendant une journée entière, trente français avaient lutté avantageusement contre plus de trois cents cosaques.

Un prisonnier russe, interrogé sur les intentions de la troupe, annonça qu'elle avait attendu un renfort d'infanterie qui devait lui arriver la nuit même, pendant laquelle ils auraient enlevé le village ; la mission de ce parti avait été d'intercepter les routes et de faire des prisonniers de tous les blessés et particulièrement des généraux ; ils manquèrent à

Plechnitsouï un de leurs plus brillants à-propos.

Le 30, le maréchal se remit en marche avec la colonne de Junot, fit halte le 1.ᵉʳ décembre pour laisser passer les débris de notre armée.

Le 2, ce fut dans la colonne du maréchal Davoust que chemina Oudinot. Le temps était affreux, la marche très pénible; le soldat se plaignait et n'écoutait plus. Il n'y avait plus de discipline; tous se confondaient dans un tel malheur.

Au débouché d'une forêt très épaisse où l'on chemina pendant six heures entières, on ne trouva que les débris de trois chaumières; on établit Oudinot dans la meilleure; la colonne bivouaqua.

Le 3 décembre, le maréchal coucha à Smorgony; la marche devenait de jour en jour plus pénible, tant était épaisse la couche de neige.

Le 4, dès le matin, en approchant de Wilna, l'on trouva dans une santé et une tenue remarquables une division de la garde impériale et la garde royale napolitaine allant au-devant de Napoléon.

Ces troupes magnifiques, parfaitement organisées, furent gelées en deux jours.

Oudinot entre à Wilna. (4 décembre 1812.)

Déjà le tumulte et le désordre règnaient à Wilna, quand le maréchal y entra. L'on voyait cependant des préparatifs de défense qui, du reste, ne furent pas utilisés. Malgré la confusion dont ce lieu offrait déjà l'aspect, on savait que Wilna était remplie de ressources immenses et de toute nature, et l'on avait le cœur serré en songeant au trajet que nos glorieux débris avaient encore à parcourir avant d'atteindre cette ville.

Les juifs qui peuplaient Wilna n'avaient plus

cette vile et lâche attitude, sous laquelle ils avaient sollicité de nous servir (à prix d'or!) pendant notre puissance. Ils se préparaient à vendre traîtreusement nos blessés qui encombraient leurs maisons aux cosaques qui étaient sur nos talons.

Mme la duchesse de Reggio, restée à Wilna, eut à soigner cette seconde blessure qui était très grave. Quand on demandait à Oudinot ce que deviendrait la balle que l'on ne pouvait extraire : « Elle se blottira dans les chairs, ne craignez rien, disait-il; seulement je voudrais bien que tous les vêtements qu'elle a poussés devant elle fussent sortis. » En effet, chemise, gilet de flanelle, habit d'uniforme : tout s'était englouti sous le projectile.

Le maréchal était convaincu que l'on pouvait se défendre à Wilna; il avait à ce sujet des discussions continuelles avec toutes les sommités qui venaient entourer son lit; et cependant il voyait, comprenait son affreuse position, et montrant une figure calme, impassible, à travers les plus horribles souffrances, il imposait silence aux clameurs de ceux qui, moins maltraités que lui, l'étourdissaient de leurs plaintes.

Vers midi, le 7, Maret, duc de Bassano, qui, depuis l'ouverture de la campagne, tenait à Wilna sa cour plénière, vint trouver le maréchal.

On apercevait sur le visage du ministre des affaires étrangères une vive préoccupation; il causa longtemps à voix basse avec le maréchal penché sur son lit. Quand l'entretien fut terminé, le ministre serra la main du blessé comme pour conclure une convention; puis, s'approchant de la duchesse, il lui dit à voix basse : « Je viens de déterminer le maréchal à partir ce soir même, le temps presse ; les restes de notre pauvre armée vont se précipiter sur cette ville, ils ont les Russes sur les talons, et.... (baissant encore la voix) l'Empereur est parti pour la France ; le maréchal est atterré ; cependant, je viens de lui démontrer l'impossibilité pour nous de défendre Wilna, ainsi qu'il le voulait, et je le crois décidé à ne pas courir de nouveau le risque de donner un maréchal pour prisonnier à l'ennemi.... Hâtez vos apprêts.... Adieu ! »

Le 5 décembre, à Smorgony, Napoléon, entouré de ses lieutenants Murat, Eugène, Ney, Davoust, Berthier, Lefebvre, Bessières et Mortier, pensait encore que l'on pouvait se défendre à Wilna ; il s'y rendit, et rencontrant sur la route le duc de Bassano, il s'éleva beaucoup contre l'administration de l'armée. Maret répondit à l'Empereur qu'il y avait à Wilna des subsistances pour tous les corps, qu'il était certain que l'armée pourrait se réparer à Wilna et que même on pourrait la réorganiser.

Ces projets ne purent se réaliser, Wilna dut être évacuée.

Le maréchal était décidé à partir ; mais la rage et la mort au cœur, son plan de départ, une fois arrêté, il n'y eut plus de cesse qu'il ne s'effectuât ; de son lit qu'il ne pouvait quitter, il donnait des ordres précipités.

Dans cette affreuse journée, le froid monta de 18 à 28 degrés, et il fallait braver cette température avec un blessé. Enfin, on partit ; il était quatre heures du soir, quel départ ! Le maréchal, couché dans la première voiture, souffrait horriblement.

Depuis un mois nos soldats mouraient par milliers. Vingt cuirassiers parfaitement bien équipés servaient d'escorte au maréchal. La neige était tellement gelée, qu'elle volait en poussière sous les roues des voitures et sous les pieds des chevaux.

Arrivé au défilé montueux de Ponary, à deux lieues de Wilna, le spectacle fut affreux. Cette montagne commençait à se couvrir de débris de voitures, de caissons, de roues de chariots, de blessés et de morts; on y mourait de froid; les vingt cuirassiers qui servaient d'escorte au maréchal, en sortant de Wilna, tombaient de cheval et ne se relevaient plus. Le nombre en diminuait à chaque instant. Le maréchal voyait tout et ne pouvait rien. La mort était sur tous les visages.

Qui rendra jamais ce qui se passa dans l'âme de chacun! La douleur était au comble.

Enfin, après quelques heures d'angoisses, M. Letellier, aide-de-camp, a indiqué un gîte; on s'y dirige et l'on rencontre la division du général Loison qui, partie la veille de Kœnigsberg, était vivace et prospère. M. Letellier passe le premier, écarte les blessés qui se trouvent dans cette maison, lesquels avaient devancé le reste de la grande armée, et leur dit : « C'est le maréchal Oudinot, il est blessé, il est mourant; une seule place pour lui! » A ce nom si vénéré, naguère tous les fronts se seraient découverts; mais le soldat ne connaissait plus de discipline, ne voyait plus rien.

M. Letellier, aidé de quelques officiers, parvient pourtant à porter le maréchal et le place sur un matelas, près d'un poêle.

Quand on veut manger, tous les vivres sont

gelés. On passe ainsi la nuit à Roukoustouy. Le lendemain, quand on va se mettre en route, on remarque que la belle division Loison est presque entièrement restée immobile autour des feux éteints du bivouac; cette immobilité était la mort pour les trois quarts.

Enfin, on quitte cette misérable bicoque.

Le 8, dès le matin, le maréchal arriva à Himorouï. Le 9, on arriva à Kowno; il avait fallu, pendant ce trajet de Himorouï à Kowno, qu'à chaque instant les aides-de-camp sautassent à bas de cheval pour soutenir ou pousser la voiture.

Le lendemain, on partit à dix heures du matin, et l'on coucha le soir même au château d'Antonovo.

Le 12, on continua cette marche si pénible par Gumbinem, où l'on arriva le soir par un froid qui avait toujours été de vingt-huit degrés.

De Gumbinem, le maréchal gagna Kœnigsberg où il séjourna pendant quelques jours.

Le 18, Oudinot se trouvait à Brousbork, déjeunait à Elbing, et le 19 arrivait à Dantzick, où il resta jusqu'au 26, chez le général Rapp. Le 26, au soir, il couchait à Lauembourg, enfin il arriva à Berlin le 1.er janvier 1813.

Arrivée à Berlin. (1.er janvier 1813.)

Le maréchal descendit à l'hôtel de Russie, dans la belle rue des Tilleuls. Une nouvelle douleur vint l'y trouver. Il aurait voulu que l'on cachât tous les malheurs de la fatale retraite : le mot *désastre* l'irritait.

Oudinot trouve à Berlin le journal français qui contenait le 29.me Bulletin; et il s'écrie avec douleur : « Il n'y a donc plus rien à cacher maintenant! »

Le 3 janvier, le maréchal coucha à Potsdam, où le roi de Prusse envoya son grand-maréchal du palais savoir de ses nouvelles.

Et le lendemain, au moment où il se mettait en route, il fut heureusement surpris par l'arrivée d'un officier de la maison du roi de Prusse qui venait lui porter à son départ des paroles de considération et de souvenir.

Le 13 janvier, toujours accompagné de la duchesse, il arrivait à Bar-le-Duc, au milieu de sa famille.

Son retour à Bar-le-Duc. (13 janvier 1813.)

Après la retraite de l'armée, le fils aîné du maréchal, le comte Oudinot, eut l'occasion de voir combien son nom était vénéré dans les Etats du roi de Prusse et combien le brave maréchal avait acquis de popularité.

Victor Oudinot et le comte de Thermes, aide-de-camp du maréchal, traversaient en poste la Prusse, alors sous l'influence de nos revers et des désastres de cette retraite de douloureuse mémoire. Arrêtés, en sortant d'une bourgade, par une population furieuse, avide de vengeance, se jugeant émancipée par notre défaite, ils étaient en butte aux menaces, aux brutalités de ces hommes égarés, lorsque le nom d'*Oudinot*, prononcé au hasard, apaisa soudain cet orage; tous les fronts se découvrirent; toutes les colères se calmèrent, et ces mêmes hommes qui venaient d'interrompre si violemment la course de ces deux officiers, dès qu'ils surent que l'un d'eux était le fils de l'illustre et vénéré maréchal, furent les premiers à leur procurer les moyens de continuer avec sécurité cette route déjà rendue si pénible. Exemple rare de reconnaissance qui fait autant d'honneur aux populations capables de la ressentir qu'à celui qui l'avait si justement inspirée !

Décorations étrangères. (1812.)

Pendant l'année 1812, Oudinot avait été nommé grand'croix de l'ordre de l'Aigle-Noir, grand'croix de l'ordre de l'Aigle-Rouge de Prusse et grand'croix de l'ordre de Maximilien-Joseph de Bavière.

Dans les derniers jours de mars 1813, Oudinot se rendit à Paris, pour consulter sur sa blessure. Larrey, Dupuytrein, Corvisart furent entendus, et il résulta de leurs visites que la balle que l'on ne pouvait extraire ne nuirait jamais à la santé du maréchal.

Ce fut pendant son séjour à Paris, que le duc de Reggio apprit qu'un incendie avait dévoré entièrement son hôtel à Bar; quand on vint apprendre au maréchal qu'un grand malheur était arrivé à Bar, et que, quelques instants après, on lui eût raconté l'incendie, il s'écria : « Oh ! vous m'avez fait peur, je pensais à mon père ! »

Napoléon, qui avait précédé à Paris, comme nous l'avons dit plus haut, la nouvelle de la perte de son armée en Russie, signale son retour par une activité surprenante. Réorganisant tout, il retrempe l'esprit national ; les Français ne se découragent pas de l'issue de cette dernière guerre, on veut venger la défaite de Russie. En moins de trois mois, six cents pièces de canon et deux mille caissons attelés arrivent en Allemagne.

Les neiges de la Russie ont englouti la plupart des vieux soldats ; la France ne pouvait plus former qu'une armée de conscrits. La cavalerie, plus difficile à remplacer, fut recrutée partout. La gendarmerie fournit trois mille hommes pour commander les nouveaux escadrons, dix mille gardes d'honneur se montent et s'équipent à leurs frais.

La guerre va recommencer. Tandis que la Prusse s'allie à la Russie, Bernadotte fait un pacte avec l'Angleterre et, soudoyé par son or, s'apprête à venir combattre sa patrie et ses compagnons d'armes.

Déjà commencent ces défections qui, livrant la France aux hordes étrangères, vont tenter d'abaisser la gloire de nos armes. 1813, fatale époque où deux Français d'origine, sinon de cœur, Bernadotte et Moreau, vont, contre tout esprit de nationalité, combattre dans les rangs ennemis

Napoléon a quitté Paris le 15 avril et est arrivé le 17 à Mayence.

L'armée alliée est en position entre l'Elster et la Mühlda, occupe Leipsick, et ses avant-postes s'étendent jusqu'à Weissenfeld.

Deux cent mille français sont sous les armes; Napoléon les a divisés en douze corps sous son commandement en chef. Oudinot a sous ses ordres le 12.e corps composé de trois divisions (généraux Pacthod, de Lorencez et Raglowitz.) *Oudinot a le commandement du 12.me corps de la grande armée. (Mai 1813.)*

L'artillerie est sous les ordres du général Ruty, la cavalerie westphalienne, bavaroise et darmstadt aux ordres du général Wolff; le chef d'état-major est le général Lejeune.

Le 3 mai, le maréchal est à Cobourg, le 4 à Plauen, le 7 à Penige, le 9 à Freiberg, le 10 à Kasselberg.

Le 11 mai, Oudinot rejoint Napoléon qui est à Dresde, et reçoit l'ordre de passer l'Elbe. Il s'arrête dans le faubourg de Neustadt.

Le 16, il est devant Bischoffwerda.

L'armée alliée se renforçait chaque jour ; les Prussiens venaient de recevoir de Silésie quatre mille hommes de troupes fraîches et les Russes attendaient le corps de Barcklai de Tolly.

Le 20 mai, à huit heures du matin, l'Empereur fait des dispositions d'attaque. Oudinot a l'ordre de passer la Sprée et d'attaquer les hauteurs de Sinkwitz et de Doberschau, où s'appuie la gauche de l'ennemi.

Macdonald doit attaquer Bautzen et Marmont doit jeter un pont sur la Sprée. La canonnade s'engage et se soutient sans interruption pendant cinq heures. Oudinot parvient à couronner les hauteurs d'Ebersdorf, pendant que le 6.me corps, sous les ordres de Marmont, occupe celles de Seydau. Bautzen est alors vivement attaqué ; à sept heures du soir, nous sommes vainqueurs sur toute la ligne.

Le 12.me corps s'établit à Kuhnitz et Schimberg.

Le lendemain, 21, à cinq heures du matin, Oudinot est à cheval à la tête de son corps ; l'Empereur lui donne l'ordre d'engager le combat en attaquant la gauche des Russes placés sur des hauteurs, et commandée par Miloradowitz et Gortschakoff.

Oudinot et Macdonald entretiennent ce combat, afin d'empêcher la gauche de l'ennemi de se dégarnir et pour lui masquer la véritable attaque que dirigeaient les maréchaux Ney et Soult.

Ney, culbutant l'ennemi, avait passé la Sprée. A une heure après midi, l'Empereur se porta avec la garde, la cavalerie Latour-Maubourg et une nombreuse artillerie dirigée par l'inébranlable Drouot, sur la droite de l'ennemi qui était devenue le centre de l'armée russe.

L'ennemi, pour s'opposer à cette nouvelle attaque, fut obligé de dégarnir sa droite ; Ney en profita et marcha en avant ; il reprit le village de Preisig et s'avança sur Wurtchen. Il était alors trois heures, et la canonnade occupait une ligne de trois lieues. L'assaut fut donné au camp ennemi, et à six heures du soir la défaite du vieux maréchal prussien était complète. Tout cependant n'était pas terminé ! La gauche de l'armée alliée, composée des corps russes de Gortschakoff et de Miloradowitz, avait combattu toute la journée contre le maréchal Oudinot qui l'avait forcée dans les bois, où l'ennemi croyait poursuivre la victoire ; mais Macdonald rejoint Oudinot, arrête l'ennemi et le chasse. Après trente-six heures de combat, les Français couchèrent sur le champ de bataille.

Dans cette journée, le général de Lorencez, gendre du maréchal, eut une jambe cassée et l'autre démise,

L'ennemi avait perdu plus de vingt mille hommes dans les deux journées des 20 et 21 mai.

Le lendemain, 22, l'armée se met en marche vers quatre heures du matin ; Oudinot reste avec le 12.me corps dans les environs de Nieder-Kayna, pour observer le mouvement du corps de Bulow, qui s'était retiré sur Berlin pour couvrir cette capitale. Dans cette même journée, nous éprouvons des pertes cruelles : d'abord, le général Bruyères, ensuite Kirgener et enfin le grand-maréchal du palais, Duroc, l'ami et le confident de Napoléon. Oudinot apprend cette terrible catastrophe et partage une peine que tous ressentent également.

Depuis les campagnes d'Italie, d'Egypte, Duroc

n'avait jamais quitté Napoléon; aussi l'Empereur pleura-t-il longtemps cet homme, dont le nom est attaché aux victoires d'Austerlitz et de Wagram.

Le 27 mai, au soir, le corps du duc de Reggio, fort de seize mille hommes, était à Hoyerswerda, où Bulow arriva le même jour, après avoir laissé neuf mille hommes devant Wittemberg. Le duc de Reggio resta le 28 et le 29 à Hoyerswerda et se porta le 2 juin à Kirschayn, avec le général Lejeune et le général Ruty; ce dernier monta sur le clocher pour connaître la marche de l'ennemi, vint rendre compte au maréchal de ce qui se passait, et l'on prit immédiatement des dispositions pour la marche du lendemain.

Le 3, avant quatre heures du matin, toutes les divisions étaient sur pied; le maréchal, accompagné des généraux Lejeune et Ruty, marchait à la tête de l'infanterie, pendant que les aides-de-camp étaient en éclaireurs à travers champs.

Le 4, Oudinot arriva près de Luckau; son avant-garde attaqua les Prussiens vers neuf heures du matin et les rejeta dans la ville, dont elle occupa le faubourg; mais nos troupes attaquées par les deux flancs, et après un combat sanglant auquel la nuit seule mit fin, furent obligées de se retirer. Le duc de Reggio s'établit à Ubigau où il apprit qu'un armistice venait d'être signé et où il resta en attendant les ordres de Napoléon.

Cet armistice est signifié au maréchal le 5 juin, ses avant-postes s'établissent sur les frontières à quinze lieues de Berlin.

<small>Oudinot à Lubeneau.</small>

Pendant l'armistice, Oudinot que le sort des armes avait conduit en Saxe, établit son quartier-général à Lubeneau, dans les domaines seigneuriaux de la comtesse de Kiellmansegge, veuve et mère de plusieurs enfants.

Un jour, on annonça au château l'arrivée d'Oudinot. La comtesse a entendu bien des fois la renommée prononcer ce nom; elle lui a dit ce qu'il est, et sa confiance dans la loyauté du caractère du maréchal est telle qu'elle envoie au-devant de lui et jusqu'aux dernières limites de ses domaines, l'aîné de ses fils accompagné d'un seul serviteur, chargé de recevoir le héros et son brillant cortége.

Lorsqu'ils arrivèrent au château, le maréchal avait pris le fils de la comtesse à ses côtés. Toute la troupe dorée entra au grand galop dans la cour d'honneur; les acclamations du peuple couvraient le bruit des chevaux. La comtesse était au milieu de ses plus jeunes enfants, à l'entrée du château, pour recevoir le cortége. La première parole du maréchal, accompagnée de cette physionomie si gracieuse, obligeante et spirituelle qui lui était particulière, fut : « Madame, je vous ramène votre enfant, nous sommes tous chez lui et chez vous ! »

Quelque temps après, Napoléon était à Dresde, assis auprès de la comtesse de Kiellmansegge; Oudinot étant venu à passer près d'eux, Napoléon dit : « Oudinot, c'est l'homme à la conscience irréprochable ! »

Le 11 août, le maréchal prit congé de la comtesse et reçut à Luckau une dépêche du grand quartier-général, que lui apporta Victor de Caraman, officier d'ordonnance de l'Empereur, qui le prévenait que le 4.ᵉ corps (vingt mille hommes sous le général Bertrand) et le 7.ᵉ corps (vingt mille hommes sous le général Reynier), ainsi que le 3.ᵉ corps de cavalerie comprenant six mille hommes, ayant pour chef le général Arrighi, se trouvaient réunis sous ses ordres.

<small>Oudinot à la tête de 60,000 soldats.</small>

Oudinot fut donc à la tête de plus de soixante mille soldats, et reçut l'ordre de se diriger sur Berlin, où se trouvait une armée ennemie commandée par Bernadotte. Davoust devait rejoindre Oudinot.

Bernadotte, pour sauver Berlin et empêcher la jonction des corps d'Oudinot et de Davoust, accourut avec une armée de cent mille hommes, composée de Russes, Prussiens, Suédois et Allemands.

Le 19, à six heures du soir, le feu commença et dura jusqu'à neuf heures. Oudinot se porta au galop dans la direction du feu, et, vers la nuit, revint sur l'ennemi qu'il repoussa à Trebbin ; les Russes mirent le feu à un moulin à vent ; l'armée française marcha vers ce point par trois colonnes.

Le 20, dès le matin, la pluie a cessé. Le maréchal se met en mouvement avec la cavalerie à travers des chemins boueux ; la marche de l'armée éprouve des retards imprévus. Oudinot prend sa direction par Torgau, se reporte ensuite vers Trebbin, voulant faire croire à l'ennemi qu'il arrive par la route de Wittemberg. Ces manœuvres ont demandé du temps, et ce n'est que le 21 qu'il débouche de la plaine de Trebbin. Napoléon écrivait ce jour même : « Aujourd'hui, Oudinot entre dans Berlin. »

Mais le congrès militaire de Trachemberg en a décidé autrement par l'envoi de plus de cent mille

baïonnettes. « Le 24 août, le 7.ᵉ corps n'ayant pas
» réussi dans le combat de Gross-Beeren, le duc de
» Reggio s'est reporté sur Wittemberg. (1) » Dans
ce combat, le 7.ᵉ corps, commandé par le général
Reynier, a éprouvé de grandes pertes.

Après cette journée, le prince de la Moskowa a
pris le commandement des 4.ᵉ et 7.ᵉ corps; Oudinot
avait sous ses ordres immédiats le 12.ᵉ

Le plan de l'Empereur, de pousser le maréchal
Oudinot sur Berlin, sans sa présence, était d'une
difficile exécution; la composition de notre armée
était faible, la majeure partie était des Italiens et
des Allemands; la cavalerie manquait d'instruction.
Le maréchal Oudinot, arrivant à Berlin, n'aurait
pas pu s'y maintenir; sans la pluie qui tombait par
torrent, à la journée de Gross-Beeren, et qui a
contrarié tous les mouvements, on aurait pu avoir
un résultat : celui d'arriver devant Berlin ; mais là
il aurait fallu livrer une bataille, et en cas de non
succès, ayant les défilés derrière soi, avoir une
retraite désastreuse.

Le maréchal Ney comprenait comme Oudinot
l'impossibilité d'opérer avec succès sur Berlin.

Le 5 septembre, Oudinot chassa de Zahna le général Trauenzin; si notre cavalerie avait chargé à
temps, tout ce corps aurait été détruit

Le 6, le mouvement continua; Oudinot reçut
l'ordre de rester en position, et le maréchal Ney
se porta avec le corps du général Bertrand sur
Iuterbock.

---

(1) Extrait du *Moniteur* du 20 septembre 1813.

Le maréchal Ney expliqua à un aide-de-camp du maréchal Oudinot (M. Achille Delamarre) que son intention n'était pas de marcher sur Berlin, qu'il voulait se joindre à la grande armée, arriver à l'improviste sur Blücher : il était persuadé que Bernadotte n'était pas encore là et qu'il pourrait lui dérober trois marches, et peut-être décider du sort d'une grande bataille contre Blücher.

M. Delamarre, après avoir reçu les ordres du maréchal Ney, retourna près du maréchal Oudinot, qui était très inquiet de voir le prince de la Moskowa laisser entre eux un si grand espace, d'autant plus que le canon se faisait entendre.

L'aide-de-camp fut de nouveau envoyé près du général en chef avec ordre de l'accompagner et de venir porter ses ordres dans le cas où il y en aurait pour le 12.e corps.

Iuterbock. Le maréchal Ney était aux prises avec l'ennemi devant Interbock; quand M. Delamarre arriva, il lui dit : « Je n'ai pas changé d'avis : Oudinot ne doit pas bouger, ceci est une affaire d'avant-garde, je ferai mon mouvement sur la Silésie. »

Le prince de Suède n'avait pas encore paru ; la résistance du corps qui était devant nous tenait à ce qu'il était obligé de soutenir, pour rester maître du débouché des défilés où s'était engagé Bernadotte; ce fut une grande faute du maréchal Ney, de n'avoir pas réfléchi que ce corps ne reculerait pas, parce qu'il se sentait appuyé par toute l'armée.

Dans un moment, le combat s'engagea avec une vivacité extraordinaire ; la cavalerie ennemie, pour donner la place nécessaire à l'armée de Bernadotte de se former à mesure qu'elle sortait du défilé, fit une charge terrible en développant toute la gauche ; l'artillerie commence un feu violent; la masse d'infanterie sortait de Iuterbock; il était clair que toute l'armée ennemie était là ; une charge plus vive vint expirer au pied de la petite hauteur où était l'état-major du maréchal Ney ; en ce moment, ce maréchal envoya l'ordre à M. Delamarre de dire à Oudinot d'avancer; M. Delamarre lui fit observer que le maréchal était à deux lieues du champ de bataille et ne pourrait pas arriver utilement; le maréchal Ney ne tint aucun compte de ces observations, et l'aide-de-camp dut partir.

Déjà la bataille était jugée perdue par les moins clairvoyants ; le maréchal Ney, pris à l'improviste par toute l'armée de Bernadotte, ne pouvait pas établir une bonne ligne de bataille.

La vivacité des charges de cavalerie, et le feu foudroyant de l'artillerie rompirent en effet notre infanterie (la cavalerie ne pouvait rien faire); nous étions plutôt en marche que préparés sur le terrain pour recevoir une bataille.

M. Delamarre trouva le maréchal Oudinot en route, à une petite lieue; il lui soumit ses observations; mais dominé par un ordre positif, et craignant de laisser le maréchal Ney dans l'embarras, il se décida à entrer en ligne. La division Guilleminot en tête ne parvint pas à se déployer ; elle fut foudroyée par l'artillerie et arrêtée par les charges de cavalerie. La poussière enveloppa tellement les colonnes qu'il était impossible de distinguer les ennemis ; les ordres ne pouvaient se transmettre ni s'exécuter ; on ne pouvait reconnaître où l'on était, et la retraite devint une nécessité.

Le 8 septembre, les quatre corps sont réunis à Torgau, derrière l'Elbe.

Nous avons perdu dix mille hommes et trente-cinq pièces de canon ; l'ennemi comptait environ huit mille tués.

Dans cette retraite difficile et périlleuse, le maréchal était toujours suivi de ses officiers et de ses aides-de-camp Letellier, de Thermes, Delamarre, Jacqueminot, Bourcet et Lachaise. Ce dernier fut blessé à mort dans cette affaire, et M. de Thermes eut plusieurs chevaux tués sous lui.

Le 11, le maréchal reçut l'ordre de prendre ses cantonnements et établit son quartier-général au village de Stulpitz.

La retraite qui avait suivi la journée de Gross-Beeren parvint à la connaissance de Napoléon au moment où lui-même luttait avec peine contre des flots d'ennemis et où il voyait avec dépit les plus admirables combinaisons aboutir à des victoires sans résultats.

« Le cri de nationalité poussé par l'Espagne en 1808 réveillait le monde endormi. La retraite de Moscou, le commencement de la campagne de 1813, où l'héroïsme avait fait de si grandes choses, mais sans en recueillir les fruits, par suite du manque de cavalerie, l'initiative prise par la Prusse et suivie par l'Autriche, tout avait donné aux peuples allemands le signal de la réaction. Vaincus par les Français, ils les avaient acceptés pour alliés; d'alliés, ils étaient devenus vassaux; mais leur fidélité tenait à l'étoile de Napoléon; du moment que cette étoile pâlissait, il fallait que tous ces peuples secondaires, que toutes ces petites principautés suivissent le torrent et passassent dans le camp du vainqueur nouveau ; trop faibles pour être indépendants, il leur fallait un suzerain, et c'était le hasard des batailles qui prononçait. » (1)

Après la bataille, l'Empereur dut se convaincre que le plan du maréchal Oudinot, qui consistait à défendre la ligne de l'Elbe et à conserver son armée intacte, était bon.

Le combat de Gros-Beeren a été peu de chose, la perte insignifiante ; le maréchal hésitait, le résultat pouvait en être désastreux, car la retraite sur l'Elbe devait compromettre toute l'armée. Le maréchal Ney avait la même opinion, et cela devint malheureux, car si ce maréchal avait eu l'intention de livrer bataille, il n'aurait pas laissé Oudinot en arrière, et Bernadotte à Iuterbock aurait trouvé notre armée rangée en bataille ; de plus Iuterbock eut été occupé avant l'arrivée de Bernadotte.

Oudinot reçut bientôt l'ordre de se rendre à Dresde, où il arriva le 17 ; le jour même, l'Empereur lui donna le commandement de deux divisions de la jeune garde (Decouz et Pacthod).

Oudinot commande deux divisions de la jeune garde. (17 septembre 1813.)

L'armée resta en position devant Dresde jusqu'au 7 octobre. Napoléon ordonna bientôt un mouvement, et le maréchal se rendit sur la rive gauche, coucha le 10 octobre à Riessa, le 11 à Ochaz, le 12 à Stunchitz.

Le 15, les deux divisions, sous le commandement du maréchal, arrivaient devant Leipsick ; le 16, dès le matin, l'Empereur examinait les colonnes

---

(1) *Union monarchique.* (Théodore Anne.)

ennemies, quand trois coups de canon partis des batteries alliées annoncèrent la bataille. La canonnade s'engagea bientôt sur toute la ligne.

Oudinot à Wachau. (16 octobre 1813.) Vers midi, l'Empereur, après un premier succès obtenu par Macdonald, pensa que le moment était venu d'assurer la victoire; il envoya sur Wachau les deux divisions Oudinot et fit appuyer le mouvement de Macdonald par les deux autres divisions de la jeune garde, commandées par Mortier.

Le général Drouot fut chargé de soutenir, avec soixante bouches à feu, l'attaque sur Wachau; en même temps Lauriston s'avançait.

Mais la victoire ne fut pas décisive ce jour-là; le résultat ne fut pas complet, et vers le soir les deux armées arrêtèrent leur feu. Cette première journée était terminée et avait laissé la victoire en suspens.

Le brave Poniatowski, à l'extrême droite de l'armée, se battait avec intrépidité, et le soir même Napoléon le nommait maréchal d'Empire.

Les Français campèrent sur une partie du terrain que les ennemis avaient occupé, et la journée du 17 octobre se passa sans le moindre mouvement d'hostilité.

Cette même nuit (du 17 au 18) on célébrait dans le camp de Murat la bravoure du piqueur *Narcisse* qui, voyant son roi au milieu d'un groupe d'ennemis, se précipita en avant, tua quelques Autrichiens et sauva Murat.

Le 18, au matin, le centre de l'armée se rapprocha de Leipsick; les deux divisions du maréchal Oudinot avaient la ville à droite et étaient séparées de l'ennemi par un large vallon. Vers huit heures, la canonnade s'engagea sur toute la ligne ; dès les premiers coups de canon, l'Empereur avait envoyé sur la droite le duc de Reggio pour soutenir Poniatowski.

Dans cette matinée, Oudinot courut personnellement un grand danger. Le maréchal se trouvait très avant devant le front de la position ; le temps était couvert et un brouillard très épais empêchait de distinguer les masses ennemies. Tout à coup, il est prévenu que l'ennemi accourt. Etendu à terre, devant une carte géographique, il ne bouge pas ; bientôt les officiers qui entourent le maréchal répètent cette alerte ; Oudinot ne bouge pas encore, tant il est occupé à examiner sur la carte la position de l'ennemi.

Enfin, un boulet arrive près de lui ; tout l'état-major s'ébranle, Oudinot s'élance à cheval et rejoint son corps. Les boulets le suivent et se succèdent bientôt avec rapidité. Pils, valet de chambre du maréchal, n'a pas le temps de replier la carte ; il s'en empare et rejoint au plus vite tout l'état-major.

Le plateau de Leipsick devint bientôt le théâtre de la lutte la plus meurtrière et la plus acharnée.

La terre tremblait sous le feu de mille pièces de canon.

Oudinot arrive pour soutenir les corps de la droite.

Les Autrichiens, chassés du bois de Lossing par la division Decouz, du corps d'Oudinot, furent poursuivis jusque sur le plateau de Dolitz. La division allemande Greth, conduite par Colloredo, fut repoussée dans une attaque qu'elle avait dirigée contre la jeune garde. L'artillerie de Drouot, placée sur les flancs et en arrière de Probstheida, fait les

Oudinot à Leipsick.
(18 octobre 1813.)

plus terribles ravages dans les colonnes ennemies qui se reforment à demi-portée de canon. Drouot demande à l'Empereur quatre bataillons de la garde pour soutenir ses batteries; Napoléon envoie le général Curial qui se porte en arrière de la division Decouz.

On était au milieu de la journée, et Bernadotte formait seulement sa ligne; au même moment, les Saxons opèrent leur défection et dirigent contre nous le feu de leur artillerie. Le général Reynier court à eux et leur crie : « Où allez-vous, que faites-vous? » Mais rien ne les arrête, la trahison est complète.

Le lendemain, Oudinot recevait du grand quartier-général l'ordre suivant :

« Leipsick, le 19 octobre 1813,
à trois heures du matin.

» Monsieur le maréchal, duc de Reggio, l'Empereur vous charge de la garde de tous les ponts de Leipsick à Lindenau. Passez donc à la pointe du jour, suivez les boulevards entre la ville et les faubourgs, vous préparerez la destruction de tous les ponts; vous mettrez des gardes à chaque pont, vous les chargerez de mettre l'ordre et de faire filer au trot, vous formerez des réserves pour maintenir le défilé intact, ainsi que la droite et la gauche du défilé, de manière à empêcher l'ennemi d'inquiéter la chaussée et les ponts.

» Le prince vice-connétable, major-général,

» ALEXANDRE. »

Mais le manque de munitions, la défection des Saxons, tout conspire contre nous, malgré les prodiges de valeur; Poniatowski meurt en combattant, Lauriston se sauve à la nage et passe l'Elster.

L'ennemi était contenu partout et on ne lui cédait

le terrain que pied à pied. Oudinot fut chargé de soutenir notre arrière-garde.

Pendant toute cette retraite qu'il commandait, Oudinot montra un courage et un dévouement sans exemple.

Le 22 octobre, à six heures du matin, le prince Alexandre Berthier lui adresse l'ordre suivant, daté d'Eckartsberg :

« Monsieur le duc de Reggio, il est nécessaire que vous teniez la plus grande partie de votre cavalerie en position sur votre gauche, pour observer le débouché de Kosen. Le général Bertrand y tient également le 5.mo corps de cavalerie. Il faut que la vôtre se lie avec lui ; faites accélérer le mouvement de toutes les voitures, caissons vides et bagages. Si la route était encombrée, vous pourriez, au lieu de les diriger sur Eckartsberg, les diriger sur Rastembourg. Le général Sébastiani, qui est sur votre droite venant de Haucha, les protégerait par un parti. Ecrivez-lui pour cet objet ; cela aurait l'avantage de désencombrer la route et les mouvements de l'artillerie et faciliter sa marche ; si le mouvement des voitures vous le permet, il est convenable que vous arriviez aujourd'hui à Eckartsberg ; nous n'avons pas de nouvelles et ne savons pas à quelle heure vous partez. Faites attention que c'est des troupes qui vont déboucher par Kosen qu'il faut vous méfier. »

Le même jour, Oudinot arrive à Eckartsberg et continue la retraite.

Le 24, il est à Erfurth et reçoit l'ordre suivant :

« Erfurth, le 24 octobre 1813,
à midi et demi.

» Monsieur le maréchal, duc de Reggio, vous partirez demain, 25, à deux heures du matin, avec vos deux divisions de jeune garde, et vous suivrez la route d'Erfurth à Gotha et vous prendrez position demain soir à Tutteleben.

» Le duc de Trévise partira ce soir à quatre heures avec

son corps, quand il sera assuré que vous ne serez pas attaqué aujourd'hui, et il prendra une bonne position derrière la ville. Du moment que vous aurez dépassé sa position cette nuit, c'est le duc de Trévise qui se trouvera faire l'arrière-garde ; la première division de cavalerie du général Doumerc restera aux ordres du duc de Trévise.

» Ce soir, à la nuit, quand vous serez certain de ne pouvoir plus être attaqué par l'ennemi, vous ferez traverser la ville à vos embarras et à une partie de votre cavalerie, qui se placera derrière la ville pour y attendre et rejoindre le duc de Trévise.

» Le prince major-général,
» ALEXANDRE. »

Le 25 octobre, Oudinot est à Gotha, le 26 il suit l'armée ; mais, attaqué du typhus et ne pouvant plus commander, il donne au général Pacthod des ordres pour diriger la marche.

Oudinot attaqué du typhus.

Oudinot était déjà bien mal lors du combat de Hanau ; toutefois, faisant un effort sur lui-même, il assiste à la bataille. Mais dès le soir du même jour, 30 octobre, on le transporte mourant dans une calèche et on l'amène ainsi à Mayence, ayant perdu toute connaissance.

Déjà le typhus avait fait d'affreux ravages. Les aides-de-camp, seuls responsables de l'illustre malade, se trouvèrent dans la cruelle alternative, ou de le laisser dans cet air infecté, ou de le voir mourir en route : la chance si hasardée de remettre le maréchal aux soins de sa femme l'emporta, et Oudinot partit.

MM. de Thermes et Bourcet se placèrent à côté du maréchal, Pils sur le siége, un courrier en avant, et sans perdre un instant, voyageant jour et nuit, on arriva à Jeand'heurs le 7 novembre.

Il resta trois jours sans recouvrer sa connaissance et en danger de mort.

M. Moreau, médecin du maréchal, en apercevant l'illustre malade, se tourna vers la duchesse de Reggio et lui fit ces effrayantes questions : « Est-ce que vous êtes seule ici ? vos parents n'y sont-ils pas ? » Puis il ajouta : « Entourez-vous de votre famille. »

Cependant ses soins éclairés et la force inouïe de ce tempérament mirent fin à cette cruelle maladie, et bientôt il put reprendre un peu ses habitudes.

L'invasion menaçait la France ; et vers la fin de décembre, souffrant cependant encore, Oudinot partit pour se mettre à la disposition de l'Empereur.

1812 avait anéanti notre armée dans les plaines de la Russie, 1813 nous avait été fatale par la défection et la trahison de nos alliés, et nous allions assister à une guerre toute nationale, à cette invasion de 1814, où le Français fut obligé de défendre le sol de sa patrie. (1814.)

Nous devions encore compter de nouvelles victoires, mais sans résultats ; la valeur de nos troupes devait encore se signaler sur les champs de bataille ; toutefois le temps des revers était arrivé.

Encore quelques mois, et celui que le peuple avait proclamé Empereur ira confiner sa gloire dans une île presque déserte. Mais n'allons pas au-devant du temps, laissons-le venir à nous avec son effrayante rapidité. Suivons Napoléon à Paris, où il va réorganiser une armée que le typhus a ravagée en quelques mois.

La barrière du Rhin avait arrêté les vainqueurs de 1813 ; mais dans la réunion des souverains, tenue à Francfort, l'invasion de la France avait été décidée. Il fut convenu que l'empereur de Russie,

13

l'empereur d'Autriche et le roi de Prusse entreraient en France à la suite de leurs armées, et bientôt l'on se mit en marche.

Napoléon prévoyant cette lutte gigantesque se montra infatigable, mais la lassitude de la guerre paraissait générale. Le corps législatif se déclara le premier contre Napoléon : il fut dissous.

L'Empereur, indigné de la conduite de ces membres, leur dit :

« Je vous ai appelés pour m'aider à sauver la France; vous dites et faites ce qu'il faut pour seconder l'étranger : au lieu de nous réunir, vous nous divisez.................
.... Dans une monarchie, le trône et le monarque ne se séparent point; qu'est-ce qu'un trône ? un morceau de bois recouvert de velours : dans la langue politique, le trône, c'est moi...... Vous parlez du peuple, mais n'en suis-je pas le premier représentant? On ne peut m'attaquer sans attaquer la nation. S'il y a quelques abus, est-ce le moment de me faire des remontrances, quand deux cent mille cosaques franchissent nos frontières ? quand il s'agit de sauver la liberté politique et l'indépendance nationale, est-ce le moment de disputer sur les libertés et les sûretés individuelles ?

» Vos idéologues demandent des garanties contre le pouvoir : dans ce moment, toute la France ne m'en demande que contre l'ennemi. »

Les alliés avaient mis sur pied plus de douze cent mille hommes, dont six cent mille franchirent d'abord le Rhin.

Oudinot reçoit le commandement de deux divisions de la jeune garde. (21 janvier 1814.) Le 21 janvier, le maréchal Oudinot reçut le commandement de deux divisions de la jeune garde (Decouz et Rottembourg) et une division de cavalerie, commandée par Kellermann.

Oudinot se rend à Châlons où se trouvent ses troupes, couche le 24 à Vitry, le 25 se met en marche avec ses deux divisions et se joint aux troupes du maréchal, duc de Tarente, passe la journée du 26 à Saint-Dizier et Vassy, sans rencontrer l'ennemi. Le 27, ses divisions prennent la direction de Brienne où le maréchal reçoit des ordres de l'Empereur.

Le duc de Reggio passe la nuit dans le château où la veille le feld-maréchal Blücher a dîné.

Le 29, le maréchal avait failli être tué ; il était avec son état-major dans une maison sur la route, occupé à regarder une carte géographique, quand tout à coup un boulet arriva par la cheminée, bouleversa tout et s'arrêta amorti dans les pieds du maréchal : on le crut mort; il n'avait pas reçu le moindre éclat.

L'Empereur arriva bientôt, et le maréchal se porta le 1.er février à Vandœuvre, à vingt-cinq kilomètres de Bar-sur-Aube.

Les progrès décisifs du comte de Wrède coïncidant avec la grande charge du centre, Napoléon prescrivit au maréchal Oudinot de marcher sur La Rothière avec la division Rottembourg. Nos troupes ne s'en rendirent pas maîtresses, et vers huit heures du soir, Napoléon donna l'ordre au général Drouot de diriger le feu de son artillerie sur ce point, afin de contenir les alliés pendant que l'armée opérerait sa retraite, et Oudinot ne se retira qu'après avoir vu La Rothière en flammes ; il retourna ensuite aux bivouacs qu'il avait occupés la nuit précédente.

Oudinot à La Rothière

Le 2 février, Oudinot est à Troyes ; établi dans une maison du faubourg, il y passe toute la nuit avec le général Drouot.

Ce dernier, héroïque général de la campagne de Russie, a placé une pièce devant la porte de la maison où se trouvent le maréchal et son état-major, et à chaque instant de la nuit, il se lève et va visiter sa pièce. Le lendemain, à quatre heures du matin, Drouot vient annoncer au duc de Reggio que l'ennemi a abandonné la ville.

La jeune garde quitte alors Troyes.

Dans cette dernière ville, le maréchal a vu l'Empereur ; on s'est réuni au milieu de la Grand'rue, une carte a été déployée.

Napoléon, devant une table, entouré du prince de Neuchâtel ; du prince de la Moskowa et du duc de Reggio, a donné ses ordres : Ney et Marmont sont dirigés sur Arcis, Oudinot sur Nogent.

Le 7 février, il arrive à Romilly.

C'était le même jour que le prince Auguste de Prusse donnait un éclatant témoignage d'estime et de reconnaissance au brave gouverneur de Berlin, à notre héros qui, dans des temps difficiles, avait su concilier l'humanité et la soumission aux devoirs.

Sauve-garde du prince Auguste de Prusse.

Voici cette pièce précieuse qui fait honneur à celui qui la donna, comme à celui qui en fut l'objet :

« J'invite toutes les troupes des puissances coalisées qui traversent les pays où le maréchal Oudinot et son père ont des propriétés et des biens, de ménager, autant qu'il sera possible, lesdits biens du maréchal Oudinot, et cela d'autant plus que celui-ci, pendant son séjour dans les états de Sa Majesté le roi de Prusse, s'est toujours montré avec beaucoup de modération et douceur, et qu'il s'y est rendu utile de cette manière.

» Revigny, 7 février 1814.

» Signé : AUGUSTE, prince de Prusse. »

» Vu pour être conforme à l'original d'autre part en langue allemande :

» Bar-le-Duc, 13 février 1814.

» Le commandant de S. M. le roi de Prusse
dans le département de la Meuse,

» WACKE. »

Le maréchal de Wrède, commandant en chef l'armée bavaroise, envoya de son côté la sauvegarde suivante :

Sauve-garde du prince de Wrède.

« SAUVE-GARDE POUR LE MARÉCHAL OUDINOT.

» Il est ordonné à MM. les commandants de troupes, à MM. les officiers et soldats faisant partie de l'armée commandée par S. A. M. le maréchal, prince de Wrède, de respecter la personne, la maison et toute autre propriété de M. le maréchal et notamment sa campagne à Jeand'heurs.

» De s'opposer à toute réquisition arbitraire, ainsi qu'à tout excès et de protéger les biens de M. le maréchal, envers tout militaire qui oserait se permettre un excès ou une autre action illégale.

» Au quartier-général, à Bar-le-Duc.

» Le général en chef de l'état-major général,
» Général BECKLENS. »

Pendant que Napoléon manœuvrait sur la Marne, l'armée dite de Silésie, l'armée austro-russe s'avançait sur la Seine.

Oudinot, uni à Macdonald pour défendre ce fleuve, apprit que des forces ennemies attaquaient Bray ; il se rendit en toute hâte vers cette ville par la route de Donnemarie avec sa division Rottembourg et la brigade Gauthier, dans l'intention de disputer le passage de la Seine, s'il en était encore temps. Ayant pris position sur les hauteurs du village de Cuterelles, lorsqu'il eût reconnu que le passage était effectué, il fut attaqué par le corps bavarois commandé par le général de Wrède.

Quoique le nombre des ennemis fut quintuple de celui des Français, la résistance de nos troupes fut si opiniâtre que, de toute la journée, elles ne purent être forcées. Toutefois le maréchal Oudinot eut six cents hommes hors de combat et effectua sa retraite pendant la nuit en se repliant sur Nangis.

Le 16, on se battit dans la plaine de Guignes contre Wittgenstein, qui avait cent cinquante mille hommes. Oudinot le mena jusqu'à Nogent et prit en passant Provins que l'ennemi avait évacué.

Macdonald et Oudinot opposent la plus vive résistance à ces immenses forces et cherchent à conserver jusqu'au jour les positions qu'ils occupent. Napoléon les a prévenus que le lendemain, il débouchera derrière eux : en effet, c'est au bruit de leurs canons que l'Empereur se rallie, son arrivée redouble toute l'énergie de l'armée. L'ennemi s'arrête..................................

Le 17 au matin, toute l'armée a abandonné Guignes et se porte en avant. Le prince de Schwartzemberg quitte bientôt la défensive et reprenant l'offensive, attaque les corps français laissés devant lui sur l'Aube. (27 février.)

Ce même jour, de grand matin, l'ennemi nous attaque par une vive canonnade; il occupait les hauteurs, et nos troupes défendaient vigoureusement cette position. Vers le soir, l'armée coalisée porte toute ses forces à gauche sur la route de Troyes, les boulets arrivent à notre droite; l'ennemi reçoit des renforts, et malgré l'héroïque résistance des généraux Kellermann et Pirée, une colonne russe nous déborde; le maréchal commande alors un mouvement rétrograde pour gagner la route; malgré la plus grande obscurité, l'ennemi continue son feu, nous nous retirons vers Vandœuvres, où nous arrivons le 28.

Le maréchal, duc de Reggio, fait former ses feux entre Lusigny et Vandœuvres, et rentre le lendemain à Troyes. Il occupe cette ville jusqu'au 4 mars.

Au combat de Bar-sur-Aube, Oudinot, mis en demeure de repousser des forces quintuples des siennes, se sert d'une ruse qui lui réussit complètement ; avec le général Gérard, il se porte en avant de ses troupes, crie le premier : Vive l'Empereur ! ses troupes suivent son exemple, répètent ce cri avec enthousiasme et fondent sur l'ennemi en faisant entendre cette exclamation sur toute la ligne ; les troupes coalisées, croyant à la présence de Napoléon et à l'arrivée de nombreux corps d'armée, s'enfuient en laissant sur le champ de bataille un grand nombre de blessés.

Oudinot à Bar-sur-Aube

Le 4 mars, Oudinot et Macdonald ont évacué Troyes.

Napoléon a ordonné au duc de Reggio de défendre les approches d'Arcis avec la division Leval, afin de contenir l'ennemi autant que possible.

L'ennemi commence l'attaque seulement le 16 mars ; Napoléon connaît alors toutes les forces qui lui sont opposées ; il ordonne à sa garde de repasser l'Aube et charge le maréchal Oudinot de défendre les ponts et de protéger ce passage.

Jusqu'au soir, la canonnade dura : le carnage fut épouvantable ; la jeune garde passa l'Aube et Oudinot défendit les ponts. Le général Leval fut blessé et le brave Oudinot fut effleuré d'une balle.

La jeune garde occupait les hauteurs ; la nuit se passa sans événements remarquables, et le lendemain, dès les premières heures, la cavalerie ennemie avait passé l'Aube et inquiétait notre droite en marchant sur la Marne par des chemins de traverse.

Oudinot suit le mouvement de Macdonald, prend position devant Vitry, passe la Marne et se porte sur Vassy avec le corps du duc de Tarente.

Le 23, Napoléon ayant établi son quartier-général à Saint-Dizier, appela à lui Oudinot, dont il connaissait l'ascendant sur les populations lorraines : il voulait tenter des levées en masse.

Oudinot à Saint-Dizier. Le 27, Oudinot a marché sur Saint-Dizier, dans des bois très touffus, ayant ses tirailleurs postés jusque sur la Marne, pendant que le corps de Macdonald marchait à sa gauche.

Bientôt la fusillade se fait entendre dans le bois de Saint-Dizier; le maréchal s'avance rapidement, ayant Kellermann sous ses ordres, culbute l'ennemi et attend de nouvelles instructions.

L'ennemi se replie sur Saudrupt; Oudinot le poursuit et combat avec plus d'acharnement encore; il établit son quartier-général chez le maître de poste, se remet le lendemain à la poursuite de l'ennemi qui, devant lui, évacue Bar. Oudinot s'arrête quelques instants chez son père.

Oudinot veut faire des levées en masse. La population de la Meuse, déjà en partie armée et insurgée, attendait et réclamait le signal de la levée en masse pour se délivrer des troupes qui ravageaient son territoire. Le maréchal recevait des députations de toutes les villes; il en rendit compte à Napoléon et lui demanda l'autorisation de faire cet appel.

Oudinot proposa à Napoléon de ramasser toutes les populations lorraines, alsaciennes et les forces de nos garnisons, de passer le Rhin et de poursuivre l'ennemi avec toutes ses troupes réunies.

L'Empereur aurait secondé ce désir du maréchal, s'il n'avait senti qu'il avait besoin de toute son infanterie dans ce moment extrême.

On se remit en route par Troyes, on essuya quelques coups de fusils : ils devaient être les derniers. L'ennemi entrait à Paris.

L'ennemi entre Paris.

Le 3 avril, Oudinot arrive à Fontainebleau.

On parla bientôt de transférer le quartier impérial à Ponthiéry et d'attaquer Paris. Napoléon luttait seul alors, car tous les généraux voyaient que la position de l'Empereur n'était plus tenable et qu'il lui fallait abdiquer.

Le 4 avril, Napoléon à Fontainebleau, après la revue et le défilé, rentra dans ses appartements, suivi de son état-major. Arrivé dans le salon, il resta seul avec les maréchaux; Macdonald s'approche de l'Empereur et lui remet une lettre dans laquelle le général Beurnonville annonçait le décret de déchéance rendu l'avant-veille et l'intention des alliés de ne plus traiter avec Napoléon ni avec aucun des membres de sa famille.

Après la lecture de cette lettre, Napoléon s'adressant aux maréchaux, leur dit : « Demain nous aurons raison de tout cela. Je compte sur vous, Messieurs. » Ces paroles, à peine prononcées, Ney et Oudinot répondent qu'ils sont toujours dévoués, mais que pour la guerre civile, pas une épée ne sortira du fourreau et qu'il faut renoncer à ce projet.

Napoléon céda, et le 4 avril 1814, en présence des maréchaux Ney, Oudinot, Macdonald, Lefebvre, Moncey et Berthier, signa son acte d'abdication !

Napoléon abdiq[ue] (4 avril 1814.)

Après avoir écrit cet acte, il le tendit aux maréchaux et leur dit : « Messieurs, il faut aller à Paris pour y défendre les intérêts de mon fils, les intérêts de l'armée surtout. Je nomme pour mes commissaires le duc de Vicence, les maréchaux prince de la Moskowa et duc de Raguse. »

Puis l'Empereur cessa de parler et s'assit sur un canapé ; mais on voyait que son émotion était très vive ; enfin, ne pouvant la vaincre, il se leva précipitamment et s'écria : « Non, non, point de régence !.... Avec ma garde et le corps de Marmont je serai demain dans Paris..... — Mais, Sire, reprend Oudinot, Votre Majesté a renoncé à la couronne. — Oui, mais sous condition, répliqua l'Empereur. — Le soldat, répond le duc de Reggio, n'entend rien aux restrictions politiques. »

Napoléon réfléchit quelques instants et reprend : « Eh bien ! donc, attendons des nouvelles de Paris ! »

Les nouvelles arrivèrent bientôt ; la cause de l'Empereur était perdue ; il abdiqua sans conditions. *(Note 5.)*

Chute de l'Empire.

La défection du 6.ᵉ corps, dans la nuit du 4 au 5 avril, ne causa pas seule la chute de l'Empire ; la prise de Paris et l'abdication avaient brisé le sceptre dans les mains de Napoléon ; Marmont, en arrêtant l'élan patriotique de ses soldats, avait contribué à perdre la cause nationale.

Restauration.

L'Empire avait cessé d'exister : la Restauration commençait.

L'armée, dégagée des liens qu'elle avait formés avec l'Empereur, prêta serment à Louis XVIII, et Oudinot se dévoua franchement à la cause royale, parce que désormais elle représentait la cause de l'ordre, la cause de la France.

Le 8 avril, Oudinot écrivit au prince de Bénévent pour se mettre à la disposition du gouvernement provisoire.

Le 12, au matin, le comte d'Artois fit son entrée

dans Paris par la barrière de Bondy, entouré d'un nombreux état-major, où figuraient les ducs de Mortemart, de Luxembourg, les maréchaux ducs de Valmy, de Raguse, de Conegliano, de la Moskowa, de Reggio, tous revêtus de leur uniforme de l'armée impériale.

Le comte d'Artois, depuis son entrée en France, portait la cocarde blanche et l'avait partout distribuée. Le 10 avril, deux jours avant son entrée à Paris, la garde nationale avait pris cette cocarde; mais cet ordre ne comprenait pas l'armée.

Lorsqu'en avant de La Villette, les maréchaux rencontrèrent le comte d'Artois, ils avaient tous la cocarde tricolore. L'accueil du prince fut bienveillant et gracieux ; il adressa aux maréchaux quelques mots, et termina en appuyant sur cette phrase : « *Depuis Vesoul jusqu'ici, j'ai passé au milieu d'une haie de cocardes blanches.* »

L'insinuation ne produisit pas l'effet qu'en espérait le comte d'Artois. Les maréchaux gardèrent leur cocarde tricolore.

Le 16, le comte d'Artois établit un conseil d'Etat provisoire où figurèrent les maréchaux Oudinot et Moncey. Cette espèce de conseil dirigeant était le gouvernement, augmenté des maréchaux Oudinot et Moncey, ce dernier commandant alors en chef la garde nationale parisienne.

Le 3 mai, Louis XVIII entra dans Paris, et le maréchal Oudinot bientôt après fut nommé commandant en chef le corps royal des grenadiers et chasseurs à pied de France (ex-garde impériale). (20 mai 1814.)

Dès ce moment, le maréchal chercha à obtenir

Oudinot est nommé commandant en chef le corps royal des grenadiers et chasseurs à pied de France. (Ex-garde impériale.) 20 mai 1814 qu'on en composât sans retard une garde royale; mais ses efforts réitérés pour cet arrangement d'une haute politique furent inutiles ; le gouvernement, mal conseillé, éloigna ces troupes de quatre-vingts lieues de Paris : c'était refuser une marque de confiance à des braves qui avaient le droit d'attendre tout du nouveau gouvernement et mal comprendre leur intérêt matériel qui, lui aussi, aurait eu sa puissance.

Ministre d'Etat, pair de France.

Dans le courant du même mois, le duc de Reggio fut nommé ministre d'Etat, ayant voix au conseil, et pair de France.

La garde impériale partit donc très mécontente pour Metz et Nancy ; cette brave phalange qui s'était immortalisée sur tous les champs de bataille depuis 1804 reçut la dénomination de grenadiers et chasseurs royaux, mais n'obtint ni privilége ni prérogative.

Gouverneur de la 3.me division militaire.

Le 25 juin, Oudinot reçut sa nomination de gouverneur de la 3.ᵉ division militaire, dont le siége était à Metz.

Le 12 juillet, Oudinot perdait son père à Bar-le-Duc. Nicolas Oudinot fut regretté de tous ; ses obsèques se firent sans pompe, mais tous les habitants y assistèrent et rendirent les derniers devoirs au citoyen dévoué et intègre qui, par l'ascendant de ses vertus, avait su acquérir l'estime générale.

Le maréchal, qui ne put arriver à temps, fit plus tard célébrer un service pour son père et y assista en grand uniforme.

Commandeur de Saint-Louis. (27 octob. 1814.)

Le 27 octobre, il fut nommé commandeur de l'ordre de Saint-Louis.

Ce fut vers cette époque qu'Oudinot fut invité

par le duc de Berry à se trouver avec lui à Metz et à Nancy, pour inspecter les troupes qu'il avait déjà visitées à Fontainebleau.

Le maréchal arriva à Metz quelques jours avant le prince, et usant de son influence sur ses anciennes troupes, il voulut lui gagner, comme il l'avait fait à Fontainebleau, l'affection de ses braves.

Lorsque le duc de Berry arriva à Metz, il y fut reçu par l'expression du plus vif plaisir, des fêtes magnifiques lui furent offertes, ainsi qu'à Nancy, où il passa un jour.

Après cette tournée, le duc de Berry revint par Jeand'heurs, où le maréchal fit préparer une réception digne de son hôte illustre, après lui avoir donné à Bar une large hospitalité, tandis que de son côté la ville offrait une fête au prince.

Il lui offrit à Jeand'heurs un splendide déjeuner : depuis Metz, cent grenadiers, commandés à cet effet, formaient la garde du prince.

Des tables avaient été dressées dans la vaste cour du château, et au sortir du repas, le prince arrivant sur le perron, porta un toast aux grenadiers.

L'enthousiasme fut général et un vivat unanime accueillit ce toast.

Bientôt une promenade sur l'eau fut organisée, et la petite rivière de Saulx fut couverte de barques. M. le duc de Berry monta sur la première, et la petite flottille, parfaitement soignée, vogua dans l'immense parc de Jeand'heurs. Chaque barque avait pris le nom d'un des enfants du maréchal. Après quelques évolutions, et lorsqu'on se trouvait au plus large et au plus profond de la rivière, par un bond imprévu, botté et serré dans son uniforme, M. Jacqueminot, aide-de-camp du maréchal, qui se trouvait dans la première barque, avec le prince et quelques dames, sauta dans l'eau.

Simultanément le comte Auguste Oudinot, dans le brillant uniforme des chevau-légers, s'élança aussi de la barque suivante, où se trouvait son père. Ces deux intrépides officiers nagèrent dans cette eau glacée (on était au mois d'octobre) et firent de brillantes évolutions aux yeux du prince et des spectateurs qui n'avaient pas encore eu le temps de se remettre de leur surprise, lorsque tout à coup M. Jacqueminot s'écria d'une voix affaiblie : à moi la rame, je meurs! Saisi d'épouvante, le prince se penche et atteint le collet de l'imprudent. Aidé de quelques autres personnes, il parvient à l'asseoir à ses côtés.

Longtemps après, M. Jacqueminot, déjà éloigné de la branche aînée, proclamait partout qu'il devait la vie à M. le duc de Berry.

Un mois après ces circonstances, le comte d'Artois vint à Jeand'heurs, il y reçut le même accueil de la part de la famille de notre illustre Meusien.

Oudinot reçut l'ordre, dans les premiers jours de 1815, de se rendre à son gouvernement de Metz ; il s'y installa et chercha autant que possible à calmer les imaginations froissées, dont il devenait chaque jour le confident et le témoin.

Ce fut pendant cette mission de conciliation que le suprit à Metz la nouvelle du débarquement de l'Empereur au golfe Juan.

Retour de Napoléon. Il ne lui était pas difficile alors de prévoir quel vif retentissement cette nouvelle trouverait au cœur des braves qu'il avait sous ses ordres, et qu'il lui serait peut-être impossible de les retenir sous le drapeau blanc, malgré le serment qu'ils avaient prêté aux Bourbons. Cependant, lui qui avait poussé loin la fidélité à Fontainebleau, qui n'avait quitté l'Empire qu'après sa chute consommée par l'abdication de Napoléon ; lui, Oudinot, se trouvait par la loyauté et la conséquence de sa conduite, le droit de la donner comme point de mire à ses soldats, et sans chercher à froisser leur culte qui avait été le sien, sans tenter de les exciter contre des couleurs qui étaient si chères à ses souvenirs, il leur présenta les malheurs d'une guerre civile, fléau qui entraînerait à sa suite une nouvelle invasion et la guerre étrangère. Ce dernier danger, en effet, était surtout à craindre en ce moment : la position de l'Europe vis à vis la France, à cette période, est assez connue pour n'en pas retracer ici le tableau ; mais l'ennemi était aux portes de Metz, et celui qui répondait de cette ville à la France trouva dans sa conscience et son esprit de nationalité un langage dicté par l'honneur et l'amour de sa patrie.

<small>Conduite d'Oudinot à Metz.</small>

Sur ces entrefaites, le duc de Reggio, comme Suchet et Ney, reçut l'ordre de marcher sur l'Empereur avec une partie de ses troupes.

Napoléon s'avançait de Grenoble sur Paris. Les aigles, victorieuses tant de fois, planaient au-dessus des événements ; le soldat ne se souvenait plus de son serment en voyant son Empereur..... et cette cohorte s'avançait en grossissant.

Oudinot laissa à Metz le commandement d'une

partie de ses forces au général Duruth et dirigea le reste sur Chaumont.

Le 10 mars, Oudinot, apprenant le débarquement de Napoléon, avait écrit au ministre de la guerre, tant en son nom qu'au nom des troupes sous ses ordres, la lettre suivante dans laquelle il proteste énergiquement de son dévouement à la France :

« A Son Excellence le Ministre de la guerre.

» Monsieur le duc,

» Les officiers généraux, supérieurs et autres, commandant les troupes qui se trouvent placées dans les 3.me et 4.me divisions militaires confiées à mon commandement, et les gardes nationales de ce pays, ayant eu connaissance de l'événement qui a provoqué la proclamation et l'ordonnance du Roi, en date du 6 de ce mois, sont venus me prier d'adresser en leurs noms à Votre Excellence l'expression suivante de leurs sentiments, pour être déposée aux pieds de Sa Majesté.

» Si les ennemis de la patrie ont osé fonder leur espoir sur les dissentions qu'ils cherchent à fomenter, il n'est pas un de nous qui ne soit prêt à verser son sang pour arrêter leurs criminels projets et maintenir l'honneur d'un trône sur lequel repose désormais tout notre espoir.

» Veuillez bien, Monsieur le duc, faire agréer ces sentiments à Sa Majesté.

» Je prie Votre Excellence de recevoir l'assurance de ma haute considération.

» Le maréchal OUDINOT. »

Trois jours après, Oudinot reçut à Toul, cette lettre de M. le duc de Berry.

Tardive exécution d'un projet que le maréchal avait désiré se voir réalisé, lors des premiers jours de la Restauration :

« Paris, le 13 mars 1815.

» Je suis bien heureux, mon cher maréchal, d'être chargé par le Roi de vous annoncer que, comptant entièrement sur la fidélité et l'honneur des grenadiers et chasseurs royaux de France, le Roi les prend dès cet instant pour faire partie de sa garde. Assemblez les officiers, parlez-leur au nom du Roi et au mien, demandez-leur s'ils s'engagent par serment de nouveau à combattre pour le Roi contre l'homme qui, après s'être approprié leur gloire, vient allumer le feu de la discorde civile en France, y appeler les étrangers qui viendront de tous côtés abîmer et saccager notre belle patrie, quand ils la verront en proie à tous les maux d'une guerre intestine.

» Parlez aussi aux grenadiers et aux chasseurs : dites-leur que le Roi ne fait aucun doute de leur fidélité, mais que s'il s'en trouvait parmi eux qui eussent quelque répugnance à se battre contre Buonaparte, ils peuvent sortir des rangs, déclarer franchement leur opinion, que Sa Majesté leur engage sa parole qu'ils ne seront point inquiétés et qu'ils resteront à Metz ou dans tel autre quartier qu'il lui plaira de leur indiquer.

» Je vous ai écrit, mon cher maréchal, avec toute confiance dans un corps qui ne se séparera jamais de son brave chef qui, comme lui, n'a jamais connu que l'honneur et qui m'a donné personnellement des preuves d'amour et de dévouement que je n'oublierai jamais.

» Soyez particulièrement assuré, mon cher maréchal, de tous mes sentiments d'estime, de confiance et d'amitié pour vous.

» *P.-S.* Dès l'instant où les grenadiers et chasseurs royaux de France seront déclarés *garde du Roi*, leur paie sera rétablie comme elle était précédemment.

» Le ministre de la guerre vous écrira incessamment à ce sujet. » Charles FERDINAND. »

Le moment avait été manqué, il ne restait aucun espoir au maréchal. Cependant il convoqua immédiatement à Toul le corps des officiers et lui dit de s'expliquer sur l'esprit des troupes qu'il allait réunir sur la place d'armes, pour accomplir sa mission et lui annoncer qu'elle était *garde royale*.

Un silence complet suivit cette question faite à haute voix. Le maréchal, placé au centre du cercle des officiers, attendait avec une vive impatience; enfin l'un des plus jeunes sortit du groupe, s'avança vers le maréchal et, d'une voix émue, lui dit :
« Monsieur le maréchal, nous devons la vérité à un chef tel que vous; désormais, au cri de : Vive le Roi! nous répondrions, nous et nos soldats : Vive l'Empereur! »

« Je vous remercie, Monsieur, de votre sincérité, lui dit le maréchal. »

Le lendemain, Oudinot poursuivit sa pénible mission et se rendit à Chaumont où l'attendait la première colonne.

Là, il apprit que tous les soldats avaient double cocarde et que le respect seul pour sa personne décorée de la cocarde blanche suspendait une démonstration impérialiste. De tous côtés, les cris de vive l'Empereur se faisaient entendre : Napoléon s'avançait à grands pas.

Des députations vinrent assaillir Oudinot à Chaumont : « Revenez à nous, lui disait-on de toutes parts, vous seul suspendez notre action; nous vous voulons à notre tête, mais pour aller nous soumettre et non pour combattre. Si vous nous quittez, nous vous regretterons, mais nous marcherons, et lorsque nous vous aurons perdu de vue, nous prendrons la cocarde et le drapeau tricolores. »

Le mal était sans remède de ce côté; le maréchal reprit alors la route de son gouvernement de Metz, pour remplir jusqu'à la fin sa noble et délicate mission; il arriva à Metz le 22 mars.

Le lendemain, il assembla toutes les autorités

civiles et militaires, et prit avec elles la délibération suivante qu'il adressa immédiatement au gouvernement :

« Nous maréchal, duc de Reggio, gouverneur de la 3.e division militaire, ayant rassemblé dans notre hôtel MM. les officiers généraux, employés à Metz, MM. les chefs de corps, MM. les administrateurs militaires, M. le préfet, M. le sous-préfet de Metz et le conseil général du département en permanence, M. le maire de Metz et MM. les officiers supérieurs de la garde nationale, — nous leur avons fait part de l'avis qui nous était parvenu de plusieurs points sur les mouvements des troupes étrangères qui s'opèrent actuellement dans les provinces voisines de notre frontière, et nous avons consulté les diverses autorités réunies sur la nécessité de déclarer en état de siége et la ville de Metz et les places fortes de la division. »

» Toutes les opinions s'étant accordées pour l'adoption de cette mesure de précaution et de sûreté, nous avons, en conséquence, déclaré, en vertu des pouvoirs qui nous sont confiés, que les villes de Metz, Thionville, Sarrelouis, Longwy et le fort de Bitche, sont mis en état de siége.

» Les ordres, les réquisitions seront immédiatement adressés à toutes les autorités compétentes, tant pour faire et compléter sans retard les approvisionnements de siége, que pour armer les places, sans que toutefois l'état de siége puisse, quant à présent, donner aucun droit au supplément de campagne. En conséquence, nous avons tous signé le présent procès-verbal à Metz, le vingt-trois mars mil huit cent quinze. »

Suivent trente-quatre signatures, parmi lesquelles nous avons remarqué celles du maréchal Oudinot, du comte de Vaublan, préfet; du comte d'Arros (1), sous-préfet; des généraux Durupt, Richte, de Baltus, du colonel J. Marion.

---

(1) M. le comte d'Arros a été pendant longues années préfet de la Meuse, et n'a quitté qu'à la révolution de 1848.

Les Cent-Jours

Mais à Paris, tout, dès cette époque, avait changé de face ; depuis le 20 mars, Napoléon gouvernait et commençait un nouveau règne qui devait peu durer et que l'histoire appelle : les Cent-Jours.

Tous les ministres avaient été subitement changés. Le nouveau ministre de la guerre, Davoust, écrivit, le lendemain de son entrée au ministère, la lettre suivante au maréchal, duc de Reggio :

« Paris, le 21 mars 1815.

» Mon cher maréchal, tu dois connaître et tu as pu juger, par les pièces publiées, les événements et leur résultat ; il faut que tous les Français se rallient pour prévenir la guerre civile et repousser l'étranger ; ce n'est point dans le cœur d'Oudinot qu'il est besoin de rappeler ces sentiments. Je suis informé par un général que nous estimons l'un et l'autre, que, séparé de la garde à Chaumont, ton unique dessein était de reporter sur les places frontières déjà menacées et convoitées par l'étranger, les troupes que tu avais déjà mises en mouvement sur une autre direction ; j'ai reconnu dans ta résolution, de ne souffrir sous aucun prétexte une invasion du territoire, ton dévouement à l'intérêt commun de la patrie. Les ordres que je te transmettrai de la part de l'Empereur n'auront d'autre motif ni d'autre but. Il me tardera et comme ami et comme ministre d'en pouvoir donner, je dirai mieux, d'en réitérer l'assurance.

» Amitié.

» Le maréchal, prince d'ECKMUHL. »

Sauf la lettre du duc de Berry que nous avons citée plus haut, le maréchal n'avait reçu aucun ordre du Roi ; c'était donc la main sur la conscience que le maréchal avait agi ainsi.

A la lettre du ministre de la guerre, Oudinot répondit immédiatement :

« Mon cher maréchal, en retournant sur mes places fortes, je n'ai eu, ainsi que tu le juges bien, d'autre but que celui de les conserver à la France et d'employer tous mes moyens pour que l'étranger n'y pénètre sous aucun prétexte, même en petite portion ; ses menaces sur la frontière viennent de me porter à les déclarer en état de siége, et ce, après avoir pris l'avis des notables civils et militaires qui, en assemblée, ont arrêté unanimement qu'il y a urgence. Me voilà donc bloqué au milieu des partis, et dans une situation difficile à soutenir, par la divergence des opinions. La Providence et leur confiance me sauveront, j'espère, de ce pas ; quant à mes principes, tu les connais, mon ami, et tu ne te compromettras jamais en en répondant, car ils sont aussi purs que toutes les actions de ma vie. A propos de cela, je reçois du général Loison une lettre curieuse : il me mande, entre autres choses, que l'Empereur, se souvenant de mes vieux et loyaux services, oublie le passé. Oh! je demande en quoi l'Empereur aurait à me reprocher ; car, outre ma conduite entière pendant son règne, ma fidélité constante ne lui a rien laissé à désirer de moi ; depuis, j'ai été et je suis fidèle à mon nouveau maître ; il n'y a donc pas lieu à me faire entrevoir une grâce dont, d'ailleurs, je ne voudrais jamais, si j'avais été un instant coupable, car l'existence me serait à charge si elle était entachée d'une faute déshonorante ; d'un autre côté, mon ami, je ne ferai jamais de bassesses pour recouvrir une estime qu'on me doit. Songes à cela, et dussé-je traîner ma vie dans la misère, je resterai *le grenadier Oudinot*, titre qui m'enchanta toujours.

» Dans tous les cas, mon cher ministre, écris-moi, et crois que, quels que soient les événements que me réserve l'avenir, je saurai mourir comme j'ai vécu.

» Ton vieil ami,
» Le maréchal OUDINOT. »

Par l'arrivée de Napoléon, Oudinot ne se trouvait pas dégagé du serment qu'il avait prêté aux Bourbons, et lorsque, quelques jours après cette lettre, une émeute à la fois militaire et populaire éclata à Metz, et fit arborer au haut des tours de la cathédrale le drapeau tricolore, il écrivit la lettre suivante au ministre de la guerre, et partit :

» Ne voulant et ne pouvant jouer un rôle double, je quitte Metz pour me rendre à Bar-sur-Ornain, mon domicile; je laisserai au général Durupt le commandement de la 3.e division : cet officier-général remplira ce poste avec la capacité d'un homme digne de confiance. Je ne te recommande qu'une chose, mon cher ministre, c'est de ne pas t'informer qui fournit à ma subsistance; je vendrai le peu que j'ai pour payer la portion de mes dettes la plus délicate ; surtout empêche qu'on espionne mon régime, et réponds qu'Oudinot, dans sa misère, est incapable d'un trait de perfidie.

» Ton ami,
» Le maréchal OUDINOT. »

Son intention était bien réellement de se rendre immédiatement à Jeand'heurs; mais en route, il se décida tout à coup à aller à Paris, pour rendre compte de sa conduite à l'Empereur, et après, lui demander de goûter en confiance un repos absolu.

Arrivé à la Ferté-sous-Jouarre, il fut arrêté par le général Tromelin, qui allait lui porter un ordre d'exil; Oudinot le prit des mains du général et lut ce qui suit :

« Paris, le 26 mars 1815.
» Monsieur le maréchal,

» Je suis chargé de vous témoigner le mécontement de l'Empereur pour tout ce qui a été fait à Metz pour empêcher que les habitants ne connaissent ce qui se passait en France, et pour comprimer l'élan du patriotisme du peuple et du soldat, et aussi de ce que vous avez souffert que le préfet fasse publier dans toute la ville des déclarations du congrès ; l'intention de Sa Majesté est que vous vous retiriez dans vos terres en Lorraine, jusqu'à nouvel ordre.

» J'ai l'honneur de vous saluer avec une haute considération.

» Le maréchal, ministre de la guerre,
» Prince D'ECKMUHL. »

Oudinot, fort de sa conscience, retourna sur ses pas ; quelques jours après, le colonel Jacqueminot, un de ses anciens aides-de-camp, vint le trouver à Jeand'heurs où il suivait ses premiers plans de retraite, et lui dire que l'Empereur lui demandait de venir lui faire le récit des événements de ces derniers temps et lui rendre compte aussi des motifs de sa conduite.

Oudinot est appelé Paris.

Ce n'était ni long, ni difficile ; arrivé à Paris, Oudinot se rendit immédiatement chez l'Empereur qui, aussitôt qu'il aperçut son ancien commandant des grenadiers réunis, le prit par l'oreille (démonstration particulière à l'Empereur, quand il était animé par des sentiments contraires), et lui dit : « Eh ! que vous ont-ils donc donné de plus que moi, les Bourbons, pour que vous ayez cherché à maintenir leur drapeau contre le mien à Metz, cela tenait de la ligue ; avez-vous donc voulu recommencer Mayenne ? — Sire, répondit le maréchal, vous m'aviez dégagé de mon serment, j'étais encore sous le devoir de celui que je leur avais prêté ; cela prouve-t-il que je n'aie pas au fond du cœur le souvenir et la reconnaissance ? — Eh bien ! que voulez-vous faire maintenant, voyons ! — Ne trouvez-vous pas, Sire, que la retraite m'est indiquée ; ayez la bonté de faire respecter la mienne par la police, vous ne me soupçonnerez pas de conspirer contre vous après que je vous aurai promis l'inactivité, mais préservez-moi par votre puissance des mesures dont l'on entoure les suspects ; elles ne partiraient pas de vous, Sire, mais le zèle du service emporte souvent les dépositaires de l'autorité.

Tout se passa comme on devait l'espérer. Napoléon convoqua les maréchaux au Champ-de-Mai.

Oudinot qui ne voulait ni reprendre de l'activité, ni faire de l'opposition, se contenta de faire acte de présence à la cérémonie et s'établit peu de temps après dans la vallée de Montmorency, où vint le surprendre la nouvelle du désastre de Waterloo.

Le docteur O'Méara rend ainsi compte dans le *Mémorial de Sainte-Hélène*, de l'appréciation de ces événements par Napoléon lui-même, premier juge de la question. Napoléon avait intérêt à la connaître, et c'est ce résultat que nous venons rappeler, comme la suprême décision et le jugement d'une question qui a été si diversement et si faussement traitée :

« Je n'ai pas approuvé, dit Napoléon, la conduite
» de Ney; que ne faisait-il comme Oudinot, qui
» demanda à ses troupes s'il pouvait compter sur
» leur fidélité; sur quoi, elles lui dirent unanime-
» ment : « Nous ne nous battrons pas contre l'Em-
» pereur. » Il ne put empêcher ses troupes ni les
» paysans de se rallier à moi; mais Ney alla trop
» loin. »

Le comte Oudinot, fils aîné du maréchal, ayant, au retour des Bourbons, reçu le commandement du régiment dit *houzards du roi*, se trouvait en garnison à Metz, lors des événements de mars 1815. Ayant servi dans les pages de l'Empereur, puis après sous les yeux de Napoléon, dans les chasseurs de sa garde, lui, comme son père, devait avoir bien des souvenirs au cœur; mais, comme son père aussi, il resta sous le devoir du serment prêté aux Bourbons, auxquels la reconnaissance déjà l'attachait aussi; pendant les jours d'agitation que nous venons de rappeler, le jeune colonel Oudinot sut maintenir la discipline et l'ordre dans son régiment et reçut dans cette occasion le billet suivant qui vaut à lui seul bien des récompenses :

« Mon ami, ce que ta conscience vient de prouver m'enchante; l'honneur est ta gouverne, et je n'ai plus qu'à me vanter d'avoir un fils d'un élan qu'il a su porter à un si haut degré.

» Ton père,
» Le maréchal OUDINOT.

» 20 mars 1815. »

Le maréchal ne prit donc aucune part dans l'événement des Cent-Jours, ni à la bataille de Waterloo ni à la chute de Napoléon.

Waterloo, en brisant à jamais le sceptre de l'empire, ramena Louis XVIII sur le trône; Oudinot prit rang à la chambre des pairs et se rallia au gouvernement constitutionnel garanti par la charte que Louis XVIII avait jurée.

<small>Oudinot pair de France.</small>

Le Roi, confiant dans les loyaux services du maréchal et fier de l'attacher à sa dynastie, le nomma major-général de la garde royale. (8 septembre 1815.)

<small>Major-général de la garde royale. (8 septembre 1815.)</small>

Le 9 octobre suivant, une ordonnance royale nomma Oudinot général en chef de la garde nationale de Paris. *(Note 6.)*

<small>Général en chef de la garde nationale de Paris. (9 octobre 1815.)</small>

En prenant ce commandement, le duc de Reggio publia l'ordre du jour suivant :

Garde nationale de Paris.

ORDRE DU JOUR DU 13 OCTOBRE.

Garde nationale,

» Appelé par Sa Majesté au commandement de vos légions, je suis honoré et sensiblement flatté de concourir avec le corps respectable des citoyens armés, au bon ordre et au repos de la grande cité.

» Votre dénomination de garde nationale renferme le code de vos devoirs et des miens ; c'est la nation organisée, conservatrice de son existence, de ses lois et de son gouvernement. Ennemie née de l'anarchie, elle ne reconnaît que la légitimité des droits et des propriétés qu'elle protège et qu'elle défend. Voilà le but de votre institution ; c'est en la maintenant courageusement que nous nous rendrons dignes de cet amour dont Sa Majesté a donné tant de preuves aux Français ; le dépôt de sa personne sacrée est au milieu de nous ; veillons sur elle, conservons la tranquillité publique et nous donnerons à la France, qui l'attend de nous, la preuve de notre fidélité au roi et de notre dévouement à la patrie.

» Le maréchal, commandant en chef,
» Le duc DE REGGIO. »

A sa première entrée aux Tuileries, après sa nomination, Oudinot fit une visite à S. A. R. le colonel-général des gardes nationales de France ; ce prince, entouré de tous les officiers, lui dit en leur présentant le duc de Reggio : « Nous nous plaisons à reconnaître les importants services que M. le général Dessolles nous a rendus, mais des raisons de santé l'ayant forcé de donner sa démission, le Roi n'a pas cru pouvoir le remplacer mieux qu'en confiant le commandement de la garde nationale de Paris au brave et fidèle maréchal Oudinot ; suivez-le, Messieurs, et vous serez toujours au chemin de l'honneur. »

Oudinot apprécia vivement l'utilité de cette noble et belle institution, pour assurer le maintien de la tranquillité publique et faire respecter les personnes et les propriétés.

Il déploya un zèle très actif dans ce commandement, duquel dépendait la sûreté de l'Etat, et voulut que tous les citoyens, à quelque titre que ce fut, fissent leur service exactement ; dans la classe aisée, quelques hommes cherchaient à éluder leur inscription aux contrôles, et laissaient peser avec indifférence sur les autres citoyens les fatigues d'un service dont ils recueillaient une partie des avantages; il exigea des chefs des légions un état exact de tous les citoyens qui se refusaient au service.

Le 24 novembre, ayant eu de nouvelles plaintes, il écrivit aux chefs des légions :

« A l'égard de ceux qui se seraient entièrement soustraits à l'obligation qui leur est imposée par les lois, de faire partie de la garde nationale, je vous renouvelle l'invitation de faire dans vos arrondissements les recensements les plus exacts pour atteindre ces égoïstes.... Vous devez surtout apporter dans ce travail la justice la plus rigoureuse, afin qu'aucune considération particulière ne fasse exempter sans motifs légitimes un seul des individus auxquels les lois donnent le droit et imposent l'obligation de servir dans la garde nationale.

» C'est en faisant rentrer dans les rangs tous ceux qui doivent y figurer que vous allégerez le service des gardes nationaux qui, depuis l'organisation, ont donné tant de preuves de leur zèle et de leur dévouement, et que vous ferez cesser les trop justes plaintes qui s'élèvent de toutes parts contre la répartition inégale de cette charge commune. »

Le Roi, en nommant Oudinot commandant en chef les gardes nationales, avait honoré sa vie et flatté son amour-propre.

Dans une visite que les chefs de légion firent au maréchal, ce dernier leur dit : « Je ne me dissimule point l'importance attachée à ce poste, et je compte beaucoup sur votre concours pour parvenir à la réussite qu'on attend de moi; c'est avec confiance que je viens le réclamer, et j'aime à vous assurer que la garde nationale me trouvera partout où ses intérêts et sa gloire m'appelleront.

Le 5 août 1816, le maréchal Ney avait été arrêté en vertu de l'ordonnance du 24 juillet et traduit devant la cour des pairs. Malgré la magnifique défense de Dupin aîné, il fut condamné et fusillé le 7 décembre.

Oudinot compta comme une des bonnes chances de son existence d'avoir à fournir deux lettres que le maréchal Ney lui avait écrites, et qui faisaient rejeter de l'acte d'accusation l'un des points capitaux : celui de préméditation. Oudinot ne figura donc dans ce procès que comme témoin à décharge.

Ce n'était pas en France seulement que le maréchal, duc de Reggio, était honoré ; l'Europe admirait ses faits de bravoure, sa parfaite modestie et son grand désintéressement. Amsterdam et Neuchâtel se rappelaient souvent avec bonheur le moment où le brave Oudinot les avaient gouvernés.

Commandeur de l'ordre militaire de Guillaume. (24 nov. 1816.)

Le 24 novembre 1816, Guillaume Ier, roi de Hollande, le nomma commandeur de son ordre militaire, avec cette lettre d'envoi :

« Bruxelles, le 6 décembre 1816.

» Monsieur le duc,

» Il m'est infiniment agréable d'avoir à annoncer à Votre Excellence que S. M. le roi, mon maître, vient de la nommer, par décret du 24 novembre 1816, commandeur de son ordre militaire de Guillaume. Votre Excellence s'est trouvée dans des moments difficiles à la tête des armées françaises et hollandaises. Muni de pouvoirs illimités, la modération dont vous avez constamment usé, Monsieur le maréchal, n'en a été que plus admirée par mes compatriotes.

» Votre Excellence a prévenu de grands maux en faisant tout le bien qui dépendait d'elle. L'illustre maison d'Orange, rentrant dans sa patrie, a su apprécier, Monsieur le maréchal, cette conduite noble et désintéressée, et son chef avait besoin de vous en marquer toute sa satisfaction par la distinction qu'il vous accorde.

» Cet ordre compte parmi ses membres des guerriers illustres, et qui l'est plus que le duc de Reggio ! Si j'ai donc l'honneur de féliciter Votre Excellence de cette marque éclatante de la bienveillance de mon roi, je félicite également l'ordre de l'acquisition honorable qu'il vient de faire.

» J'ai l'honneur d'adresser à Votre Excellence la décoration et les statuts de l'ordre. Je vous prie, Monsieur le duc, de vouloir bien m'en accuser réception, et me faire connaître, avec vos noms de baptême, les titres, dignités et décorations que vos brillants exploits militaires vous ont valu. Ils me sont nécessaires pour la matricule des chevaliers.

» Je me rappelle avec reconnaissance les bontés que Votre Excellence a eues pour moi dans des circonstances critiques, et vous prie, Monsieur le duc, d'agréer les assurances de ma haute considération et de mon profond respect.

» Le lieutenant-général et chevalier de l'ordre,
» Signé JANSSENS. »

Le maréchal Oudinot répondit avec une modestie au-dessus de tout éloge à cette marque de distinction, par une lettre dans laquelle nous remarquons les passages suivants :

« Monsieur le chancelier,

» J'ai reçu la lettre que Votre Excellence m'a fait l'honneur de m'écrire le 6 du présent mois (cette lettre est du 25 décembre), par laquelle vous me prévenez que Sa Majesté le roi des Pays-Bas m'a nommé, par décret du 24 novembre 1816, commandeur de son ordre militaire de Guillaume.

» Cette distinction de la part de votre auguste souverain à mon égard, en me plaçant dans un ordre dont Sa Majesté s'est déclarée le chef et le grand-maître et qu'elle a institué pour récompenser les services rendus à sa nation, est trop flatteuse pour que je n'en sois pas vivement touché.

» Je ne puis cependant, Monsieur le chancelier, m'approprier ce que vous me dites de trop gracieux en m'annonçant les motifs qui ont déterminé votre souverain à m'honorer de cette décoration. J'y reconnais seulement qu'on ne peut assez féliciter la brave et loyale nation hollandaise de posséder un prince si ami de son bonheur, qu'il récompense jusqu'à la seule intention d'avoir voulu y contribuer.

» Interprète de l'ordre illustre dont l'administration vous est confiée, soyez aussi le mien auprès de tous ses membres, pour leur exprimer combien je tiens à honneur d'y être attaché par un lien que ma constante affection pour votre pays me rend encore plus cher. » *(Note 7.)*

M. Vankarnebeck, aide-de-camp du roi des Pays-Bas, qui a bien voulu nous adresser la copie de cette lettre, ainsi que de nombreux renseignements sur l'occupation de Hollande, dit en parlant de cet ordre militaire :

« L'ordre militaire de Guillaume ne s'obtient parmi nous que pour actes et faits militaires sur le champ de bataille. Il continue d'être très estimé, les statuts en sont très rigides, et jusqu'ici, ils ont été maintenus pour notre armée de terre et de mer. »

<small>Inspecteur générales des gardes nationales du royaume et de la Seine. (25 déc. 1816.)
Grand'croix de Saint-Louis. (1817.)</small>

Le 23 décembre 1816, Louis XVIII nomma Oudinot inspecteur-général des gardes nationales du royaume et de la Seine; et dans le courant de 1817, il reçut la décoration de grand'croix de l'ordre de Saint-Louis.

Oudinot avait toujours conservé le gouvernement de la 3.ᵉ division militaire. Le maréchal était très occupé par son grade de major-général de la garde, de commandant en chef de la garde nationale parisienne et de pair de France; notre but n'est pas de rappeler ici les événements politiques qui se passèrent alors; toutefois, nous devons dire que le maréchal prit une part très active à tous les travaux de la chambre des pairs.

Le 8 août 1819, Louis XVIII passait en revue à Saint-Cloud et faisait défiler les élèves de l'école

Saint-Cyr. Après cette revue qui se termina par des évolutions militaires, Louis XVIII, entouré de sa famille, des maréchaux et des officiers de sa maison, fit signe qu'il voulait parler ; un long silence s'établit : « Mes enfants, dit le roi, je suis
» content de vous, souvenez-vous que chacun de
» vous porte dans sa giberne un bâton de maréchal
» de France; c'est à vous de le faire sortir comme
» le duc de Reggio. »

Le maréchal salua et fut aussitôt entouré de tous les généraux et officiers qui le complimentèrent.

Depuis 1816, année du mariage de S. A. R. le duc de Berry, la duchesse de Reggio avait été nommée dame d'honneur de la duchesse de Berry et chargée d'aller en Provence recevoir la princesse Caroline-Ferdinande-Louise, fille aînée du prince royal des Deux-Siciles. Nous n'entreprendrons pas de retracer les fêtes brillantes qui attendaient la duchesse de Berry dans toutes les villes où S. A. R. passa ; M. le vicomte de Châteaubriand a tracé d'une plume entre toutes éloquente cette description de fêtes incessantes.

Lorsqu'il avait été question de son mariage, le duc de Berry avait nommé la duchesse de Reggio dame d'honneur de sa fiancée. C'était un acte de haute confiance, car le titre de dame d'honneur s'accorde ordinairement à une personne beaucoup plus âgée que la princesse. La duchesse de Berry était née en 1799 et la duchesse de Reggio en 1791.

Le 13 février 1820, le duc de Berry était assassiné par Louvel, au sortir du spectacle,

Lorsque le maréchal Oudinot se rendit au chevet du mourant, il trouva la duchesse à son poste, près de la duchesse de Berry, qu'elle ne devait plus quitter un seul instant, ni dans le moment suprême de la mort de son mari, ni dans le cours de sa grossesse, ni à la naissance de son fils le duc de Bordeaux, ni enfin dans tout le cours des années qui s'écoulèrent jusqu'aux événements de juillet 1830.

Lorsqu'en 1821 Oudinot apprit la mort de Napoléon, il éprouva une grande douleur et partagea avec toute la France cette perte immense.

Ce fut vers cette époque que la duchesse de Reggio accompagna au château de Coucy Mme la duchesse de Berry ; lorsqu'elles furent arrivées au centre de la grande tour du château des sires de Coucy, le maire adressa la parole à Son Altesse Royale et termina en disant à la duchesse de Reggio : « Et vous, Madame, vous qui portez le » nom dont nous sommes si fiers, nous sommes » heureux de vous voir accompagner Son Altesse » Royale. »

La princesse accueillit avec un sourire de parfaite satisfaction cette pensée du maire pour sa dame d'honneur.

Vers 1822, la garde nationale de Paris commença à être en butte aux tracasseries ministérielles, et, dès cette époque, le maréchal crut apercevoir des traces de dissensions qui amenèrent la funeste mesure de 1827, et sur laquelle nous nous appesantirons dès que cette malheureuse époque sera venue.

Nous allons quitter ce commandement en chef de la garde nationale pour assister à la guerre d'Espagne, où le maréchal, duc de Reggio, vient d'être envoyé en qualité de chef du 1.er corps de l'armée dite des Pyrénées.

Commande le 1.er corps de l'armée des Pyrénées. (1823.)

Avant d'entrer sur le territoire espagnol que nos armées ont déjà foulé en 1808 et 1809, nous ferons connaître la force respective des deux armées et le nom des maréchaux et généraux en chef des corps français.

La révolution de 1820, en Espagne, les résolutions du congrès de Vérone, les causes qui amenèrent la France à déclarer la guerre à l'Espagne, sont des événements trop connus pour en parler ici, et nous nous bornerons seulement au récit des faits militaires.

Louis XVIII, après avoir épuisé tous les moyens de pacification que la dignité nationale lui permettait d'employer, déclara la guerre aux rebelles espagnols, et confia le commandement général de l'armée à Louis-Antoine de Bourbon, duc d'Angoulême, qui traversa la Bidassoa le 7 avril, à la tête de cent mille hommes.

Cinq corps principaux, dont un de réserve, formaient l'armée des Pyrénées. Oudinot avait sous son commandement le premier corps, Molitor le second, le prince de Hohenlohe le troisième, le duc de Conégliano (Moncey) le quatrième *(Note 9)*, ce dernier exclusivement destiné à opérer en Catalogne; le 5.ᵉ corps, dit de réserve, était sous les ordres du général Bordesoulle, ensuite de Lauriston. Le général Guilleminot était placé près du généralissime, en qualité de major-général.

Le maréchal Oudinot, après avoir confié le commandement en chef de la garde nationale de Paris à M. le duc de Clermont-Tonnerre, major-général, arriva le 19 mars à Bayonne, le 26 à Saint-Jean-de-Luz, y établit son quartier-général et resta jusqu'au

4 avril, le 5 au château d'Urtubie et alla, dans l'après-midi de ce même jour, reconnaître la position de la Bidassoa.

Le 6 avril, Oudinot prit position à Oyarzun et son avant-garde, commandée par le général Vallin, poussa jusqu'à Ernani.

Une des divisions du corps d'Oudinot ayant eu une affaire près de Saint-Sébastien, le maréchal, arrivé le 11 à Villa-Franca, publia l'ordre du jour suivant :

« Au quartier-général, à Villa-Franca,
le 11 avril 1823.

» Les troupes du 1.er corps apprendront avec plaisir que S. A. R. monseigneur le duc d'Angoulême a chargé le maréchal commandant en chef de témoigner sa satisfaction aux régiments, ainsi qu'aux officiers d'état-major et des différentes armes de la division Bourke, qui se sont trouvés engagés avec les troupes espagnoles sorties de Saint-Sébastien. La brillante valeur qu'ils ont déployée dans cette circonstance est un exemple qui sera suivi par toute l'armée et prouvera à tous ceux qui veulent nous traiter en ennemi, que les soldats français n'ont rien perdu de ce courage qu'ils ont montré dans tant de circonstances et qui a porté si haut la gloire du nom français.

» Le Bulletin de l'armée fera connaître le nom de ceux qui se sont le plus particulièrement distingués, et S. A. R. se propose de leur accorder les récompenses qu'ils ont méritées.

» Le maréchal, commandant en chef, s'estime heureux, au début d'une campagne, d'avoir de pareils éloges à donner aux troupes sous ses ordres, et de les voir justifier les espérances qu'il avait conçues d'elles.

» Le maréchal, commandant en chef,
» OUDINOT. »

Le 17 avril, le duc de Reggio quitta Vittoria pour occuper Miranda ; le 20, arriva devant le fort de Pancorbo qui se rendit à ses troupes ; la veille, on avait occupé Briviesca; le 21, le maréchal, arrivé à Burgos, poussa son avant-garde sur les trois routes de Sant-Ander, Palencia et Aranda, marcha sur Madrid le 6 mai, par Palencia, Valladolid, Ségovie, Guadarrama et Galapayar.

Le duc de Reggio resta jusqu'au 12 mai pour arriver à Valladolid.

A son entrée dans cette ville, le corps du duc de Reggio fut reçu avec les transports de la joie la plus vive et la plus sincère; rien ne peut être comparé à la réception qui l'attendait : le maréchal était à la tête de la division d'Autichamp; cent jeunes gens des meilleures maisons de la ville, richement habillés, formaient une garde d'honneur que suivait un immense concours d'habitants. Des groupes de jeunes gens des deux sexes, parés d'écharpes, de diverses guirlandes, s'avançaient en dansant au son d'une musique militaire; un char de triomphe les suivait.

Au moment d'entrer à Valladolid, l'état-major, le maréchal Oudinot en tête, fut arrêté pendant quelques minutes par les autorités qui avaient fait préparer un arc-de-triomphe, spécialement en l'honneur du duc de Reggio. Au même instant, une couronne de fleurs, préparée par les dames de Valladolid, était adroitement descendue de cet arc-de-triomphe et allait ceindre le front de notre héros, quand soudain il s'en aperçut et, faisant avancer son cheval d'un seul bond, parvint à éviter ce triomphe d'un genre nouveau.

L'avant-garde du maréchal campait sur le Douero; bientôt de nouveaux ordres arrivèrent du quartier-général et le maréchal Oudinot se rendit à Madrid, où il entra le 24 mai avec son corps d'armée.

Le 26 juillet, il fut investi du commandement de la capitale de l'Espagne, et le 30 juillet, veille du départ du duc d'Angoulême, le prince généralissime donna l'ordre général suivant :

« Le maréchal duc de Reggio, commandant en chef le premier corps de l'armée, aura le commandement supérieur des provinces de la Castille-Neuve, Estramadure, Ségovie, Léon, en y comprenant les provinces de Salamanque et Valladolid, Gallice et Asturies ; son quartier-général sera à Madrid. »

Le départ prochain du maréchal Oudinot ayant été d'abord décidé, Son Excellence reçut la lettre suivante de la régence espagnole :

« Très cher et très excellent seigneur,

» J'ai l'honneur de vous adresser ci-joint la réponse de la régence à la lettre dans laquelle Votre Excellence lui annonce son prochain départ. Vous y verrez l'exposition fidèle de la peine qu'éprouve la régence en songeant qu'elle ne verra plus à ses côtés une personne qui a rendu de si importants services au roi bien-aimé et à la nation entière. Tous les Espagnols partagent ces sentiments, et moi particulièrement, qui vais être privé du plaisir de traiter d'importantes affaires avec un sujet qui réunit le plus aimable caractère aux talents les plus distingués.

» D'après l'ordre de la régence, je vous adresse aussi le portrait de notre roi captif, et les insignes de l'ordre très distingué de Charles III. S. A. S. vous autorise à vous en revêtir.

» Je renouvelle à Votre Excellence l'assurance de ma haute considération.   Victor SAEZ. »

Toutefois, le départ du maréchal fut différé, et il garda jusqu'au commencement de novembre le gouvernement de Madrid.

Presque tous les jours le maréchal adressait un rapport au ministre de la guerre.

De grands événements s'accomplissaient ; nous avons eu pour but, dans la narration de cette guerre d'Espagne, de montrer aussi la force, la valeur et la discipline de notre armée, et tout en écrivant la vie du maréchal, duc de Reggio, nous devons faire connaître les causes qui amenèrent de si prompts et si grands résultats; afin de ne pas trop nous écarter de notre rôle d'historien, nous raconterons les faits militaires que consigne le maréchal dans ses rapports des 24 et 25 août, 2, 5 et 17 septembre.

Dans la soirée du 18 août, le colonel de Rochédragon, de la division Roussel-d'Hurbal, avait rencontré le chef de partisans, don Francisco Abade Chaleco, l'avait chargé et mis dans une déroute complète, après lui avoir fait éprouver une perte assez considérable.

Le lendemain, le colonel de Rochedragon eut une entrevue avec le colonel Chaleco, et l'on convint qu'on cesserait toute espèce d'hostilités, et que la régence d'Espagne serait reconnue.

D'un autre côté, les mouvements ordonnés par M. le général Bourk avaient eu les plus heureux résultats. Après des marches forcées très pénibles, le général Marguerye avait atteint les troupes constitutionnelles; il allait les combattre, quand deux parlementaires vinrent successivement annoncer que l'ultimatum du général Marguerye était accepté. Une capitulation s'en suivit.

Le général Marguerye se mit ensuite en marche avec sa colonne sur Zamora. Cette capitulation assurait la tranquillité de la Galice, et permettait de n'y laisser qu'un très petit nombre de troupes françaises, ce qui rendait disponible la plus grande partie de la division Bourke, que le maréchal Oudinot rappela sur Madrid, et qui, en passant, devait soumettre Ciudad-Rodrigo.

Le maréchal Oudinot envoya, au commencement d'octobre, le général de Larochejacquelein sur le Tage, à Naval Moral, avec sa brigade, afin de se porter par Truxillo vers Badajoz, en même temps que le général Bourke se présentait devant Ciudad-Rodrigo.

Le 28 septembre, les troupes constitutionnelles, qui avaient quitté Truxillo pour se rapprocher du Tage, firent mine de vouloir en forcer le passage au gué d'Almara, mais elles furent vivement repoussées.

Le 30, au matin, l'ennemi montrant des têtes de colonne sur la rive droite du Tage, le général de Larochejacquelein fit passer ses troupes sur la rive gauche, et décida, par ce mouvement, l'avant-garde ennemie à battre en retraite.

Il trouva les troupes constitutionnelles en bataille sur le plateau de Puerto de Mirabet; après les avoir canonnées pendant quelque temps, le général s'élança sur la cavalerie avec la plus grande impétuosité, la culbuta, lui prit plusieurs pièces de canon et la mit dans une déroute complète.

Au même moment, un régiment d'infanterie légère débusquait les tirailleurs ennemis postés dans les rochers, et enlevait au pas de charge une hauteur couronnée par l'infanterie espagnole.

La perte de l'ennemi fut considérable. Malgré

notre infériorité numérique, l'ardeur de nos troupes était telle qu'il n'y a pas eu un seul de nos cavaliers qui n'eût payé de sa personne.

Cette affaire fit beaucoup d'honneur aux troupes qui combattirent et, « *il faudrait pour être juste,* » disait le maréchal Oudinot dans son rapport au » ministre de la guerre, *citer tous les braves qui y* » *ont pris part.* »

Le 17 octobre enfin, M. le maréchal Oudinot écrivit au ministre de la guerre :

« Monsieur le maréchal,

» J'ai l'honneur d'informer Votre Excellence que Ciudad-Rodrigo a ouvert ses portes aux troupes royales et reconnu l'autorité légitime de Ferdinand VII ; j'en reçois à l'instant l'avis du général comte O'Donnell, auquel j'avais donné les ordres d'en renouveler la sommation.

» J'ai l'honneur, etc.

» Le maréchal, DUC DE REGGIO. »

Bientôt le maréchal Oudinot dut partir de Madrid et retourner en France ; il arriva à Bordeaux le 10 novembre, et le 12 à Paris.

A son arrivée, les officiers-généraux et supérieurs de la garde nationale lui offrirent un banquet pour célébrer son heureux retour.

Ce banquet eut lieu le 17 novembre, anniversaire de la naissance du Roi. Toutes les autorités de Paris assistaient à cette fête de famille. Tous les toasts au Roi, à sa famille, à M. le maréchal Oudinot, aux armées de terre et de mer, furent portés avec enthousiasme. L'union la plus franche régna pendant le repas qui prouva à la dynastie des Bourbons le dévouement de cette importante partie des Français.

Oudinot, rentré à Paris, reprit les commande- Oudinot rentre à Paris ments de la garde nationale parisienne et de major-général de la garde.

De 1824 à 1827, un seul événement politique occupa la France : ce fut la mort de Louis XVIII et l'avènement de Charles X au trône de France.

Dans le courant de mai 1825, Charles X voulant se faire sacrer à Reims, écrivit la lettre suivante au duc de Reggio :

« Mon cousin, la divine Providence qui nous a destiné à porter la couronne de nos ancêtres, nous ayant donné des marques visibles et particulières de sa protection, en rétablissant dans le royaume une heureuse tranquillité, nous avons résolu de nous faire sacrer et couronner, comme les Rois nos prédécesseurs. C'est pourquoi nous nous rendrons en notre bonne ville de Reims, le vingt-neuvième jour du présent mois de mai, pour la cérémonie de notre sacre; nous désirons qu'elle se fasse avec toute la solennité que l'usage a consacré, et que vous vous rendiez auprès de nous pour y assister. Nous vous faisons cette lettre pour vous en donner avis, et n'étant à autre fin, nous prions Dieu qu'il vous ait, mon cousin, en sa sainte et digne garde. Ecrit à Saint-Cloud, le dixième jour de mai mil huit cent vingt-cinq.

» Charles. »

Le sacre eut lieu, et les poètes de cette époque chantèrent dignement cette cérémonie. MM. Victor Hugo et Lamartine firent surtout entendre leurs voix symphathiques.

Poète de la Restauration avant d'être le barde de la République, Alphonse de Lamartine fit paraître une pièce de vers qu'il appela *Le Sacre*, et dans laquelle nous remarquons ce passage :

« .... Reggio! ce nom à son aurore,
» Du saint vernis des temps, n'est pas couvert encore.
» Mais ses titres d'honneur sont partout déroulés.
» Regarde avec respect des membres mutilés !

» Ce nom, comme les noms des Dunois, des Xaintrailles,
» A germé tout à coup sur vingt champs de batailles.
» J'aime mieux, pour orner le bandeau qui me ceint,
» Un grand nom qui surgit, qu'un vieux nom qui s'éteint. »

Victor Hugo, à son tour, écrivit une pièce de vers sur le sacre et en l'honneur du maréchal Oudinot et la lui dédia.

Mais revenons au maréchal, à celui qui versa tant de sang sur le champ de bataille, à celui qui sauva notre armée dans les plaines glacées de la Russie.

Oudinot qui avait tant de fois pratiqué cette belle pensée de l'illustre Châteaubriand : « *Le meilleur bouclier est une poitrine qui ne craint pas de se montrer découverte à l'ennemi* », doit seul ici attirer notre attention, et quoique souvent la force des choses nous pousse à le quitter, il faut se rappeler notre but. Il n'est pas étonnant que nous nous écartions quelquefois de notre sujet, nous l'avons dit en commençant cette histoire : Parler d'Oudinot, c'est parler de la France.

Nous arrivons à une époque terrible pour le trône autour duquel s'étaient ralliés les cœurs dévoués à la cause de l'ordre. 1827 a paru, et cette année grosse d'événements est le prélude de la chute d'un trône : nous voulons parler en peu de mots du licenciement de la garde nationale, licenciement qui entraîna le monarque et contribua à la ruine d'un édifice de plusieurs siècles.

Il faut être juste et impartial : en 1814, ce fut la garde nationale qui sauva la France de l'anarchie; pendant les Cent-Jours et à la fin de 1815, elle se couvrit de gloire en protégeant la sûreté de la capitale. Depuis 1815 jusqu'en 1827, époque de son licenciement, la garde nationale n'eut jamais d'autres sympathies que celles du peuple et de l'armée.

La garde nationale, rétablie à Paris par décret du 8 janvier 1814, fut appelée à maintenir l'ordre dans la capitale. Bientôt on la vit bivouaquer sur les places publiques ainsi qu'aux barrières. Elle combattit au 30 mars et le 31, elle sut se faire respecter des armées étrangères. Le 12 avril, elle donna l'essor à tous ses sentiments. Le 3 mai, elle se porta à la rencontre de Louis XVIII et resta seule chargée de garder aux Tuileries la famille royale.

Dans toutes les occasions et notamment pendant les Cent-Jours, la conduite de la garde nationale fut si honorable que le 16 janvier 1816, dans un ordre du jour, on lisait que *Monsieur* se félicitait de plus en plus d'être le chef d'un corps qui faisait à la fois la gloire et la sécurité de la nation. Cependant, peu après l'avènement du roi Charles X, et peut-être contrairement aux tendances de ce prince qui, à sa rentrée, avait particulièrement favorisé la garde nationale parisienne, le maréchal eut à signaler l'espèce de froideur graduée avec laquelle on la traita.

Il ne nous appartient pas de rechercher les causes de ce fait, mais nous avons à constater l'inquiétude qu'il donna au duc de Reggio.

Dès les premiers jours de son commandement, il avait admis à sa table le capitaine et le lieutenant du poste de son état-major; il passait ainsi depuis près de douze ans une revue journalière de ce corps d'officiers et usait, dans l'intérêt du bien général, de l'influence qu'il avait acquise sur lui; personne ne pouvait donc mieux que le maréchal renseigner le pouvoir sur l'esprit actuel de cette organisation, et c'est ainsi inspiré qu'il lui disait sans cesse de prendre un parti. Voilà l'alternative qu'il présentait : « Que le Roi, comme faisait autrefois *Monsieur,* voie de près la garde nationale et se montre souvent à elle, ou qu'elle soit remerciée par de bonnes paroles; en un mot, que si on ne lui accordait plus la bienveillance qui lui rendait le service léger, on la rendît à sa pleine liberté. » Ces paroles étaient toujours bien accueillies, mais le temps s'écoulait sans résultat, et l'on arriva ainsi au 12 avril 1827, jour anniversaire de la rentrée de Charles X à Paris; comme toujours, tous les postes de la garde royale, des cent-suisses et des gardes-du-corps furent relevés et remplacés pour vingt-quatre heures par la garde nationale, marque de confiance insigne, qui n'était plus, du reste, en harmonie avec les rapports actuels; toutefois, tout se passa si bien que le Roi annonça au maréchal qu'une revue si longtemps ajournée aurait lieu le 29 du même mois.

Le maréchal comprit probablement que le sort de la garde nationale était attaché aux résultats de cette journée, et dès-lors il s'occupa, avec l'ardeur qu'il mettait au bien, des préparatifs nécessaires, et reconnut avec une vive satisfaction, par les rapports qu'il recueillit, que le projet de revue était généralement bien accueilli dans toutes les légions.

Mais, tandis que de ce côté il n'y avait qu'espoir et contentement, l'on eut à constater d'ailleurs une inquiétude inexplicable sur les résultats que pouvait avoir cette journée. Le gouvernement, la cour et partie de la ville semblaient en redouter l'arrivée.

Le 29 avril, dès neuf heures du matin, les gardes nationaux se réunissaient dans leurs quartiers. Jamais ils ne furent en plus belle tenue, ni plus empressés de paraître devant le Roi. On arrive au Champ-de-Mars dans le meilleur ordre. Chaque légion occupe le terrain qui lui est désigné. On reste près de deux heures dans l'inaction et sous un soleil ardent.

Pendant ce temps, des personnes étrangères aux légions circulent derrière les lignes pour exciter à proférer des cris répréhensibles.

Bientôt des salves d'artillerie annoncent l'arrivée du Roi. Sa Majesté paraît devant le front des légions, elle y est reçue avec enthousiasme. A sa droite est le dauphin; à sa gauche, en avant du groupe des maréchaux, se trouvent le duc d'Orléans et le duc de Chartres. On remarquait dans le cortége un grand nombre d'officiers généraux de l'ancienne et de la nouvelle armée. A peine Sa Majesté fut-elle aperçue que les cris de vive le Roi ! retentirent de toutes parts. Les traits de Sa Majesté exprimaient la confiance et le contentement. Charles X répondait par des salutations affectueuses à ce cri qui partait de toutes les bouches. Il y avait environ vingt mille hommes sous les armes. Un garde national demanda au Roi la permission de crier : vive la Charte ! Un autre criant : à bas les ministres ! le Roi lui dit qu'il était venu pour recevoir des hommages et non des leçons.

Quelques cris, à bas les ministres ! à bas les jésuites ! ont été entendus par le Roi, pendant tout le temps que Sa Majesté a passé la revue; mais ils étaient aussitôt couverts par ceux de vive le Roi ! Comme la rumeur publique s'empara de ce fait et le présenta comme la conséquence d'un complot préparé par toute la garde nationale, il est bien nécessaire de raconter avec impartialité ces événements.

D'abord, comment supposer qu'un complot ait pu être formé entre les gardes nationaux pour insulter, étant sous les armes, un ministre? Repoussons ce soupçon, et peu de mots rétabliront les faits.

Après le défilé, la légion qui, la première, se dirigea par la rue de Rivoli, fut obligée de mettre des files en arrière, tant la rue était obstruée par des groupes stationnant devant l'hôtel du ministre et dont les meneurs se précipitaient dans l'intervalle des pelotons. Cependant la colonne, presque serrée en masse, avançait.

Les cris, à bas Villèle ! ne partirent d'abord que des groupes marchant des deux côtés de la colonne et de la terrasse des Feuillants, remplie de promeneurs, et si les provocations de ces derniers excitèrent un très petit nombre de gardes nationaux à les répéter, les cris de vive le Roi ! les couvrirent immédiatement.

Mais revenons à la fin de la revue sur le Champ-de-Mars : à quatre heures et demie, le Roi passant près de la voiture où se trouvaient Mme la dauphine, Mme la duchesse de Berry, Mme et Mlle d'Orléans, et d'une autre voiture où était Mme la duchesse de

Reggio, dame d'honneur de la duchesse de Berry, se pencha sur son cheval et dit à la duchesse de Reggio : « Je suis satisfait, le maréchal l'est aussi. »

En rentrant au château, Charles X dit aux maréchaux : « Cela aurait pu mieux se passer ; mais, au total, je suis satisfait. » Le maréchal Oudinot demanda alors à Sa Majesté la permission de faire mention dans l'ordre du jour de la satisfaction du Roi. Charles X répondit qu'il y consentait, mais qu'il voulait voir le projet d'ordre du jour. A neuf heures, le maréchal l'apporta au Roi.

Oudinot trouva Sa Majesté dans des dispositions tout autres, et le Roi lui demanda d'ajourner cet ordre du jour que le duc de Reggio voulait publier le lendemain. Oudinot revint chez lui très préoccupé d'un retard qu'il trouvait tout à fait intempestif.

Tous les ministres irrités se réunissaient en conseil extraordinaire ; Sa Majesté et le dauphin n'y assistaient pas. Il fut question de licencier la garde nationale ; M. le duc Doudeauville, ministre de la maison du Roi, s'y opposa de la manière la plus formelle, et dit que c'était une mesure anti-monarchique et anti-nationale, et que licencier la garde nationale, c'était commettre un acte de la plus haute gravité et qui pouvait avoir des conséquences extrêmement funestes. Voyant qu'il ne pouvait arrêter ni maintenir l'irritation des ministres, qui persistaient dans leur opinion, il donna sa démission, qui fut acceptée.

Pendant que ce conseil extraordinaire était réuni, le maréchal Oudinot, qui avait obtenu du Roi l'espoir de l'approbation de son ordre du jour, avait déjà prévenu quelques chefs de corps de l'heureuse disposition de Sa Majesté, de sorte que, dans les postes, la garde nationale connaissait les bonnes intentions qu'avait le gouvernement, et se réjouissait de l'heureuse issue de la revue; mais il devait en être autrement.

A deux heures après minuit, le maréchal fut réveillé en sursaut par l'avis officiel, signé Corbière, qui lui apprenait, sans commentaire, le fait du licenciement de cette garde nationale de Paris.

La garde nationale es licenciée.(29 avril 1827.

Tous ses postes étaient brusquement relevés aux Tuileries et dans tous les quartiers de Paris.

Le lendemain matin, on lisait en tête du *Moniteur* l'ordonnance de licenciement de la garde nationale parisienne, et le même jour tous les journaux, même ceux ministériels, retentissaient de ses louanges. La stupeur fut générale dans Paris. Dès lors, le maréchal Oudinot prévit tous les malheurs qui arrivèrent par la suite au trône de saint Louis.

Pendant trois ans elle n'exista plus, cette milice citoyenne, qui avait donné tant de preuves de son dévouement, et son absence se fit bien remarquer aux journées de juillet 1830.

Cependant Oudinot avait atteint sa soixantième année, et malgré ses nombreuses blessures, il conservait une force bien remarquable; mais chaque jour de cette époque était déjà marqué par la mort d'un des braves débris de l'armée impériale; chaque fois qu'un frère d'armes mourait, Oudinot assistait en grand uniforme à ses obsèques, et chaque fois il revenait malade de ces cérémonies.

Le 13 juin 1828, le maréchal conduisait à sa

suprême demeure un camarade, un brave compagnon d'armes, le maréchal de Lauriston.

Cette fois, il voulut payer sur la tombe d'un ami son tribut de justes regrets et prononça le discours suivant qui peint mieux que nous ne pourrions le rendre, la peine qu'il ressentait de cette perte si regrettable :

« Messieurs ;

<small>Son discours sur la tombe de Lauriston.</small>

» Les vétérans de l'armée française ont tous les jours quelque nouvelle perte à déplorer ; celle-ci est grande, nous venons adresser nos derniers adieux à Lauriston.

» Sa bravoure nous avait exercés à l'idée de le perdre plus tôt. Vous vous rappelez qu'on lut un jour dans un Bulletin célèbre : « Poniatowski et Lauriston se sont couverts de » gloire ! ils sont morts en héros. » Lauriston ne fut que prisonnier, et ce n'était pas sa faute.

» Il vécut pour contribuer au triomphe du trône, aux exploits qui l'ont affermi. Quand il reçut le bâton de maréchal, il l'avait depuis longtemps gagné, et nous fûmes plus charmés que surpris d'être si bien devinés par le cœur du roi, juge suprême de l'honneur.

» Je ne parlerai pas, Messieurs, de l'histoire de Lauriston : c'est notre histoire, c'est celle de nos faits d'armes, c'est celle de notre régénération sociale. Nous avons été de trop près camarades de fortune et de dévouement à la monarchie et au pays, pour qu'il nous soit permis de toucher à ces questions, sans y intéresser nos souvenirs.

» D'ailleurs, il n'y a plus ici que l'homme, qu'un homme excellent, chéri de tout ce qui l'a approché, bienveillant et obligeant pour tous, comme il est regretté de tous.

» Adieu, mon cher Lauriston ! adieu ! reçois de ta céleste et glorieuse demeure ce dernier témoignage de l'attachement que nous t'avions consacré pendant ta vie ! »

Dans le courant de janvier 1830, une puissance étrangère ayant contesté aux maréchaux de France des titres qui éveillaient sa susceptibilité, le maréchal Oudinot protesta le premier contre les prétentions d'un ambassadeur qui contestait à nos généraux des droits conquis par d'éminents services, alors que nos aigles planaient victorieuses sous un grand capitaine interprète du sentiment national ; le duc de Reggio ne s'éleva avec tant de force contre les exigences autrichiennes que parce que s'y soumettre, c'eût été blesser le pays dans son honneur et dans sa dignité. (1)

Les événements de 1830 vinrent bientôt mettre un terme à la crise devenue inévitable depuis longtemps. Les trois journées de Juillet arrivèrent et brisèrent la monarchie ; le drapeau tricolore remplaça le drapeau de saint Louis, et le duc d'Orléans fut proclamé par le peuple : roi des Français, sous le nom de Louis-Philippe I.ᵉʳ

Le 1.ᵉʳ juin 1830, le maréchal avait remis le commandement de la garde royale au maréchal duc de Raguse, pour venir passer quelques semaines dans sa campagne où le trouva la nouvelle des ordonnances.

Son premier mouvement, à l'annonce des coups de fusil, fut de partir pour Paris ; ensuite retenu par la pensée qu'on utiliserait son voisinage de la division de Metz, dont il était toujours gouverneur, il suspendit pour un instant sa résolution première ; mais les événements marchaient plus vite que la pensée.

La chute du trône devança toutes les prévisions

---

(1) *Messager* du 25 janvier 1830.

et déjoua tous les calculs, même du dévouement le plus réel.

Il ne reçut aucun ordre et resta à Jeand'heurs.

Charles X ayant abdiqué en faveur de son petit-fils, le duc de Bordeaux, Oudinot quitta Jeand'heurs, dans la journée du 5 août, avec la pensée de soutenir les dispositions de l'abdication du Roi.

Gouvernement de 1830.

Mais voyant ensuite la rapidité des événements et l'impossibilité de la première combinaison, il se disposa à se rallier au seul principe de l'ordre, et prêta serment au roi Louis-Philippe, le 9 août.

Homme du pays avant tout, mais conservant dans son cœur et dans sa mémoire le souvenir des marques multipliées de confiance dont l'avait honoré la branche aînée, sentiment dans lequel, du reste, il est mort.

Oudinot revint à Jeand'heurs jouir des bienfaits de la campagne, et, par sa conduite toujours loyale et dévouée, acquérir de nouveaux titres à la reconnaissance et à l'amour de ses concitoyens.

En octobre 1830, la garde nationale de Bar qui venait d'être réorganisée, voulut que son premier acte fût une visite à l'illustre capitaine, et vint en masse, tambours en tête, prier le maréchal d'accepter le titre de *premier grenadier de la garde nationale de Bar*.

Oudinot, le chef de la colonne infernale, accepta avec reconnaissance ce modeste titre, touchante récompense qui parlait à son cœur et à ses souvenirs.

Pendant les neuf premières années qui suivirent la révolution de 1830, Oudinot, que ces dernières secousses politiques avaient beaucoup ébranlé, resta à Jeand'heurs avec sa femme que les événements y avaient fixé et sa famille qui se groupait autour d'eux.

Cette révolution produisit chez lui une grande commotion, et dès-lors sa santé exigea des soins continus.

Ce fut dans cet état que vint le trouver la nouvelle de l'arrestation de la duchesse de Berry.

Oudinot prouva dans cette occasion les sentiments qu'il conservait à la branche aînée, en sanctionnant l'élan de sa femme, d'aller rejoindre la duchesse de Berry, prisonnière à Blaye.

La santé chancelante du maréchal demandait, comme nous l'avons dit, des soins de chaque instant. Eh bien, il renonça à sa vie d'intérieur, dans la pensée de l'accomplissement d'un devoir de reconnaissance.

La duchesse de Berry n'accepta pas cet acte de dévouement et résista aux instances réitérées de la duchesse de Reggio, par le seul motif qu'elle ne voulait pas l'arracher à son intérieur. (Tous ses enfants étaient encore dans l'âge le plus tendre.)

De 1830 à 1839, Oudinot laissa toujours sa famille à Jeand'heurs et ne fit que de courtes apparitions à Paris, pour y remplir particulièrement, dans les temps de crise qui se succédèrent dans cette période, ses devoirs à la chambre des pairs.

S'occupant de cette magnifique propriété de Jeand'heurs, où il avait fondé en 1826, sur son cours d'eau et à grands frais, une papeterie qui amena la prospérité dans le village de Lisle-en-Rigault, sa paroisse, il se faisait chérir de toute la contrée et réunissait dans son immense parc tous les habitants

Jeand'heurs.

des villes et villages voisins ; chacun était sûr d'y trouver une hospitalité grande et cordiale, on en usait avec confiance ; les dimanches, il donnait des prix, des mâts de cocagne, des courses dans ses vastes jardins ; il avait occupé, pour la création du parc qui avait trois lieues de tour, tous les bras inactifs de la contrée.

Jeand'heurs, ancienne abbaye de l'ordre de Prémontré, fondée vers 1140 par Gérard, châtelain de Bar, et Galienne, sa femme, était alors une résidence princière ; cette habitation portait l'empreinte des habitudes et des goûts de celui qui en faisait ses délices.

Dans l'intérieur, voici quel était l'air du château : Des jeux de toute espèce étaient distribués dans les salons, depuis le billard jusqu'aux jeux d'enfants ; dans les jardins, depuis l'escarpolette jusqu'au hamac indien.

Le maréchal faisait les honneurs de sa maison avec une cordialité et un naturel qui charmaient; ces manières simples et élégantes innées en lui dénotaient le type du véritable grand seigneur. Gracieux pour chacun, il ne semblait nullement se préoccuper de voir sa maison se remplir jusqu'aux combles. A la liberté d'esprit qu'il conservait, on voyait que ce mouvement prodigieux pour tout autre était le repos pour lui.

Dans les salles du premier étage de Jeand'heurs, existe une bibliothèque fondée par le maréchal ; avant la bibliothèque se trouve une collection de coquillages et de pipes dont quelques-unes ont un cachet historique : l'une, donnée au maréchal par Napoléon ; une autre magnifiquement montée sur quatre roues en argent, lui a été offerte par ses aides-de-camp ; une autre enfin par la ville de Vienne et dont le premier possesseur avait été Sobieski.

Voici ce que raconta, à ce sujet, la *Sentinelle des Pyrénées* :

« En 1682, Jean Sobieski, accourant sous les murs de Vienne à la tête de quelques milliers de héros polonais, sauva cette capitale, qui était au moment de tomber entre les mains des Ottomans.

» En quittant Vienne, le brave Sobieski lui avait fait un hommage précieux, mais simple comme celui d'un vrai soldat : à cette ville il avait laissé sa pipe en souvenir.

» Cette pipe est aujourd'hui en France ; elle est la légitime propriété du maréchal Oudinot, duc de Reggio, gouverneur des Invalides. Voici de quelle manière honorable la pipe du héros de la Pologne est arrivée dans les mains d'un des Nestor de nos armées impériales :

» Lors de la seconde entrée des Français à Vienne, le corps d'Oudinot (nommé maréchal le 12 juillet 1809) fut spécialement affecté par l'Empereur pour veiller dans cette capitale au respect des personnes et des propriétés et au maintien de l'ordre, mission qui fut accomplie avec un soin tout religieux. Les magistrats municipaux de Vienne, pénétrés du service important rendu à la ville en cette circonstance critique, prièrent le *brave* Oudinot d'accepter, comme tribut de reconnaissance, la pipe du *brave* Sobieski ; on peut penser avec quel empressement elle fut acceptée.

» Nous tenons ces détails d'un vieux militaire qui a fait avec le maréchal Oudinot toutes les campagnes d'Allemagne. »

Pour arriver à la bibliothèque et à ces diverses collections, il faut traverser une immense galerie qui sert d'arsenal ; ce fut le maréchal Oudinot lui-même qui présida à cet arrangement ; toutes les panoplies ont été classées par lui ; la plupart des pièces qui composent ce musée sont d'une grande valeur et d'un mérite historique. (Une autre galerie revenant en équerre est consacrée aux bustes des maréchaux et des généraux en chef.)

Ce musée d'armes est la plus belle des collections particulières connues et fixe l'attention des nombreux visiteurs qui affluent à Jeand'heurs.

Dix jours passés dans cette habitation princière nous ont permis à peine de voir toutes les richesses qui se trouvent renfermées dans ces spacieux domaines.

Le maréchal avait acheté Jeand'heurs, en quatrième main, comme propriété nationale. (1808.)

Rien ne manque à cette délicieuse villa : parc immense entouré de murs (1), magnifiques jardins, forêts de sapins, pièces, serres, orangeries, usine de fer, connue sous le nom de *Vieille forge*, et cette papeterie mécanique mue par la Saulx qui traverse tout le parc de Jeand'heurs.

Oudinot conserva toujours la simplicité des camps; d'une sobriété sans pareille, il ne restait que quelques minutes à table et consacrait tout le jour à se promener dans ce superbe domaine, où venaient à chaque instant d'illustres visiteurs.

Entre autres voyageurs célèbres, Jeand'heurs reçut la duchesse de Berry, le duc et la duchesse d'Angoulême, le comte d'Artois, les ducs d'Orléans et de Nemours et presque tous les personnages marquants des diverses époques dans lesquelles Oudinot a figuré et qui ont toujours entretenu des relations avec le maréchal.

---

(1) Ce parc a trois lieues de tour.

Ce château et les souvenirs qu'il renferme furent de tout temps accessibles aux nombreux visiteurs qui s'y rendaient de fort loin.

Les habitants de la Meuse et les Barisiens principalement y étaient de la part du maréchal l'objet de la plus large hospitalité. Jamais la constante affection qu'il a toujours eue pour ses concitoyens ne s'est démentie un seul instant.

Oudinot, en outre de Jeand'heurs, avait un hôtel à Bar-le-Duc. *Hôtel de Bar.*

Cette demeure agréable, quoique moins vaste et moins splendide que Jeand'heurs, est surtout remarquable par un jardin traversé par la rivière de l'Ornain, un petit bois qui termine le parc et couvre la colline sur laquelle est placée la Ville-Haute de Bar.

Deux statues sont placées près de l'entrée du jardin de l'hôtel; elles ont été l'objet d'un épisode assez intéressant pour être rappelé ici.

Maximilien, roi de Bavière, arrivé à Bar, était descendu chez le maréchal duc de Reggio; le soir arrivé, le roi se retira dans une chambre au rez-de-chaussée et donnant sur le jardin.

C'était au mois de juin, il ouvrit ses fenêtres et aperçut devant lui deux grenadiers en faction. Le roi les pria de se retirer, en leur disant qu'il ne voulait pas qu'ils passassent ainsi la nuit. Les grenadiers, fidèles à leur consigne, ne bougèrent pas, malgré les instances réitérées de Sa Majesté.

Maximilien se coucha, et le lendemain alla de très bonne heure féliciter Oudinot de la discipline de ses braves.

Le maréchal répondit qu'il était persuadé que ses

deux grenadiers étaient encore en faction. On se rendit au jardin, et le roi Maximilien fut très surpris de voir les statues représentant deux grenadiers.

L'hôtel de Bar fut visité à diverses époques par Napoléon et Joséphine.

Le 29 janvier 1807, l'impératrice Joséphine y passa une nuit; le 17 octobre de la même année, Napoléon arriva à Bar et descendit à l'hôtel du général Oudinot.

Une splendide illumination éclairait l'hôtel et les rues de Bar, dans lesquelles toute la population se pressait avec enthousiasme.

Après les réceptions officielles, Napoléon se retira dans un salon tout disposé pour le recevoir, et qui est demeuré dans l'état où l'a laissé l'hôte illustre qui l'a occupé. Quelques moments après son travail, l'Empereur invita la comtesse Oudinot et le prince de Neuchâtel à dîner avec lui.

Le 25 octobre 1808, l'Empereur s'arrêta encore à l'hôtel du maréchal Oudinot, et le 22 décembre suivant, le roi et la reine de Bavière passèrent quelque temps à l'hôtel.

Le 18 août 1809, l'impératrice Joséphine revint à Bar et coucha à l'hôtel du maréchal Oudinot.

Quoique étranger à toutes les combinaisons politiques qui se succèdèrent de 1830 à 1839, Oudinot avait conservé des relations avec ses anciens frères d'armes et entretenait une correspondance très active, surtout avec ceux de ses camarades qui lui étaient attachés depuis longues années.

Il aimait surtout à se rappeler ses premières années de service, et il était heureux quand il rencontrait, à de rares intervalles, d'anciens camarades du régiment de Médoc.

L'année 1832 vit naître les malheurs domestiques dans la famille du maréchal. Sa fille, Mme la comtesse Pajol, fut emportée par le choléra, et de tous les côtés Oudinot reçut des témoignages d'amitié qui prouvaient combien le maréchal, quoique éloigné des affaires publiques, était encore dans le souvenir de tous.

Oudinot avait eu de sa première femme six enfants, parmi lesquels Victor Oudinot, aujourd'hui général de division, et dont nous parlerons à la fin de cette histoire, et Auguste Oudinot, mort au champ d'honneur le 26 juin 1835.

Auguste Oudinot (1799-1835.)

Auguste-Numa Oudinot naquit le 3 mars 1799 et fut nommé page de l'Empereur le 9 juillet 1813, avant l'âge de quinze ans. Le 5 juillet 1814, il fit partie des chevau-légers, et le 22 juillet 1818 fut promu capitaine. Le 26 février 1823, il fut nommé chef d'escadron à l'âge de vingt-quatre ans, puis chevalier de la Légion-d'Honneur (13 août 1823), le 29 septembre 1824 chevalier de Saint-Ferdinand.

Le 11 août 1830, Louis-Philippe nommait Auguste Oudinot lieutenant-colonel, et en 1835 le comte Auguste était sur les champs de bataille de l'Algérie comme colonel du 2.e chasseurs d'Afrique.

Dans les derniers jours de juin 1835, il était au combat de Muley-Ismaël; à la tête de l'avant-garde avec son régiment, il pénétra dans un défilé long et couvert de forêts; des nuées d'Arabes inquiétaient nos soldats par un feu meurtrier; il fallut les déloger, le salut de la colonne expéditionnaire en dépendait.

Notre jeune colonel n'hésita pas un seul instant; se tournant vers ses soldats, il s'écria : *En avant! mes amis, l'honneur du régiment nous en fait un devoir!* Bientôt il s'élance; tous ses soldats le suivent avec enthousiasme, électrisés par leur valeureux chef. Avec une poignée de chasseurs, il met en déroute plus de douze cents Arabes; mais, au milieu de son triomphe, il tombe frappé d'une balle qu'il reçoit à la tête : héroïque mort digne du nom qu'il portait.

Deux officiers mettent aussitôt pied à terre, sous un feu des plus meurtriers, et tirent de la mêlée le corps de leur brave colonel.

Un maréchal-des-logis arabe l'emporte sur son cheval, et son corps est inhumé sur les bords du Syg.

Quelques jours après, le maréchal apprit cette triste nouvelle par une lettre du roi Louis-Philippe, dans laquelle Sa Majesté disait : « C'est en suivant votre glorieux exemple que votre brave et digne fils nous a été enlevé. »

Dans le courant du mois de juillet, le ministre de la guerre écrivit au maréchal Oudinot la lettre suivante :

« Mon brave maréchal, votre billet m'a déchiré l'âme; appelez à votre aide ce courage brillant qu'aucun danger n'a jamais ébranlé; votre fils n'est plus; mais s'il y avait une consolation pour un tel malheur, son héroïque mort vous l'offrirait; il vous a été enlevé en ramenant à la tête de ses braves soldats la victoire sous nos drapeaux; il est donc mort digne du nom qu'il portait. Si son exemple eût été suivi, il ne serait pas aujourd'hui question de punir Abd-el-Kader d'un succès éphémère; votre brave fils sera vengé et tous ceux qui, comme lui, se sont sacrifiés pour l'honneur de nos armes dans une lutte que le nombre seul a rendue inégale. »

Oudinot pleura la mort de ce fils qu'il aimait tendrement, parce que l'honneur et la loyauté étaient surtout son partage.

Le général Victor Oudinot eut la gloire de venger son frère et ramena victorieuses les armes françaises. Nous reviendrons plus tard sur ce qui se rapporte à la carrière militaire de ce fils aîné du maréchal, si digne de son illustre père.

Ce fut dans la retraite du maréchal à Jeand'heurs, que vint le trouver sa nomination à la Chancellerie de la Légion-d'Honneur. (17 mai 1839.)

Le maréchal Oudinot est nommé grand-chancelier de la Légion d'Honneur. (17 mai 1839)

Cette marque de confiance qui le rattachait à tous ses anciens souvenirs le toucha d'autant plus que rien ne lui avait fait prévoir que cette marque de confiance viendrait le trouver, sans aucune espèce de provocation.

Il s'établit à Paris avec sa famille et ne vint plus à Jeand'heurs que par congé.

Le 4 juin 1839, Oudinot prit la parole à la chambre des pairs, au sujet de la discussion relative au projet de loi sur la Légion-d'Honneur, et dans le but de restreindre le plus possible l'abus que l'on faisait de cette décoration.

Voici quelques extraits du discours qu'il prononça à cette occasion :

« Messieurs, quel que soit le sort du projet de loi en discussion, il émane d'une sollicitude à laquelle j'aime à rendre un hommage public, quoique peu habitué à la tribune.

» On a dit que l'ordre de Saint-Louis fut le chef-d'œuvre de l'âge mûr de Louis XIV ; peut-être, avec non moins de raison, pourrait-on affirmer que la Légion-d'Honneur est le chef-d'œuvre de Napoléon. Qui pourrait énumérer, en effet, tous les nobles sentiments auxquels a donné l'essor cette grande institution, tous les actes dévoués et héroïques qu'elle a enfantés ? Il est certain, Messieurs, que depuis son origine, des événements extraordinaires ont, à diverses époques, forcé à dépasser les limites dans lesquelles doit être renfermé le nombre des décorations, afin de leur conserver leur éclat et leur importance.

» Je suis de ceux qui pensent que pour obtenir une telle distinction, il faut non seulement avoir fait son devoir, mais plus que son devoir. »

Malgré les abus que l'on a fait de la Légion-d'Honneur, la création de Napoléon a conservé son glorieux prestige. La popularité de cette admirable institution a résisté à tout, elle a survécu à tous les naufrages, elle s'est imposée à tous les gouvernements qui ont vainement tenté de faire mentir sa date, et aujourd'hui elle demeure debout, jeune et vivace, comme au lendemain du camp de Boulogne.

Oudinot administra pendant trois ans et demi la Légion-d'Honneur, et c'était chose touchante dans ces fonctions que ses soins paternels pour les maisons d'éducation des orphelines, partie si intéressante de cette admirable institution.

Pendant cette période, il fut nommé président de la commission chargée du choix des noms qui devaient prendre place sur l'arc-de-triomphe de l'Etoile.

Son ardeur et surtout sa conscience habituelle dut faire droit à tout ce qui se rapportait aux intérêts de ses compagnons d'armes.

Le 12 mai 1840, le ministre de l'intérieur présenta aux chambres un projet de loi pour recueillir à Sainte-Hélène les restes mortels de l'empereur Napoléon.

Le prince de Joinville dut se rendre avec sa frégate pour remplir cette belle et noble mission.

Le 6 juillet, on partit de Toulon pour chercher la dépouille mortelle de celui qui avait fait ses premières armes devant Toulon... berceau de sa gloire.

Nous n'entreprendrons pas ici de détailler le voyage et l'arrivée à Ste-Hélène, mais nous dirons brièvement l'enthousiasme produit en France par la nouvelle du retour des cendres de l'Empereur.

Nous allons donner quelques renseignements sur l'entrée à Rouen : Le cortége s'était arrêté entre les deux ponts; les quais étaient chargés de trophées militaires étincelants d'armes; un grand nombre de soldats de la grande armée étaient venus donner une dernière couronne à leur Empereur et Roi.

Au départ de Rouen, le bateau impérial fut jonché d'immortelles, de lauriers et de fleurs.

Le 12 décembre, on passa la nuit près du pont de Poissy; sur les deux rives se dressent des tentes, s'allument des feux, le tambour bat la Diane...... que l'Empereur s'éveille, il verra comme à Austerlitz, à Wagram, que son armée est là, docile et prête à marcher

Le bâtiment s'arrêta sous Courbevoie et l'on entra bientôt dans Paris, au milieu d'une affluence tellement considérable, que de mémoire d'homme on ne se rappelait pas avoir vu un tel spectacle. Napoléon allait reposer *sur les bords de la Seine, au milieu de ce peuple français qu'il avait tant aimé.*

Depuis quelques jours, le froid était excessif à Paris, et le 15 décembre il augmenta encore d'intensité et rappela les tristes et mémorables journées de 1812, lorsque, dans les plaines de la Russie, notre vieille armée, sous les ordres de son illustre capitaine, était décimée par le froid.

Retour des cendres de Napoléon.

Le 15 décembre, à deux heures, Napoléon entrait aux Invalides ; le maréchal Oudinot tenait un des coins du poêle, avec le maréchal Molitor, l'amiral Roussin et le général Bertrand.

La famille du maréchal Oudinot avait vu avec une vive inquiétude, par ce froid excessif, qu'Oudinot avait accepté cette belle mission ; elle le prévint qu'il ne pourrait supporter les rigueurs du climat, qu'il exposait sa vie. Le maréchal répondit : « *N'importe, je n'ai pas à m'occuper du temps !* » Il trouva la force de volonté de braver ce froid, sans manteau, en grand uniforme, et marcha depuis les bords de la Seine à Courbevoie jusqu'à l'hôtel des Invalides. Là, ses forces l'abandonnèrent complètement, et il n'aurait pas été jusque-là, s'il n'avait été soutenu dans sa marche par ses compagnons d'armes ; c'était à l'envi à qui lui offrirait un soutien, et le lendemain tout Paris, témoin du grand événement qui venait de s'accomplir, envoya avec anxiété savoir des nouvelles de l'illustre maréchal.

L'Empereur allait donc désormais reposer près de ses anciens frères d'armes, près de ceux qui, tant de fois, avaient veillé sur lui au sein de la bataille. Les maréchaux Moncey et Oudinot n'avaient pu résister à l'émotion causée par un si grand bonheur ; le maréchal Moncey était tombé sur son fauteuil en s'écriant : « Maintenant, je puis mourir ! » Et le maréchal Oudinot, qui avait voulu, jusqu'aux derniers moments, suivre et accompagner les restes mortels de Napoléon, tomba d'épuisement en arrivant aux Invalides ; on le conduisit à son fauteuil, et cependant il assista au service jusqu'à la fin.

Oudinot, gouverneur des Invalides. (21 octobre 1842.)

Le 21 octobre 1842, le maréchal Oudinot remplaça le maréchal Moncey au gouvernement de l'hôtel des Invalides. En prenant ce commandement, il adressa l'ordre du jour suivant :

« Dimanche, 23 octobre.

» Officiers, sous-officiers et soldats,

» Le Roi vient de me confier le gouvernement des Invalides ; j'apprécie, comme je le dois, cette récompense. C'est pour moi un bonheur signalé d'être appelé à commander les vieux compagnons d'armes qui, depuis près de soixante ans, ont mes sympathies, et que j'ai rencontrés sur tant de champs de bataille. Je suis fier de succéder à l'illustre maréchal Moncey, à ce guerrier, type de patriotisme, dont les vertus militaires seront toujours présentes à votre souvenir ainsi qu'au mien. Je m'applaudis enfin de penser que je terminerai ma carrière avec vous et auprès du grand homme, dont la tombe est remise à votre garde, confiée à votre amour.

» Dès ce moment, braves invalides, mon sort est associé au vôtre et je vous appartiens sans réserve. Secondé par le loyal et valeureux général Petit, auquel j'ai voué depuis longues années autant d'estime que d'amitié, je me consacrerai tout entier à vos intérêts.

» Votre bien-être ne sera pas seul l'objet de ma sollicitude, elle s'étendra sur toutes les parties du service. J'aimerai à développer de plus en plus, dans cette enceinte, les principes d'ordre et de discipline : je m'attacherai à entretenir parmi vous le dévouement au Roi et au pays, dont nous devons l'exemple à notre jeune armée, et que vous mettez au nombre de vos premiers devoirs.

» OUDINOT, duc de Reggio. »

Appelé sur un autre théâtre plus conforme encore à ses souvenirs, il réunissait ses braves soldats et s'enorgueillissait de voir qu'au son du tambour et à sa vue, ces héroïques mutilés au nombre de trois mille, parmi lesquels environ cinq cents jambes de bois et qu'on voyait se traîner isolément dans Paris, à sa vue, retrouvaient pour un moment et leur attitude énergique et militaire, et leur marche.

Il ne se contentait pas de ces simulacres du vieux passé, il entrait dans les détails les plus minutieux sur le régime alimentaire, le couchage, etc.; que de fois, accompagné des sœurs qui desservent cet établissement, il allait, de dortoir en dortoir, visiter l'infirmerie, où, à quelque heure que ce fût, on trouvait toujours des moribonds et des morts.

Ce spectacle bien plus terrible pour lui que le champ de bataille n'arrêtait jamais l'action dictée par sa conscience et son humanité.

Le 19 février 1843, le maréchal, gouverneur général des Invalides, accompagné du brave général Petit, des généraux Atthalin et Gourgaud, aides-de-camp du Roi, et de tout l'état-major de l'hôtel des Invalides, procéda à l'enlèvement de la couronne impériale, du chapeau et de l'épée d'Austerlitz, qui étaient restés déposés sur le cercueil de Napoléon, dans la chapelle Saint-Jérôme, depuis le jour des funérailles.

On transporta ces glorieux insignes dans une partie des appartements du général Petit, ce dernier portait l'épée d'Austerlitz et était précédé de plusieurs sous-officiers décorés, portant le chapeau historique, la couronne impériale, la couronne donnée par la ville de Cherbourg et le manteau qui servait de drap mortuaire.

Le cortége défila avec beaucoup de solennité entre deux haies formées par tous les invalides en grande tenue.

Banquet offert par la ville de Bar, au maréchal Oudinot. (20 août 1844.)

Le 20 août 1844, un banquet magnifique fut offert par la ville de Bar-le-Duc au maréchal Oudinot et à M. Gillon, député de la Meuse, à l'occasion du chemin de fer qui devait passer par Bar, d'après les démarches réitérées du maréchal et du député.

Ce banquet, donné par la ville de Bar à l'un de ses plus illustres enfants, prouva par l'enthousiasme qui éclata, combien l'on était reconnaissant des bienfaits que le maréchal ne cessait de répandre sur la contrée.

Plusieurs toasts furent portés par le maréchal, par M. Gillon, par le général marquis Oudinot.

Cette fête, qui fut la dernière offerte au maréchal par sa ville natale, causa une émotion tellement vive que tout le monde pleura; on se levait et l'on s'écriait que le maréchal Oudinot reste avec nous et qu'il vive longtemps!

Le lendemain, le maire de Bar-le-Duc recevait la lettre suivante :

« Monsieur le maire,

» En venant vous prier de remercier le conseil municipal dont vous et plusieurs de ses membres avez bien voulu m'apporter hier un honorable et touchant témoignage, je ne peux choisir un interprète plus convenable à la circonstance et mieux adapté à mes sentiments particuliers.

» Lorsque j'ai uni mes efforts à ceux de notre digne et actif député, M. L. Gillon, à l'effet d'obtenir le passage du chemin de fer par Bar-le-Duc, j'obéissais sans arrière-pensée, d'une part à la profonde conviction que c'était dans l'intérêt général, ensuite à une tendance qui me montrait dans cet événement un avenir de prospérité pour ma ville natale : jouissons ensemble de cet espoir satisfaisant, Messieurs; croyez que je m'honorerai toujours d'une communauté d'intérêts et d'actions qui aura constamment pour but le bien de notre contrée.

» J'ai l'honneur, etc.

» Maréchal OUDINOT. »

Le 30 novembre 1845, le Roi envoya à l'hôtel des Invalides cinq drapeaux qui avaient été pris à l'attaque des batteries et du barrage d'Obligado, dans le Parana.

En recevant ces drapeaux des mains de M. le général de Berthois, aide-de-camp du Roi, le maréchal Oudinot s'exprima ainsi :

« Général,

» Ces drapeaux que le Roi vous a chargé de confier à la garde des militaires invalides trouveront une noble place à côté des trophées qui ornent cet asile.

» Nous serons toujours fiers des succès de nos armées de terre et de mer ; nous veillerons toujours avec dévouement sur le dépôt de leur gloire. »

Dès 1845, la santé du maréchal vint à s'altérer, et l'illustre Meusien fut obligé de se rendre aux eaux de Plombières.

Pendant les années 1845, 1846 et 1847, malgré ses souffrances, dont il supportait avec résignation toutes les phases, Oudinot remplit toujours ses devoirs comme gouverneur et comme pair de France.

Le printemps de 1847 le trouva plus faible encore ; ce fut dans cette disposition, que d'autorité le Roi et son camarade d'armes, le ministre de la guerre, Soult, lui recommandèrent, lorsqu'il partit pour Jeand'heurs, de ne s'occuper que de sa santé et de sa conservation.

Il partit donc de Paris et se rendit à Jeand'heurs ; là, atteint de la fièvre pendant les quelques mois qu'il y resta, il ne put jouir du spectacle que lui offraient autrefois les magnifiques créations de son parc.

Il garda la chambre pendant de longs jours, et ses forces diminuèrent sensiblement.

L'illustre maréchal se rendit compte de ce dépérissement, et comprenant que sa fin arrivait à grands pas voulut retourner à son poste, et le 29 août 1847 il quitta Jeand'heurs qu'il ne devait plus revoir.

En arrivant à Paris, il se sentit un moment revivre par le désir de donner un coup-d'œil rapide à tout son gouvernement. Son premier soin fut d'organiser, selon sa coutume, une revue générale : il aurait voulu être partout et à tout ; mais dans les premiers jours de septembre, Oudinot vit arriver ses derniers moments avec un calme et un sang-froid dignes d'un Turenne ; habitué à voir de près la mort, il ne la craignait pas. Comme on prenait des soins de plus en plus pressants pour sa santé, il se prit à dire au colonel Simon qui était près de lui à cette heure : *On aura beau faire et beau dire, dans deux jours je ne serai plus de ce monde, et j'irai préparer votre logement là-haut, mon ami.*

Il recevait avec plaisir les soins de ses intimes, et notamment ceux de l'abbé Laroque, aumônier de l'hôtel des Invalides, qui ne le quitta pas et lui donna tous les derniers secours de la religion.

Le 13 septembre, à six heures dix minutes du soir, Oudinot rendit le dernier soupir.

Mort d'Oudinot. septembre 1847.)

La France, l'Europe entière venait de perdre celui que tous les souverains avaient aimé et respecté comme le plus loyal des guerriers de cette époque fabuleuse qu'on appelle l'Empire.

Le maréchal avait atteint sa quatre-vingtième année.

Sa femme et une partie de ses enfants étaient présents. Le gouvernement annonça par dépêche télégraphique, aux trois frères Oudinot, alors en mission à Constantine, cette terrible nouvelle qui, du moment où elle leur parvint, leur fit franchir cet espace en six jours.

La nouvelle de sa mort affligea profondément sa ville natale, depuis longtemps préparée toutefois à cette catastrophe imminente par le délabrement de la santé de cet illustre concitoyen.

Oudinot fut vivement regretté de toute la France et surtout de Bar-le-Duc, où il avait fait tant d'heureux!

Les trois fils et le petit-fils d'Oudinot n'arrivèrent d'Afrique que le 29 septembre; en les attendant, le corps du maréchal avait été embaumé et placé dans un caveau jusqu'à la réunion de toute la famille.

D'après les ordres du gouvernement, les obsèques furent fixées au 5 octobre, dans l'église Saint-Louis des Invalides. (On avait voulu donner le temps aux fils du maréchal de revenir pour rendre à leur père les suprêmes devoirs.)

Le 5 octobre, à dix heures du matin, le corps du maréchal, déposé le 16 septembre dans un caveau d'attente, en fut retiré et placé dans une chapelle ardente, à l'entrée de l'église, à gauche, tapissée de tentures funèbres.

A ce moment, la cour d'honneur était un véritable faisceau d'armes; tous les invalides s'y trouvaient en bataille et en grande tenue pour rendre leurs derniers devoirs au général en chef des grenadiers réunis.

A dix heures et demie, toutes les troupes arrivèrent : le 13.ᵉ chasseurs à cheval se plaça devant l'hôtel, sur le quai d'Orsay; à droite et à gauche, la grande avenue était bordée par dix régiments d'infanterie. Une batterie d'artillerie avait été placée devant la grille principale des Invalides, ainsi que les sous-officiers vétérans, les gardes municipaux, les sapeurs-pompiers et les gendarmes de la Seine. En outre, pour les salves d'honneur, une batterie avait été placée sur la place du Dôme. La grande entrée de la cour d'honneur de l'église était tendue de noir, avec armoiries et écussons.

Le catafalque était orné de tous les insignes du maréchal. Les grand'croix de l'Europe figuraient à côté des épées de Neuchâtel et d'Amsterdam.

Vers onze heures et demie, arrivèrent les voitures de la cour, des princes, des maréchaux, des ducs, des ministres, des ambassadeurs. Une foule innombrable de militaires de l'ancienne et de la nouvelle armée arriva bientôt par l'allée principale de l'avant-cour et se rangea dans l'église; à midi, toutes les places étaient occupées.

La garde nationale de Paris, commandée douze ans par le maréchal, et remplie encore du souvenir qu'il avait laissé dans ce corps, s'était généralement prononcée pour assister individuellement à ses obsèques sans armes, mais en uniforme, ne fut-elle même pas convoquée.

Seulement, un détachement, commandé par son

général en chef, le général Jacqueminot, ancien aide-de-camp du maréchal, y assista. Les gardes nationaux s'y rendirent toutefois en grand nombre.

Le deuil était conduit par le lieutenant-général marquis Oudinot, fils aîné du maréchal; le comte Charles Oudinot, capitaine aux zouaves; le comte Henri Oudinot, lieutenant au 4.e régiment de dragons; venaient ensuite le comte Oudinot, capitaine de la 10.e légion de la garde nationale parisienne; le comte Pajol, chef d'escadron au corps d'état-major, aide-de-camp du maréchal Gérard; M. Eugène de Caunan, tous fils et petits-fils du maréchal; M. le baron de Caunan; M. Hainguerlot; le comte Ludovic de Vesins; M. Perron, ses gendres; MM. Ragon; le vicomte Gonzalve de Broc, et Raoul Cisternes de Veilles, ce dernier représentant une quatrième génération. (M. Ferdinand de Lorencez, alors chef de bataillon aux zouaves, et M. Eugène Pajol, alors capitaine aux chasseurs d'Afrique, tous deux à leurs corps, ne purent arriver.)

Un grand nombre d'officiers-généraux de toutes armes rehaussaient cette triste cérémonie de l'éclat de brillants uniformes.

On apercevait parmi ce groupe remarquable des costumes militaires de tous les pays, comme on en voyait de toutes les époques.

Bou-Maza, dans son costume africain, la tête couverte du burnous de shérif. Mais entre tous ces étrangers, on remarquait avec attendrissement le capitaine de vaisseau Van Karnebeck, aide-de-camp du roi Guillaume des Pays-Bas, et venu tout exprès de La Haye pour assister aux funérailles de son protecteur, de son illustre bienfaiteur.

M. Van Karnebeck qui, dès son plus jeune âge, avait été amené en France par le maréchal, était venu rendre un suprême devoir à l'homme qui, pendant un an, avait particulièrement gouverné son pays.

Sur l'immense tenture qui décorait l'église, se trouvaient seize écussons aux armes du maréchal et sur lesquels étaient inscrits les noms de ses principales victoires; à gauche : Zurich, Gênes, le Mincio, Amstetten, Vienne, Hollabrünn, Neuchâtel et Ostrolenka; à droite : Friedland, Ebersberg, Wagram, Polotsck, Bérézina, Bautzen, Arcis-sur-Aube et Madrid.

Le cercueil, recouvert de velours noir brodé de lames d'argent, était monté sur une estrade de trente pieds de hauteur et dont les degrés étaient parsemés d'ornements funéraires sur fond d'argent. Dix sous-officiers légionnaires et appartenant à l'armée le gardaient, l'arme au bras.

Autour de ce cercueil étaient placés cent militaires invalides, parmi lesquels étaient plusieurs décorés.

Le maréchal Molitor, le duc de Mortemart, le duc Decazes et le marquis de Lauriston tenaient les cordons du poële.

A la tribune de l'orgue étaient les maîtrises de l'église des Invalides, de Saint-Roch et plusieurs artistes de l'Opéra avec les musiciens du 25.ᵉ léger.

M.ᵍʳ l'archevêque de Paris, assisté de ses grands vicaires, donna l'absoute.

La sortie de l'église se fit seulement à une heure et demie.

Un char funèbre, attelé de six chevaux richement

caparaçonnés, stationnait devant le portail de l'église, par ordre du ministre de la guerre. Derrière ce char quatre hommes en grand deuil portaient, sur des coussins de velours, les insignes militaires et les nombreuses décorations du noble défunt; son cheval de bataille, couvert d'un long voile noir étoilé d'argent, venait après.

Sorti par la grande grille, le char funèbre, ainsi que tout le cortége, fit le tour extérieur de l'hôtel et rentra par la même porte.

Les troupes de la garnison qui, depuis le matin, étaient l'arme au pied, sur l'esplanade des Invalides, défilèrent l'arme sous le bras gauche.

Après ce défilé qui dura très longtemps et auquel assistaient tous les militaires invalides, le brave général Petit, commandant l'hôtel, prononça le discours suivant sur la tombe du doyen des maréchaux de France :

Discours du général Petit.

« Messieurs,

» En prenant la parole dans cette solennité, près du cercueil funèbre où sont renfermés les restes mortels du maréchal Oudinot, duc de Reggio, je voudrais, mais en vain, élever ma voix jusqu'à la hauteur de cette grande renommée qui, durant plus d'un demi-siècle, a constamment accompagné la vie glorieuse de l'illustre maréchal. Mais il est des gloires que la parole humaine la plus éloquente ne saurait atteindre, et l'éloquence d'un vieux soldat près du tombeau d'un chef vénéré n'est comprise que par sa douleur et par ses larmes. Ce n'est donc qu'un dernier adieu, un adieu bien douloureux que je veux adresser à ce grand homme de guerre passé à l'immortalité.

» Mais autrement, Messieurs, que pourrais-je dire ? que pourrais-je vous apprendre que vous ne sachiez des éclatants services et de la vie honorable du maréchal, des combats nombreux, des batailles célèbres où il a déployé cette haute valeur qu'il n'a été donné à personne de surpasser, où il a tant de fois versé son sang pour la gloire de la France, et où si souvent il a été relevé couvert de blessures et mutilé.

» Mais, Messieurs, tous ces faits de guerre sont présents à toutes les mémoires; l'histoire nationale les a gravés de son burin immortel, et le nom du maréchal Oudinot est écrit à chacune de ses pages.

» Toutefois j'essaierai d'en dire quelques mots. Je dirai donc que les services du maréchal remontent à l'origine de la guerre de la Révolution, aux opérations et aux actions les plus importantes des armées de la Moselle et du Rhin. Son nom se trouve cité dans tous les rapports du temps, aux nombreux combats en Suisse, à la bataille de Zurich, où il était un des lieutenants du général en chef Masséna, au siège mémorable de Gênes, où, chef de l'état-major général de l'armée, il a rendu de si importants services.

» Je dirai qu'il était au nombre de ces grands capitaines qui entouraient l'Empereur Napoléon aux journées d'Austerlitz, d'Iéna, de Friedland, de Wagram et autres, qui ont si puissamment contribué à sa gloire en la partageant.

» Si nous reportons nos pensées aux années 1812 et 1813, à nos campagnes en Russie, en Pologne, où des succès éclatants couronnèrent nos armes; et depuis, à notre retour en Allemagne, à tous ces combats journaliers et à toute outrance, à ces batailles presque fabuleuses où, par suite d'intrigues, de ligues et de défections, toutes les puissances de l'Europe réunirent des armées formidables pour nous arracher la victoire.....

» Je dirai encore que le maréchal, quoique souvent dangereusement blessé dans les actions les plus importantes, n'attendit jamais son rétablissement pour se retrouver à la tête de ses troupes au jour du danger.

» La guerre, suivant son cours, plus ardente et plus active que jamais, porta ses ravages en 1814 jusqu'au sein de la France; de nombreuses troupes étrangères inondèrent nos provinces, l'armée française affaiblie par les maladies, les fatigues et les faits d'armes, à l'aspect de nos désastres, sentit redoubler son dévouement et son courage; elle fit les plus héroïques efforts pour défendre l'Etat en péril, dans des rencontres et des combats divers auxquels le maréchal prit une brillante part.

» Nos succès à Vauchamps, Champaubert, Montmirail, Arcis-sur-Aube, calmèrent un moment l'inquiétude qui agitait tous les esprits; mais les destins, si longtemps propices à nos armes, leur étaient devenus contraires, et la reddition de Paris fit éclore de graves et de sinistres événements. Messieurs, je m'arrête, et veux jeter un voile sur les malheurs des temps qui affligèrent notre patrie!.....

» La guerre terminée, la paix rétablie en Europe; le maréchal fut appelé aux emplois les plus éminents. Colonel-général des régiments de grenadiers et chasseurs royaux, formés des corps de la garde impériale, mais qui furent trop tôt licenciés, il fut alors nommé un des colonels-généraux de la garde royale.

» Messieurs, nous l'avons vu tous, sous la Restauration, commander en chef cette belle garde nationale parisienne, si admirable par son amour de l'ordre et son patriotisme; nous l'avons vu en 1823, à la tête d'un corps d'armée, pénétrer en Espagne, lors de la dernière guerre; nous l'avons vu aussi, sous le règne actuel, grand-chancelier de la Légion-d'Honneur, distribuer, au nom du Roi, cette belle décoration, objet de l'ambition de tous les nobles cœurs.

» Le temps, dans sa marche incessante, avait, après de longs travaux, amené le maréchal à un âge déjà avancé. Comblé d'honneurs et de dignités, général en chef dans les armées françaises, maréchal de l'Empire et duc de Reggio, maréchal et pair de France, décoré de tous les ordres militaires de l'Europe, estimé et honoré pour sa justice, sa haute probité et la modération de ses principes politiques, les jours du repos paraissaient enfin arrivés pour lui; fatigué autant par ses blessures que par son âge, il y paraissait tout à fait disposé, lorsqu'en 1842, le Roi, comme pour compléter cette belle carrière militaire, le nomma gouverneur de l'hôtel et de la succursale des Invalides. Cette nomination redoubla son zèle et son activité : il se trouvait heureux de commander encore ces débris glorieux de nos grandes armées, si longtemps victorieuses, qu'il avait lui-même tant de fois conduites à la victoire. Il trouvait dans leurs rangs de vieux soldats qui, sous ses ordres, commencèrent la guerre à l'aurore de la Révolution et firent partie des premiers bataillons de volontaires. Il y trouvait aussi bon nombre de ces braves qui ont appartenu au corps des grenadiers et voltigeurs réunis, organisé au camp de Boulogne, que longtemps il a commandé et auquel il a donné son nom : *Grenadiers Oudinot.* Cinq ans il donna ses soins aux Invalides ; rien n'annonçait encore que le terme de sa carrière fût proche ; cependant, depuis quelques mois il était malade à sa terre de Jeand'heurs, et voulait, disait-il, revenir à son poste.

» Rentré à l'hôtel, dans les derniers jours du mois d'août, sa santé parut se raffermir, il y reprit ses fonctions ordinaires ; mais bientôt le mal reparut, fit de grands progrès, et en peu de jours le conduisit au tombeau.

» Sa fin a été calme et résignée : celle du juste et de l'homme de bien. Quelques pensées tristes ont pu occuper ses derniers moments. Il laissait sur la terre de nombreux amis, vivement affligés de sa perte. Tout en applaudissant au dévouement de ses fils, qui tous servaient leur pays en Algérie, il regrettait que ces nobles soldats ne fussent pas près de lui pour recevoir ses derniers adieux. Sa nombreuse famille entourait son lit de mort dans la plus cruelle anxiété ; son épouse adorée était dans la plus profonde douleur. Que de larmes brûlantes ont été répandues sur ses mains et ont inondé son visage vénéré ! Que de prières ont été adressées au Ciel pour sa conservation ! Mais l'ange de la mort a passé, l'a touché du bout de son aile, et l'âme du vaillant capitaine, du grand citoyen, s'est envolée à l'Eternité !

» Qu'elle y soit heureuse, qu'elle y reçoive la récompense de ses vertus et des bonnes actions qu'elle a pratiquées sur la terre ! Pour nous, nous conserverons à sa mémoire des regrets profonds et ineffaçables ! »

Nous terminerons ces détails en copiant textuellement un article du *Times*, qui prouve combien le héros dont nous avons écrit l'histoire avait inspiré d'admiration à un pays qui fut, pendant de longues années, l'ennemi du nôtre :

« L'effet de la cérémonie était rehaussé par la présence de plusieurs débris des armées impériales dans leurs uniformes de l'époque, et qui, par ces étranges mais splendides costumes, rappelaient plus vivement à la mémoire les exploits de l'Empire.

» Presque tous les grades et toutes les armes de la garde impériale avaient là des représentants. On apercevait des lanciers rouges, des dragons de toutes les formes, des guides, des chasseurs, tous portant, quoique affaissés par l'âge, avec un légitime orgueil ces vieux insignes, en rendant ainsi les derniers honneurs à leur illustre général. Indépendamment de cette catégorie d'assistants, à qui la singularité de ces uniformes exhumés prêtait un intérêt particulier, les funérailles du maréchal Oudinot avaient attiré les hommes les plus distingués de l'ancienne et de la nouvelle armée. On ne peut pas évaluer à moins de douze mille hommes les troupes de la garnison de Paris qui défilèrent devant le char funèbre arrêté devant la grande grille d'entrée des Invalides, après qu'il en eût fait le tour. Malheureusement une pluie assez forte tomba à cette dernière partie de la cérémonie; mais en amoindrissant un peu l'effet qu'elle produisait, cette pluie n'a pas empêché que les funérailles du maréchal Oudinot, l'un des soldats les plus éminents de l'Empire, n'aient été le plus magnifique et le plus intéressant spectacle qu'on ait vu à Paris depuis assez longtemps.

» Les ministres de la guerre, des finances, des travaux publics et du commerce et les principaux membres des deux chambres, avec une partie du corps diplomatique, occupaient autour du catafalque les places qui leur avaient été réservées »

Après cette cérémonie qui fut très longue, le corps de l'illustre défunt fut descendu dans le caveau des gouverneurs des Invalides.

Le corps du maréchal est déposé dans la case la

plus élevée de la dernière travée de droite placée en face de celle du brave Moncey, son prédécesseur à l'hôtel des Invalides, et qu'il a suivi de bien près dans la tombe.

Procès-verbal de l'inhumation fut dressé immédiatement. *(Note 10.)*

Le jour même, à Bar-le-Duc, dans l'église Saint-Antoine et à Lisle-en-Rigault, d'où dépend la propriété de Jeand'heurs, un service fut célébré. A Bar, cette cérémonie réunissait tous les anciens militaires, les notabilités de la ville et un nombre immense de citoyens.

Après le service, le conseil municipal de Bar-le-Duc se réunit et prit à l'unanimité l'arrêté suivant :

« M. le maire (1) expose au conseil que la ville de Bar vient de perdre le plus illustre de ses enfants, M. le maréchal Oudinot, duc de Reggio.

Dévouement sans bornes à sa ville natale ; probité sévère, jusqu'à mériter les éloges de ceux de nos ennemis que nos armes avaient le plus durement frappés ; illustration militaire éminente parmi tant d'illustrations qui ont porté jusqu'aux extrémités du monde la gloire de la France ; tels sont les titres de M. le maréchal Oudinot à la reconnaissance, aux hommages de ses concitoyens.

» M. le maire ajoute qu'il croit être le fidèle interprète des vœux du pays en proposant au conseil d'ouvrir une souscription pour élever une statue à M. le maréchal Oudinot, duc de Reggio.

» Le conseil, après en avoir délibéré, et partageant les sentiments exprimés par M. le maire, arrête à l'unanimité qu'une statue sera élevée dans la ville de Bar à M. le maréchal Oudinot, duc de Reggio.

(1) M. Paulin Gillon.

» La souscription sera ouverte immédiatement, et le conseil vote une première somme de trois mille francs.

» Cette souscription sera rendue publique par les soins d'une commission provisoire composée de MM. le colonel de Morlaincourt, Millon, le colonel Robert, membres du conseil, aussitôt qu'elle aura reçu l'approbation ministérielle. (1)

» Lorsque les souscriptions auront été réunies, les souscripteurs seront convoqués à l'effet de nommer une commission définitive qui sera chargée d'arrêter les plans et de surveiller les détails de l'exécution. » (2)

M. le maire de Bar envoya copie de cette délibération à la veuve du maréchal, avec cette lettre :

« Bar-le-Duc, le 7 octobre 1847.

» Madame la duchesse,

» Le conseil municipal a arrêté, avant-hier, qu'une souscription serait ouverte pour élever dans la ville de Bar une statue à M. le maréchal, et il a voté une première somme de trois mille francs.

» Une commission provisoire a été chargée de donner de la publicité à cette souscription ; elle est composée de MM. les colonels de Morlaincourt, Robert et de M. Millon.

» Lorsque cette souscription sera assez avancée, les souscripteurs seront réunis pour nommer une commission définitive chargée des détails d'exécution.

» La ville de Bar, Madame la duchesse, veut rappeler à perpétuité et chaque jour, à ses enfants, les bienfaits et la gloire de M. le maréchal.

» Puisse ce témoignage éclatant de la reconnaissance et de l'affection, profondément senti de toute notre population, apporter quelques adoucissements à vos peines !

---

(1) MM. Félix Gillon et d'Eprémesnil ont été adjoints aux précédents par délibération postérieure.

(2) Voir à la fin de l'ouvrage la liste des souscripteurs.

» M. le maréchal ne mourra jamais parmi nous. La ville qu'il a tant aimée lui conserve à son tour un amour éternel.

» Daignez, Madame la duchesse, agréer l'hommage de mon respect le plus profond.

» GILLON. »

Avant de clore cette glorieuse histoire, maintenant que la tombe s'est ouverte pour recevoir son hôte illustre, nous devons parler en quelques lignes de l'héritier de ce nom célèbre, de Victor OUDINOT, aujourd'hui général en chef et duc de Reggio.

Nous croyons devoir citer textuellement l'état des services du général en chef Victor Oudinot.

Pour écrire sa vie, il faudrait un volume, et nous pensons que le résumé le plus glorieux et le plus éloquent est la nomenclature exacte des titres du général Oudinot à la reconnaissance de la France :

ÉTAT DES SERVICES

de M. OUDINOT (NICOLAS-CHARLES-VICTOR), duc de Reggio,

Né le 3 novembre 1791, à Bar-le-Duc, département de la Meuse, fils de Nicolas-Charles et de Françoise-Charlotte DERLIN, marié le 21 mars 1820 à M.elle Eulalie-Jeanne-Louise-Célina MINGUET.

Corps où les services ont eu lieu et positions diverses.	Grades ou emplois.	Dates des nominations ou des cessations d'activité	Durée des services effectifs.		
			Ans.	Mois.	Jours.
....	Page.	25 décembre 1805.	2	9	18
....	Premier page.	13 octobre 1808.	»	10	4
5e Hussards........................	Lieutenant.	17 août 1809.	»	10	27
Aide-de-camp du Mal prince d'Essling...	Id.	12 juillet 1810.	1	1	25
Chasseurs à cheval de la garde impériale	Lieutenant en 1er (1)	7 septembre 1811	»	4	10
Id. Id........	Capitaine (2).	27 janvier 1812.	2	2	1
Id. Id........	Chef d'escadron (3).	1er avril 1814.	»	»	27
8e Chasseurs......................	Colonel.	27 avril 1814.	»	»	14
25e Dragons......................	Id.	27 avril 1814.			
Hussards du Roi (1er régiment).......	Id.	11 mai 1814.	1	4	16
Hussards du Nord (4e régiment)	Id.	27 septembre 1815	6	8	15

(1) Rang de capitaine. — (2) Rang de chef d'escadron. — (3) Rang de lieutenant-colonel.

Corps où les services ont eu lieu et positions diverses.	Grades ou emplois.	Dates des nominations ou des cessations d'activité	Durée des services effectifs.		
			Ans.	Mois.	Jours.
1er régiment de Grenadiers à cheval...	Colonel.	12 juin 1822.	1	9	19
Id. avec rang de	Maréchal de camp.	12 juin 1822.			
Commandant une brigade au camp de Lunéville............	Id.	31 mars 1824.	»	7	17
Commandant l'école royale de cavalerie	Id.	17 novembre 1824.	5	1	16
Membre du comité spécial et consultatif de la cavalerie............	Id.	3 janvier 1830.	»	8	»
Inspecteur génal de l'école de cavalerie.	Id.	2 septembre 1830	5	»	28
Commandant la brigade d'avant-garde du corps expéditionnaire de Mascara.	Id.	1er octobre 1835.	»	3	»
En disponibilité............	Lieutenant-général.	31 décembre 1835.	4	7	18
Inspecteur général de cavalerie (1)....	Id.	.... 1839.	»	»	»
Commandant du camp de Fontainebleau.	Id.	18 août 1840.	»	4	»
Membre du comité consultatif de cavalerie (2)............	Id.	17 décembre 1840.	1	5	13
Commandant le camp de Lunéville...	Id.	1er juin 1842.	5	9	7
Membre de la commission de défense nationale............	Id.	7 mars 1848.	»	»	3
Commandant en chef provisoire de l'armée des Alpes............	Général en chef.	10 mars 1848.	1	1	14
Commandant en chef l'armée d'Italie..	Id.	24 avril 1849.	»	4	11

(1) Pendant les années 39-40-42-44-45-46-47 et 48. — (2) Pendant les années 1844 à 1847 incluse.

DÉTAIL DES CAMPAGNES.

1809. — A la grande armée (Wagram).
1810 et 1811. — Espagne et Portugal.
1812. — Russie (Moskowa).
1813. — Grande armée (Leipsick).
1814. — Grande armée (France).
1835. — Afrique (Mascara).
1849. — Italie (Rome).

TITRES ET DIGNITÉS.

Ecuyer cavalcadour du Roi. (26 novembre 1820.)
Gentilhomme d'ambassade à Londres. (26 juin 1821.)
Député au corps législatif en 1842; réélu en 1846. (Arrondissement de Saumur.)
Membre de l'Assemblée constituante en 1848. (Maine-et-Loire.)
Membre de l'Assemblée nationale législative en 1849-1850. (Maine-et-Loire et Meuse.) — Option pour la Meuse.
Patricien Romain par décret du 12 septembre 1849.

BLESSURES ET ACTIONS D'ÉCLAT.

Blessé d'un coup de biscaïen au pied à la bataille de Leipsick. (19 octobre 1813.)
Blessé d'une balle à la cuisse à la bataille de Craône. (6 mars 1814.)

A eu la cuisse traversée d'une balle au combat de l'Habra. (3 novembre 1835.)
A la bataille de Hanau, il reprit, à la tête d'un escadron de chasseurs, six pièces d'artillerie légère de la garde et fit prisonnier une partie du bataillon qui s'en était emparé. (30 octobre 1813.)
A la bataille de Montmirail, il fit, à la tête d'un escadron de chasseurs de la garde, un bataillon de Prussiens prisonnier. (11 février 1814.)

DÉCORATIONS FRANÇAISES.

Chevalier de la Légion-d'Honneur (13 janv. 1812).
Officier de la Légion-d'Honneur. (24 novembre 1813.)
Chevalier de la Réunion. (12 février 1814.)
Chevalier de Saint-Louis. (13 août 1814.)
Commandeur de la Légion-d'Honneur. (18 mai 1820.)
Commandeur de Saint-Louis. (20 mai 1827.)
Grand-Officier de la Légion-d'Honneur. (12 juillet 1849.)

DÉCORATIONS ÉTRANGÈRES.

1re classe (en diamants) de l'ordre de Nichâni Istikar de Tunis. (15 décembre 1847.)
Naples. — Grand'croix de l'ordre de St-Janvier. (30 août 1849.)
Rome. — Grand'croix de l'ordre de Pie IX. (1re classe. — Diamant.) — 4 août 1849.

Certifié conforme aux pièces du dossier.

Charles-Joseph-Gabriel Oudinot, fils du maréchal, compte déjà plusieurs campagnes et notamment celle d'Italie; il est aujourd'hui premier chef de bataillon au 13.e régiment d'infanterie de ligne et a plusieurs décorations.

Le plus jeune fils du maréchal, Victor-Angélique-Henri Oudinot, a fait aussi avec ses frères la mémorable campagne d'Italie; il est aujourd'hui décoré de plusieurs ordres et capitaine au 4.e régiment de dragons.

Nous ne terminerons pas cette nomenclature des fils de l'illustre maréchal Oudinot sans parler de ceux de ses gendres ayant suivi la carrière militaire : les généraux Pajol et de Lorencez.

Claude-Pierre Pajol, général en chef, comte et pair de France, grand'croix de la Légion-d'Honneur, est né à Besançon le 3 février 1772 et mort à Paris le 20 mars 1844.

Le général en chef comte Pajol.

Pierre Pajol, fils d'un avocat au parlement, faisait son droit quand la révolution éclata. Il entra bientôt au service et parvint au grade de sous-lieutenant en 1791, dans le régiment de Saintonge; c'est en cette qualité qu'il fit sa première campagne, il entra le premier dans Spire (30 septembre 1792) et reçut une grave blessure à la main gauche.

Deux nouvelles blessures et plusieurs actions d'éclat furent ses titres à la confiance de Kléber qui se l'attacha en qualité d'aide-de-camp (1794) à la bataille de Marchienne, le 18 juin, à Fleurus; le 26, au siége de Maëstricht, Pajol qui, depuis un an, était capitaine, donna tant de preuves de courage que le général en chef le chargea de porter à la Convention trente-six drapeaux enlevés à l'ennemi.

Au passage de la Lahn, il reçut une balle dans le ventre et continua à combattre. L'année suivante, à Altenkirken, il ramena quatre mille prisonniers : il fut nommé, à la suite de cette affaire, lieutenant-colonel sur le champ de bataille.

En 1796, 1797 et 1798, il est blessé quatre fois, et notamment à Liettingen, où il est criblé de coups de sabre; son cheval est tué; il est sur le point d'être pris, mais s'emparant d'un cheval démonté, il rejoint son régiment (4.e hussards) et couvre la retraite.

Dans la campagne de Suisse, sous les ordres de Masséna, il conduisit fréquemment son régiment à la victoire, et sut le tirer des positions périlleuses où le plaçait parfois l'ardeur de la poursuite.

Nommé colonel le 21 juin 1799, à la suite d'une brillante affaire, il prit le commandement du 6.e hussards et rendit à l'armée d'Italie un service signalé, en soutenant la retraite depuis Novi.

A la bataille de Neubourg, le 27 juin 1801, il surprit un régiment de cuirassiers, le battit complétement et lui fit deux cents prisonniers; cette affaire lui valut un sabre d'honneur. Il assista à la bataille de Hohenlinden et fit, en poursuivant l'ennemi, un grand nombre de prisonniers.

Devenu général de brigade après la bataille d'Austerlitz, il se distingua sur la Passarge, à l'affaire de Gudstadt et au combat d'Heilsberg, où il soutint avec le 3.e chasseurs, les 5.e et 7.e hussards composant sa brigade, la charge de toute la cavalerie ennemie qu'il sut arrêter à temps.

En 1809, le général Pajol commanda les avant-postes sur la frontière de Bohême; c'est dans cette position qu'il reçut du maréchal autrichien Bellegarde, la déclaration de guerre et qu'il fut aussitôt attaqué sur tous les points. N'ayant que deux mille chevaux, il contint l'ennemi et donna le temps au maréchal Davoust de réunir son corps d'armée.

Le 23 avril, il prit une part très active au succès de la bataille d'Eckmühl, où il eut deux chevaux tués sous lui. Le 24, à Ratisbonne, il fit deux mille prisonniers, et l'Empereur Napoléon lui donna sur le champ de bataille la décoration de commandeur de la Légion-d'Honneur.

Il arriva le 4 juillet dans l'île de Lobau, passa le Danube le 5 et occupa à cette bataille l'extrême droite du corps du maréchal Davoust; le général Pajol eut à soutenir tous les efforts de la cavalerie ennemie. Dans une des charges de cette immortelle bataille, le général Pajol défit complètement un régiment et fit prisonnier son colonel.

En 1812, le général Pajol eut le commandement de l'avant-garde du 1.er corps d'armée aux ordres du prince d'Eckmühl. Le 24 juin, il passa le premier le Niémen, s'empara de Kowno, et fit prisonnier un bataillon russe. Le général Pajol prit ensuite Minsk, et quelque temps après, par une marche de nuit, parvint à s'emparer d'un parc d'artillerie; il avait fait vingt-trois lieues en huit heures. Il ramena à l'Empereur douze cents chevaux et quatre cents prisonniers. Napoléon, pour cette brillante expédition, le nomma général de division. (7 août 1812.)

A la bataille de la Moskowa, la cavalerie du général Pajol était placée au centre, non loin des redoutes de l'ennemi, elle y fit des pertes immenses et contribua toutefois à décider la victoire, en reprenant au galop, à la voix de son valeureux chef, trente-six pièces d'artillerie dont l'ennemi venait de s'emparer. Les généraux Montbrun, Caulincourt, ses aides-de-camp, ont été tués à ses côtés; un de ses chevaux a été emporté par un boulet, l'autre tué par un biscaïen, et un troisième traversé par un obus qui, en éclatant, l'a culbuté.

Dans cette mémorable journée, le général Pajol avait eu plus de huit cents chevaux de sa division mis hors de combat par l'artillerie.

Le surlendemain, 9, après s'être emparé de Mojaisk, il a le bras droit cassé d'un coup de fusil et son cheval est tué sous lui, ce qui ne l'empêcha pas de suivre l'ennemi jusqu'à Moscou. Il effectua bientôt la retraite de Russie avec l'armée.

Sa blessure guérie et la France l'appelant à de nouveaux combats, le général Pajol reprend son rang parmi les braves qui combattent à Lutzen le 2 mai 1813, à Bautzen, jusqu'au moment de l'armistice.

A cette époque, il est de nouveau chargé d'observer la frontière de Bohême sur la rive gauche de l'Elbe. Il apprend bientôt que l'armée russe se réunit à l'armée autrichienne et que toutes ces troupes se préparent à rompre l'armistice. Il en prévient l'Empereur le 7 août.

Le 16, l'armistice est rompu; seul pour défendre cette grande frontière, il est attaqué et forcé sur tous les points de cette ligne à la fois; mais il ne fut pas entamé et parvint à se retirer sur Dresde;

n'ayant d'autre retraite que cette ville, il opposa la prudence et le courage qui garantirent son infanterie, sa cavalerie et son artillerie de toute mutilation. Dans un engagement très vif qu'il eut aux approches de Dresde, ce fut une de ses batteries qui blessa mortellement le général Moreau.

Bientôt le général Pajol fut chargé de garder les passages de Bohême; c'est dans cette position que l'Empereur, qui avait failli être pris, par le peu de surveillance des piquets de sa garde, dit devant tout son état-major : « Il n'y a plus de général de cavalerie que Pajol; celui-là sait non seulement se bien battre, mais ne pas dormir, se bien garder et n'être jamais surpris. »

L'Empereur lui confia immédiatement le commandement du 5.e corps de cavalerie, composé de quatorze régiments arrivant d'Espagne et formant trois divisions. C'est avec cette belle troupe que Pajol soutint tous les efforts de la cavalerie ennemie, réunie contre lui à Wachau.

Dans une de ses charges brillantes, le général Pajol reçut dans le poitrail de son cheval un obus qui, en éclatant, fit sauter le général à plus de vingt-cinq pieds en l'air, lui cassa le bras gauche et lui fractura les côtes.

Laissé pour mort au milieu des combattants, il y aurait été oublié sans le dévouement et le courage de son premier aide-de-camp, le lieutenant-colonel Biot, et de ses officiers, qui l'enlevèrent et le conduisirent à l'ambulance.

Napoléon, en voyant l'état horrible du général, dit aux officiers de son état-major : « Si Pajol en revient, il ne doit plus mourir. »

Il en revint pourtant, et, le bras encore en écharpe, il reçut deux mois après, de Napoléon, le commandement en chef de l'armée d'observation de la Seine.

L'Empereur le fit appeler à Guignes le 15 février 1814, lui communiqua ses projets sur Montereau et lui ordonna de s'y rendre avec son corps, le 17, de grand matin.

Le 17, dès la pointe du jour, il est aux prises avec l'ennemi, il le force de se retirer, l'attaque avec une grande vigueur; seul, il contient toute l'armée ennemie. Midi sonne, et le maréchal Victor n'est pas encore arrivé. Déjà Pajol a perdu dix-neuf pièces de canon sur vingt-quatre qu'il avait, quand le grand-maréchal du palais, Bertrand, accourt à toute bride et le prévient que le général Gérard remplace le maréchal Victor, et qu'il arrive. Le général Pajol ranime le courage de ses soldats et les reporte en avant. L'ennemi abandonne sa position. Pajol le pousse, le harcelle, et lui fait cinq mille prisonniers. Cette charge, l'une des plus belles du général Pajol, est récompensée par le grade de grand-officier de la Légion-d'Honneur, que Napoléon lui confère sur le champ de bataille même; l'Empereur l'embrasse et lui dit : *Si tous les généraux m'avaient servi comme vous, l'ennemi ne serait pas en France.*

Le général en chef Pajol, à la fin de cette journée, ayant eu un cheval tué sous lui, et ses dernières blessures s'étant rouvertes par suite de sa chute, fut forcé de quitter l'armée et revint à Paris.

Ce fut alors qu'il apprit l'abdication de l'Empereur, la capitulation de Paris, l'entrée des alliés, etc. Napoléon revint de l'île d'Elbe, donna au général Pajol le commandement d'un corps de dix-huit mille hommes, et le nomma pair de France.

Le 15 juin 1815, Pajol passait la Sambre, s'emparait de Charleroi; le 16, il luttait contre des forces supérieures devant Fleurus ; le 17, après avoir enlevé à l'ennemi dix pièces d'artillerie (les seules prises pendant cette campagne), il fut récompensé par Napoléon, qui le nomma grand'croix de la Légion-d'Honneur.

Le 18 juin, il s'empara de Namur; le 19, la nouvelle des grands désastres de Waterloo le vint trouver, mais ne l'accabla point.

Il proposa d'attaquer l'ennemi avec 36,000 hommes. Mais que pouvaient tous ces efforts? Les destinées devaient s'accomplir, l'armée se retira derrière la Loire; Pajol l'y suivit, et quand elle fut licenciée, il obtint sa retraite (7 août 1815.)

En juillet 1830, le général Pajol fut investi du commandement de la 1.re division militaire.

Sincèrement dévoué à son pays, il défendit avec le dévouement et la loyauté de son caractère les lois et l'ordre.

Dans les premiers jours de 1844, la santé du général Pajol commença à faiblir, et le 20 mars il expirait.

Quelques jours avant de succomber, et avec la résignation d'un soldat et le calme d'un honnête homme, il disait sur son lit de douleur : « Ah! du
» moins, si c'était un boulet qui m'eût brisé les os,
» j'aurais été favorisé jusqu'à la fin de ma vie : elle
» se serait éteinte pour le service de la France, il ne
» me resterait à demander à Dieu que sa clémence,

» et ma vieillesse n'eût rien envié à mes jeunes ans. »

Le général Pajol laisse deux fils qui suivent avec honneur la carrière militaire et ont hérité de la noblesse et de la bravoure de leur père ; Charles-Pierre-Victor PAJOL, chef d'escadron au corps d'état-major, aide-de-camp du maréchal Gérard, et Louis-Eugène-Léonce PAJOL, chef d'escadron au 7.ᵉ cuirassiers ; tous les deux chevaliers de la Légion-d'Honneur (1).

<small>Le général de division comte de Lorencez.</small>

Guillaume LATRILLE, comte de LORENCEZ, général de division, grand-officier de la Légion-d'Honneur, commandeur de Saint-Louis, chevalier de la Couronne-de-Fer, naquit à Pau (Basses-Pyrénées) le 21 avril 1772.

Enrôlé volontaire au 2.ᵉ bataillon des Basses-Pyrénées, le 12 décembre 1791, il parvint le 26 du même mois au grade de sergent et fit les campagnes de l'an II et de l'an III, en qualité de sergent-major, adjudant sous-officier et sous-lieutenant, grade qu'il obtint le 6 novembre 1792.

Le 6 juin 1793, au combat de Château-Pignon, le lieutenant Lorencez reçut un coup de feu à la poitrine, et le 1.ᵉʳ septembre suivant fut nommé adjudant-major-capitaine.

Pendant les années 1796 et 1797, chef de bataillon ; il fit la campagne d'Italie sous les ordres du général en chef Bonaparte.

Il fut bientôt nommé aide-de-camp du général Augereau et resta sous ses ordres jusqu'au 13 août

---

(1) Le général Pajol avait épousé en 1808 la fille aînée du maréchal Oudinot, duc de Reggio.

1799, époque à laquelle il devint adjudant-général.

Colonel du 46.ᵉ régiment de ligne, le 1.ᵉʳ février 1805, il se distingua à la bataille d'Austerlitz, où il eut un cheval tué sous lui, et quelque temps après il reçut la décoration de commandeur de la Légion-d'Honneur.

Le 8 février 1807, eut lieu la bataille d'Eylau; le colonel Lorencez fut nommé général de brigade sur le champ de bataille pour avoir enlevé à la baïonnette, d'après les ordres et sous les yeux du maréchal Soult, un plateau d'un accès difficile et qui couvrait Eylau.

Le 10 juin suivant, à la bataille de Heilsberg, Lorencez eut encore un cheval tué sous lui et reçut un coup de feu sous l'oreille droite.

Après avoir débuté sous les ordres du maréchal Davoust, en 1809, par une participation très active aux batailles de Thann et d'Eckmühl, ce qui attira au général de Lorencez de nouvelles grâces de Napoléon, la division Saint-Hilaire, dont il commandait la 1.ʳᵉ brigade, entra dans la formation du 2.ᵉ corps destiné au maréchal Lannes, duc de Montebello, et qui passa sous les ordres du général Oudinot, après la mort déplorable de Lannes.

C'est sous le général Oudinot que Lorencez combattit à Wagram; il fut nommé chef d'état-major du général Oudinot (7 juillet 1809). Dans la journée mémorable de Wagram, trois officiers supérieurs, les généraux Gauthier et Duprat, et le colonel Chapponel, qui avaient successivement rempli près du général Oudinot les fonctions de chef d'état-major, avaient succombé. Lorencez lui-même, à cette bataille, reçut une balle à la cuisse dont l'effet se borna à une forte contusion.

Le général de Lorencez, arrivé à cette époque de sa vie, s'était déjà illustré dans les rangs des armées des Pyrénées, d'Italie, d'Allemagne, sous Augereau, de l'Ouest sous Hédouville, de Hollande et Gallo-Batave sous Augereau.

En 1810 et 1811, le général de Lorencez faisant partie des armées de Catalogne et d'Aragon, assista aux siéges célèbres de Tortose et de Taragone.

Dans ce dernier siége, étant de tranchée, le 28 juin 1811, Lorencez reçut un coup de mitraille à la jambe.

En 1811, le général de Lorencez épousa la seconde fille du maréchal Oudinot, duc de Reggio. Il fut nommé à la fin de cette même année chef d'état-major général, attaché au corps du duc de Reggio, et fit en cette qualité la laborieuse et funeste campagne de Russie.

Lorencez fut mentionné honorablement dans le Bulletin de la grande armée en 1812; il fut de nouveau blessé au combat de Polotsck, mais nous le retrouvons debout et à la tête de ses braves en 1813. Nommé le 13 mars 1813 général de division, il assista à la bataille de Bautzen qui fut livrée le 20 mai, et fut blessé par la mitraille aux deux cuisses; il eut la gauche fortement fracturée.

Cette blessure lui interdisant l'équitation, Napoléon lui donna le commandement de la 14.e division militaire et celui du camp de Cherbourg.

Après l'abdication de l'Empereur, le général de Lorencez était à Cherbourg quand le duc de Berry débarqua; le prince l'accueillit très bien, et en juin 1815, le général de Lorencez fut chargé par Napoléon de l'organisation et du commandement des gardes nationales actives dans la 3.º division militaire. En moins d'un mois, il organisa quatorze bataillons de garde nationale mobile, création simultanée dans toute la France et qui aurait donné trois cent mille hommes à l'Empereur, s'il eût triomphé à Waterloo.

De 1815 à 1827, époque de sa mise à la retraite, le général de Lorencez fut employé comme inspecteur d'infanterie. Il vit aujourd'hui retiré à Bar-le-Duc (Meuse).

Son fils, Charles-Ferdinand LATRILLE DE LORENCEZ, débuta, au sortir de l'école militaire de Saint-Cyr, par le siége d'Anvers (1832).

Faisant partie du corps des zouaves, il fit neuf campagnes en Afrique; il se distingua particulièrement au siége de Zaatcha, dans lequel il fut blessé assez grièvement.

A cette nouvelle, un journal écrivit : « Le sang d'un petit-fils d'Oudinot de Reggio vient encore de couler sur le sol africain; notre Bulletin de l'Algérie annonce que le chef de bataillon de zouaves, M. de Lorencez, a été blessé au siége de Zaatcha. C'est le troisième de la famille atteint par les balles arabes : on se rappelle que le colonel Oudinot a été tué en chargeant à la tête de son régiment et le général Oudinot a eu la cuisse traversée par une balle en allant venger la mort de son frère. »

Ferdinand de Lorencez est aujourd'hui décoré de la Légion-d'Honneur et lieutenant-colonel du 7.e régiment d'infanterie de ligne.

La mort du maréchal Oudinot eut un grand retentissement dans toute l'Europe, et de toutes parts sa famille recueillit des témoignages de douleur pour la perte immense que la France venait de faire.

Nous avons pensé que ces preuves de respect et d'admiration étaient du domaine de l'histoire et devaient être le complément inséparable d'une aussi belle vie.

<small>Honneurs rendus à la mémoire du maréchal Oudinot.</small>

Nous citerons donc ces lettres suivant l'ordre de réception, et nous ne les ferons suivre d'aucun commentaire; elles portent toutes leur cachet et prouvent combien l'illustre maréchal était vénéré, même des peuples nos ennemis (1) :

LETTRE DES MAGISTRATS DE NEUCHATEL.

« Monsieur le général,

» Venant d'apprendre que vous êtes de retour de l'Algérie, nous ne voulons pas tarder plus longtemps à vous témoigner l'affliction et les regrets que nous avons éprouvés à la nouvelle de la mort de Monsieur le maréchal, votre père.

» Nos anciens magistrats et toute la population de cette ville n'ont point oublié les bienfaits et la conduite si belle et si honorable de ce brave et digne militaire, pendant qu'il commandait la division de grenadiers et les troupes qui occupèrent, en 1806, le pays de Neuchâtel. C'est en maintenant constamment une sage discipline qu'il a usé du pouvoir remis en ses mains, et lorsqu'il devait exécuter les ordres qui lui étaient donnés, il a toujours apporté le tempérament d'un esprit de justice et de bienveillante modération. Nos pères ont remercié la Providence de leur avoir envoyé un pareil chef dans des circonstances aussi critiques pour eux, et la tradition rappelle et conservera toujours à Neu-

---

(1) Toutes les lettres qui vont suivre sont adressées à M. le général Oudinot, fils aîné du maréchal.

châtel les traits de ce caractère empreint de bonté, de bravoure et de franchise.

» Le général Oudinot avait emporté, à son départ de notre pays, les sentiments d'estime et d'amour de tous les Neuchâtelais, et nous sommes heureux de nous rappeler les témoignages réciproques et de bienveillance qu'il a constamment donnés pendant son séjour au milieu de nous, et dès lors aux magistrats et habitants de cette ville.

Vous ne devez donc pas douter, Monsieur le général, de la vive part que nous avons prise à votre deuil, et si quelque chose pouvait en adoucir la douleur bien légitime, c'est avec la grâce de Dieu, qui seule peut donner la vraie consolation, la satisfaction bien douce pour vous d'entendre, sans doute, de bien des contrées, des regrets et des témoignages aussi sincères que ceux que nous venons d'exprimer : et quel encouragement pour vous et les vôtres, Monsieur le général, que cet héritage d'honneur et de gloire que l'illustre défunt a laissé à ses enfants !

» Nous vous prions, Monsieur le général, de bien vouloir transmettre à M.me la duchesse douairière et aux membres de votre noble famille cette faible mais bien sincère expression de nos sentiments et de nos condoléances, et d'agréer, avec l'hommage de nos vœux pour votre prospérité, l'assurance de notre dévouement et de notre considération très distinguée.

» Vos bien affectionnés,
» Les quatre ministraux et conseil général de la ville et bourgeoisie de Neuchâtel.
» En leur nom :
» Le conseiller et secrétaire de la ville,
» F.-A. WAVRE.
» A l'Hôtel-de-Ville de Neuchâtel, le 9 octobre 1847. »

LETTRE DE CHARLES-ALBERT, ROI DE SARDAIGNE.

« Vous avez rendu justice à mes sentiments, en pensant que j'aurais pris la part la plus sensible à la douloureuse perte du maréchal, duc de Reggio : il m'eut été impossible de lui porter plus d'affection, plus de reconnaissance et de pouvoir l'admirer davantage. Je joins mes profonds regrets aux vôtres, Monsieur le général, et je désire vivement que quelque circonstance vous puisse faire passer par Turin, et me mette à même de vous assurer mieux que par écrit de toute amitié.

» CHARLES-ALBERT.

» Turin, le 10 octobre 1847. »

LETTRE DE GUILLAUME, ROI DE HOLLANDE.

« Monsieur le marquis,

» J'ai reçu la lettre en date du 28 septembre dernier, par laquelle vous m'annoncez le décès de votre digne et honoré père, le maréchal Oudinot, duc de Reggio.

» En vous remerciant de cette communication, je me plais à rendre justice aux talents militaires, ainsi qu'à la valeur du défunt et à partager l'estime générale qui proclame ses nobles qualités. Je désire que ce témoignage contribue à calmer les regrets que cette mort vous cause, et qu'il vous donne l'assurance des sentiments distingués avec lesquels je suis, Monsieur le marquis, votre affectionné,

» GUILLAUME.

» La Haye, le 18 octobre 1847. »

LETTRE DE LOUIS, ROI DE BAVIÈRE.

« Monsieur le marquis, lieutenant-général Oudinot,

» J'ai reçu la lettre que vous avez bien voulu m'écrire le 28 septembre pour m'annoncer le décès du maréchal, duc de Reggio, votre père. Vous serez bien persuadé, Monsieur le général, de la part que je prends à la perte que vous venez d'éprouver. Cette perte ne trouve pas moins de sympathie dans l'armée bavaroise qui a si souvent combattu sous les ordres du maréchal, et j'ai toujours conservé le souvenir des sentiments d'estime personnelle que le feu roi, mon père, lui avait voués et dont il lui avait donné des preuves.

» J'ai donc été sensible à l'attention de votre lettre, qui me donne en même temps l'occasion de vous assurer, Monsieur le marquis, des sentiments d'estime avec lesquels je suis votre affectionné,

» LOUIS.

» Munich, 18 octobre 1847. »

LETTRE DE FRÉDÉRIC-GUILLAUME, ROI DE PRUSSE.

« Monsieur le duc ,

» J'ai toujours porté un attachement véritable au maréchal, duc de Reggio, votre père ; la nouvelle de sa mort, que vous avez bien voulu m'annoncer par votre lettre du 28 du mois passé, m'a donc frappé douloureusement. L'intérêt que je prenais à tout ce qui le concernait ne cesse pas avec sa mort et passe à sa famille. Je sens vivement avec vous, Monsieur le duc, la perte que vous venez de faire. Feu votre père a su se concilier, dans ce pays-ci, l'estime générale sous les circonstances les plus critiques et dans un temps d'irritation sans exemple contre le souverain qu'il servait alors.

» C'est, selon moi, un des plus beaux titres de gloire et qui honore le plus sa mémoire. La conduite du maréchal à Berlin n'a, comme vous le savez, jamais été oubliée par le feu roi, mon père, et j'ai été héritier de ses sentiments. Conservant dans mon cœur ces souvenirs, je vous engage à accepter mes sincères regrets, ainsi que l'assurance réitérée de ma parfaite estime et de ma bienveillance.

» Sur ce, je prie Dieu, Monsieur le duc, qu'il vous tienne en sa sainte et digne garde.

» Votre affectionné ,
» FRÉDÉRIC-GUILLAUME.

» Sans-Souci, le 30 octobre 1847. »

LETTRE DE NICOLAS, EMPEREUR DE RUSSIE.

« J'ai reçu, général, la lettre que vous m'avez adressée pour me faire part de la mort du vénérable maréchal Oudinot, votre père. La perte d'un homme dont le nom a marqué parmi les premiers dans une époque si fertile en grands capitaines, ne peut qu'être fortement sentie par tous ceux qui rendent hommage aux talents et à la gloire militaires.

» C'est l'impression qu'à ce titre elle devait produire sur moi. Les belles actions et le loyal caractère du maréchal lui avaient mérité, dans le temps, l'estime et l'affection de feu mon frère, l'empereur Alexandre, et je sais que les marques d'honneur qu'il en a reçues avaient toujours laissé dans son âme un souvenir reconnaissant. C'est pour moi une raison de plus de le regretter, et de sympathiser avec l'affliction que sa mort vient de causer à son pays et à sa famille. Je n'ai donc pu qu'être sensible à l'attention que vous avez eue de m'informer de cet événement. J'y vois la preuve que vous considérez les sentiments que votre père portait à mon frère et à moi, comme faisant partie de votre héritage.

» Cette persuasion me fait doublement regretter de n'avoir pu, comme je l'avais espéré il y a quelque temps, faire votre connaissance personnelle, et je saisis avec plaisir cette occasion de vous le dire, en vous donnant ici l'assurance de ma sincère estime.

» Saint-Pétersbourg, le 18 octobre 1847.

» Nicolas. »

La famille royale de France se montra aussi sensible que les cours étrangères à la perte immense que notre patrie venait de faire.

Le duc de Montpensier adressa en ces termes ses condoléances au fils aîné du maréchal :

« Je vous remercie, mon cher général, d'avoir bien voulu m'associer, par votre lettre, au deuil de votre famille qui en est un aussi pour la patrie. La France, qui perd dans M. le duc de Reggio un des derniers, un des plus héroïques témoins d'une époque à jamais mémorable, gardera chèrement le souvenir de celui que nous pleurons avec vous. Heureux du moins ceux à qui il est donné de se survivre à eux-mêmes dans des fils dignes de porter leur nom. Cette pensée a été le bonheur de la vieillesse de votre illustre père et la consolation de ses derniers jours.

» Recevez, mon cher général, l'assurance de tous mes sentiments.

» Votre affectionné,

» Antoine d'Orléans. »

Maintenant nous avons à parler de l'inauguration de la statue que la France élève à l'un de ses plus illustres enfants sur une des places de la ville de Bar-le-Duc (Meuse), et dont la cérémonie doit avoir lieu le 29 septembre 1850.

De même qu'après la mort d'un poète ou d'un écrivain célèbre, paraissent souvent ses œuvres posthumes, nous avons aussi voulu parler des hommages rendus à la mémoire du maréchal Oudinot.

Par ordonnance royale en date du 17 novembre 1847, la ville de Bar fut autorisée à lui élever une statue.

M. le ministre de la guerre, en annonçant au fils aîné du maréchal cette autorisation, écrivit la lettre suivante :

« Général, je viens de recevoir ampliation de l'ordonnance du 17 de ce mois, rendue sur les rapports des ministres de l'intérieur et de la guerre, par laquelle le Roi a daigné autoriser la ville de Bar-le-Duc (Meuse) à ériger une statue en l'honneur de Monsieur le maréchal Oudinot, duc de Reggio, votre illustre père.

» Je m'empresse de vous en donner avis, bien que vous en soyez peut-être informé déjà; mais je suis bien aise de saisir cette occasion pour vous offrir de nouveau l'expression de toute ma sympathie.

» Une statue ne peut rien ajouter à l'illustration du nom que vous portez en digne fils du maréchal, mais elle témoignera du respect que le gouvernement et le pays ont conservé, comme vous, pour la mémoire du duc de Reggio.

» Recevez, général, l'assurance de ma considération la plus distinguée.

» Le pair de France,
» Ministre secrétaire-d'Etat de la guerre,
» TRÉZEL.

» Paris, 25 novembre 1847. »

Le conseil municipal de Bar, voulant donner à la souscription le plus d'extension et de publicité possible, et afin que tous pussent apporter leur concours au monument, provoqua à Paris la formation d'une commission qui s'organisa vers la fin du mois de décembre 1847 et se composa de MM. le maréchal Soult, duc de Dalmatie, président; le duc Decazes, grand-référendaire de la chambre des pairs; le général Jacqueminot, ancien aide-de-camp du maréchal Oudinot, pair de France et commandant en chef de la garde nationale de la Seine; le duc de Mortemart, chef d'état-major de la garde nationale de la Seine, à l'époque où le maréchal, duc de Reggio, en avait le commandement en chef; le comte de Saint-Aulaire, pair de France; le général comte Bailly de Monthyon, pair de France; le général marquis de Lauriston; Gillon, Génin, Etienne et Jamin, députés de la Meuse; Gouin, député; de l'Épée, député, questeur de la chambre; le colonel de Xaintrailles, premier aide-de-camp du maréchal Oudinot, et le vicomte de Sambucy, ancien colonel de la garde nationale de Paris.

Le maréchal Soult, frère d'armes d'Oudinot et qui avait combattu de concert avec lui sur tous les champs de bataille, disait en parlant de lui : « Oudinot est comme Turenne; on aura sa monnaie, mais la pièce, jamais. »

Voici la lettre qu'écrivit à M. le duc Decazes le maréchal Soult, en acceptant la présidence de la commission dont la réunion eut lieu à Paris le 30 décembre 1847 :

« Monsieur le duc,
» Vous m'avez fait l'honneur de m'écrire le 25 de ce mois

pour me prévenir que la ville de Bar, voulant élever un monument à la mémoire de M. le maréchal, duc de Reggio, le plus illustre de ses enfants, avait ouvert une souscription qui a pour but de pourvoir aux dépenses et aux frais que cette œuvre patriotique pourra occasionner, et qu'à cet effet une commission s'était réunie pour en arrêter les bases.

» Vous avez bien voulu me donner en même temps la liste des personnes honorables qui composent cette commission, et vous m'invitez, de leur part, à la présider.

» Je suis infiniment touché de cette déférence, et je m'associe de grand cœur à la pensée qu'ont exprimée la commission et la ville de Bar, qu'un monument durable fût élevé à la mémoire de M. le maréchal, duc de Reggio, qui a eu l'immense gloire de commander l'élite de nos armées et de sceller plusieurs fois de son sang leurs immortels triomphes.

» Aussi, j'accepte l'honneur de présider la commission dont il s'agit; mais en raison de la séance royale, ou pour d'autres devoirs que j'aurais à remplir, je ne pourrai la réunir chez moi que jeudi prochain.

» Je dois donc vous prier, Monsieur le duc, de vouloir en faire part aux membres qui la composent; s'il leur convient de se réunir le jour que je viens d'indiquer, à midi, nous aurons suffisamment de temps pour nous reconnaître et ensuite arrêter les bases de nos opérations, avant que nous soyons dans le cas de nous rendre aux chambres dont nous faisons partie.

» J'ai l'honneur de vous prier, Monsieur le duc, d'agréer l'expression de mes sentiments de haute considération.

» Le duc DE DALMATIE. »

De tous les points de l'Europe vinrent des souscriptions pour la statue. Tous souscrivirent avec enthousiasme. Parmi les lettres qui accompagnèrent des souscriptions, nous en citerons quelques-unes qui doivent trouver place dans cette histoire, car elles prouvent combien Oudinot avait su se concilier l'estime et l'affection de ceux qui étaient assez heureux pour pouvoir l'approcher et le connaître.

Nous relaterons en première ligne la lettre que les magistrats de Neuchâtel écrivirent à leur correspondant officiel à Paris :

« Monsieur,

» Nous avons reçu votre lettre du 19 octobre écoulé, par laquelle vous nous informez que le conseil municipal de Bar-le-Duc, ville natale de M. le maréchal Oudinot, vient de voter à l'unanimité un monument à la mémoire de cet illustre et brave militaire.

» Sur cette communication et dans sa séance du 25 octobre, le conseil général a immédiatement envisagé que c'était un devoir non moins qu'un honneur pour lui de s'associer à cette souscription, et il nous a autorisés à verser pour sa part une somme de trois cents francs de France, que nous tiendrons à votre disposition à Paris, dès que le monument sera commencé.

» Plusieurs de nos concitoyens seraient sans doute disposés à se joindre à ce témoignage si juste de la reconnaissance et de l'estime des Neuchâtelais ; mais depuis le moment de la réception de votre lettre, les circonstances sont devenues tellement critiques pour notre patrie, où la guerre civile menace et éclate de toutes parts, que nous n'aurions pas osé faire un appel, par la crainte de ne pas obtenir en ce moment le succès que nous voudrions obtenir.

» Vos bien affectionnés, les quatre ministraux de la ville de Neuchâtel.

» En leur nom :
» Le secrétaire de leur ville,
» F.-CH. WAVRE.

» Neuchâtel, 1.er novembre 1847.

Dans le courant de février, alors que la souscription s'élevait déjà au chiffre de 25,000 francs, le maire de la ville de Bar reçut la lettre suivante qui était faite pour rassurer entièrement ceux qui, portés à souscrire pour le monument, craignaient peut-être, dans un honorable esprit de fierté, de faire acte de flatterie pour la puissance et la grandeur :

« Semur (Côte-d'Or), 3 février 1848.

» Monsieur le maire,

» J'apprends aujourd'hui, bien tardivement, mais cependant avec bonheur, que la ville qui a vu naître le maréchal Oudinot a pris l'initiative de l'érection d'une statue à sa glorieuse mémoire. Dans cette circonstance, je croirais avoir abdiqué les plus glorieux souvenirs de ma vie si je n'arrivais avec l'obole du vieux soldat pour vous demander la faveur d'être inscrit à la suite de vos concitoyens sur une liste dont les signatures pourront se dire à juste titre les interprètes de la France, ceux de son armée et de l'Europe entière, dont le maréchal Oudinot a toujours su captiver l'estime et l'admiration.

» Ancien officier de la grande armée et plus tard lieutenant-colonel du 4.e régiment de hussards, que commandait à cette époque le digne fils de M. le maréchal, aujourd'hui duc de Reggio, j'ose me flatter que vous voudrez bien agréer avec bienveillance la demande et l'offre bien minime que j'ai l'honneur de vous adresser.

» Je suis, etc. » DE LARRAN,
» Commandant de la Légion-d'Honneur. »

Si ce vieux soldat, étranger à notre province, qui a rencontré dans le cours de nos longues guerres tant d'hommes intrépides, tant de chefs habiles, se réveille tout à coup au souvenir d'Oudinot, c'est que ce nom est véritablement glorieux parmi les glorieux de cette époque.

L'école de cavalerie de Saumur, dont l'organisation est due en grande partie au zèle éclairé de M. le général Oudinot, s'empressa de couvrir la liste des souscriptions. Officiers, sous-officiers, soldats, employés de l'école, tous ont apporté leur offrande à cette œuvre patriotique. On compte plus de huit cents noms de l'école.

Tous les militaires invalides de Paris ont voulu contribuer aussi de l'obole du soldat à élever la statue de leur ancien et illustre gouverneur.

Nous croyons devoir remplir un double devoir et comme Français et comme admirateur enthousiaste des vertus civiles et militaires du maréchal Oudinot, en donnant la liste exacte de tous les souscripteurs.

Le monument est confié à M. Jean de Bay, statuaire distingué, auteur de la statue de Cambronne, à Nantes, et qui vient récemment de remporter le prix dans un concours proposé pour élever un monument à l'archevêque de Paris.

LISTE DES SOUSCRIPTIONS

AU MONUMENT A ÉLEVER A BAR-LE-DUC AU MARÉCHAL OUDINOT, DUC DE REGGIO (par ordre d'inscription).

MM.

Le conseil municipal, au nom de la ville de Bar-le-Duc.
Le C.te d'Arros, préfet de la Meuse.
Paulin Gillon, maire de Bar.
B. Danguy, receveur général de la Meuse.
Roussel-Couchot.
Garnier-Toussaint.
Général Lanthonnet.
Colonel Husson.
Collin, adjoint au maire.
Maupoil, idem.
Millon, propriétaire.
Nève, médecin.
A. Cubières, payeur.
D'Eprémesnil, négociant.
Varin-Bernier, banquier.
Pouchet, notaire.
Félix Gillon, président.
Labouille, avocat.
Frédéric d'Olincourt.
Constant, command.t les vétérans.
Van Karnebech, de la Haye (Hollande.)
Puchois, chef de bataillon en retraite.
Trichon Saint-Paul, négociant.
Colonel Robert.
Colonel de Morlaincourt.
C.te de Rosières, capitaine.
De Thionville, capitaine.
Brichart, greffier.
Lacretelle, insp. de l'enregistrem.t
Levasseur, capitaine.

MM.

Em. Mayeur, avoué.
V. Brion, juge.
Huguet, maître de poste.
Guibal, ingénieur.
M.me Ficatier.
M.me Plauche.
Léon Demimuid.
Malingrey.
Moinot, capitaine.
M.me Dufour.
Béguinot, receveur.
Jules Villeroy, fabricant.
Jennesson, id.
Jeannot, id.
Collard, id.
Leger, notaire.
Garnier-Fevez.
Theuriet, receveur.
Baudin, fabricant.
Durand, direct.r de l'enregistrem.t
Chantreaux, négociant.
Adam, fils.
Vaaché, avocat.
Hannotin-Millon.
Rousselle-Jacquemin.
Deforge.
Sainsère, père.
M.elle Pérard.
M.me Champion.
Bouchot, instituteur.
De Marien.
Vériot.
Martin, inspecteur.
Chastel, avoué.

MM.

Fournier, secrétaire particulier.
Morel, notaire.
Curt-Huot.
Curt-Bannet.
Vincent, père.
Mayeur, juge de paix.
Jouffroy, officier.
M.me de Chamisso.
Michaud, curé de Brandeville.
Buisine, militaire retraité.
Félix Pierre.
Thomas-Mens.
Collignon, greffier.
M.me Gillet.
Henriot, juge.
Michel, capitaine.
Villemart.
Leblan père, avocat.
Louis Villeroy, avoué.
Adam Minette.
Huguet, horloger.
Boudard, capitaine.
Rousselet.
Victor Thomas.
Bertrand-Paquin.
Baudot-Brion.
M.me Remy.
Richier, médecin.
Victor Villeroy.
Vivant Villeroy.
Leblan fils, avocat.
Vériot, marchand bottier.
Remyon.
Robert-Dugny.
Hannus et C.ie.
Paillot, général.
Florentin.
Villeroy aîné, négociant.

MM.

Lasne, négociant.
Viller-Crossette.
Poupart, négociant.
Picquart, orfèvre.
Barrois-Nivard.
Varin-Jacques.
Herment-Steinhoff.
Gosse de Serlay, sous-intendant.
Vannetelle, vérificateur.
Estienne, juge de paix à Condé.
Chevalier père, médecin.
Hussenot, procureur du roi.
Poirson, cafetier.
Victor Bouchez.
Jeannin-Liouville frères.
Thiébault, commissionnaire.
Mennehand-Dubé.
Mégny, capitaine.
M.me Boudard.
Dufour, inspecteur des écoles.
Patton, sous-inspecteur.
Malnory,   id.
Cotherest, conservateur.
Crosnier, contrôleur.
M.me Larcher, marchande.
Nivard-Prevost.
Guillaume frères, négociants.
Royer-Vuillot, négociant.
Picquot, pharmacien.
M.me Bouillard.
Godard, orfèvre.
Diélaine père.
Dommartin, orfèvre.
Baudot-Varin.
Henry-Gillet.
André, marchand boucher.
De Spinette, propriétaire.
Bertrand, serrurier.

MM.

Blanpain, filateur.
Lefèvre, marchand.
Marmod, conseiller.
Paillot, censeur de la banque.
Blanpain père.
Rayé-Douillot.
Lecoy-Gillon.
Henry-Bompard.
Exelmans, général.
Liouville, conseiller à Nancy.
Nicolas, arpenteur.
Trancart, chanoine honoraire.
M.me Houzelot.
Thiébaut, officier retraité.
Trépied, curé.
Thierry, employé.
Duval, id.
Blanchard, id.
Gry, chef de bureau.
Bellot, id.
Devel, sous-chef.
Colard-Gaillet.
Lucot, capitaine.
Mergez, marchand-épicier.
Percin, bottier.
Minette, négociant.
Trumeaux, à Haironville.
Mayeur, maître de forges.
Jeantin, président à Montmédy.
B. Vigneron.
M.me Nivard.
Lebon, huissier.
Burnet, id.
Renard, contre-maître de filature.
Joulin aîné, propriétaire.
Vincent, ancien chef de bureau.
Maxe, agent-voyer.
Garnier, percepteur.

MM.

Chevalier fils, médecin.
Servais fils.
Malmasson, instituteur.
Victor Busselot.
Thirion, direct^r de l'école normale.
Patinot, marchand tanneur.
Martelot père, id.
Holger, professeur de dessin.
Laguerre, quincaillier.
Husson, pharmacien.
Noël-Varin.
Alexandre Laguerre.
Gervais, employé.
Davost, substitut.
De Feissolles, employé.
Lichtemberg, id.
Caillard, employé.
Sauvage, id.
Lefèvre, vicaire.
Aubert-Bon.
M.me Varin-Béra.
Saunier, employé.
Goudon, coiffeur.
Lapique-Jolly.
Parisot, charcutier.
Lambert, maître d'hôtel.
Doré, cafetier.
Hébert, négociant.
M.elles Blouet.
Rouyer, fondeur.
Dubois, sellier.
Rouyer, carrossier.
Joulin, chapelier.
A. d'Olincourt.
Fatalot, maître d'hôtel.
Gérard-Drouin.
Démoget, entrepreneur.
Cosquin, fabricant.

MM.
Guyot-Maret, filateur.
Mayeur-Mangin.
Barbier, marchand de vins.
Brave, employé.
Dubois, id.
Martin, id.
Vicomte d'Abancourt.
Caurier, notaire.
Baron de Romécourt.
Hannotin-Houzelot.
Scipion Pierson.
M.me Gillon-Dumont.
Millot-Moinot.
Ficatier père, négociant.
Antoine fils, tailleur.
M.me veuve Paillot.
Damain-Féry.
Salleron, avoué.
Baudot-Henry, négociant.
Blanchard, sellier.
Lefer, jardinier.
Husson-Doublat.
Hard père, tailleur.
Murel, aubergiste.
Cornet, directeur.
Miller, marbrier.
Daniel.
Mayeur, menuisier.
Woinchet, ingénieur.
De Larzillière, conservateur.
Humbert, ancien contrôleur.
M.me Jacquart.
Hérissan.
Estienne, notaire à Condé.
Estienne, ancien maire.
Harmand-Gossin.
Bonne, avoué.
Mourot, rentier.

MM.
Parisot-Garnier, employé.
Un anonyme, offic^r de la gr. armée
Emile Hannotin.
M.me Jacquot.
Guillemin, militaire retraité.
Billet, percepteur.
Dubé-Babin, marchand.
Tesselin, arpenteur.
Norguin, fabricant.
Demange.
M.elle Demange.
Laguerre-Nève.
Nève, garde général.
Husson, colonel d'artillerie,
Michel Batier.
Bilot, capitaine de gendarmerie.
Courtois, directeur.
Noël, capit. de gend^{rie} en retraite.
M.me veuve Herbillon.
Colombé, chef de bureau.
Nadaud, principal du collége.
M.elles de Kœler.
Oudin-Rouyer.
Charles Charroy, négociant.
De Fiennes.
Cabarrou-Janvier.
Brion jeune, avocat.
Maignien, géomètre.
Lombard, conseiller de préfecture.
Moreau, premier présid.^{t} à Nancy.
Garnier, ancien payeur.
Louis Sainsère, négociant.
Choppin, propriétaire.
Numa Rolin.
Le marquis de Choisy, de Nancy.
Goblet, sellier à Metz.
Guériot père.
Guériot fils.

MM.
Godard, médecin-vétérinaire.
Roulard-Maupas.
Marson, perruquier.
Richard, percepteur.
Audoin, capit. au 10.ᵉ cuirassiers.
Picquot, percepteur.
Mignot, marchand.
Parisot (fonderie de Dammarie).
Colonel de Brauvilliers.
Lombard, à Brauvilliers.
Aubréville, ancien militaire.
Guinard-Bône.
Félix Liouville, avocat à Paris.
Parisot-Dourche, négociant.
Thirion, chaudronnier.
Cahen (Samuel).
Potor, commissaire de police.
Perron, charpentier.
Mathé, charpentier.
Varlot, débitant.
Hannotin, menuisier.
A. Vériot, agent-voyer en chef.
Granger, agent-voyer ordinaire.
Moinot, id.
Ancelin, charpentier.
Antoine père, tailleur.
Mayeur, ancien maire.
Régnier, jardinier.
Bourcy, teinturier.
Thiériot-Colon, banquier.
Gallois, fabricant.
De Vregille, inspecteur.
Justin Launois, propriétaire.
Auguste Launois, id.
Eugène Launois, id.
Ernest Pierre, id.
Lavocat, concierge.
Lecoy, peintre.

MM.
Aublin, vérificateur.
Charroy aîné, négociant à Orléans.
Charroy-Dufour, à Orléans.
Guillaume, vérificateur.
Colard-Baudin, fabricant.
Godin, lieutenant en retraite.
Martin, marchand de papiers.
Hérissan, épicier.
Jacques Perrot, charpentier.
Aimé, marchand fleuriste.
Thoiré fils.
Cardinet, boulanger.
Gérard, menuisier.
Champion, marchand.
Hard fils, tailleur.
Ancelle-Moret, marchand.
Gervais, charcutier.
Claude, menuisier.
Pierre-Holger, cordonnier.
Gaussot, agent de police.
Bellot-Vergey.
Etienne, M.ᵈ de vins à Vavincourt.
Général Broussier.
Broussier, maire de Lisle-en-Rigault
Gagneure, curé, id.
Huard, instituteur, id.
Vieilhomme, charpentʳ, id.
Henrionnet, aubergiste, id.
Robert, ancien direct.ʳ à Metz.
Delapierre, juge de paix à Revigny.
Henry-Gossin, ancien officier.
Scholtz, fabricant.
Royer, distillateur.
Brave, menuisier.
Ziegler, tonnelier.
Caron, sabottier.
Schmidt, suisse.
Un anonyme.

MM.
D.^{elles} Lacour, modistes.
Gaudré, marchand.
Herluison, aubergiste.
Barry, curé.
Charroy, aumônier.
Renel, curé de Bovée.
Dambroise, vicaire.
Gauny,   id.
Lhuilier, serrurier.
Thuilier, employé.
Blouet-Cuny, marchand.
Barrois, boulanger.
Billet, débitant de tabac.
Bala, marchand.
Papault, marchand.
Bar, bottier.
Moinot-Werly, fabricant.
Robert-Werly,   id.
Bertrand-Viaron, marchand.
Rouyer-Mangin, m.^d de vins.
Saintot, ancien cafetier.
Mangin père, marchand de vins.
Charroy père.
Lacour-Saulnier, premier commis.
Morand, surnuméraire.
E. Doré, employé.
Baudot, caissier.
Burlebach, employé.
Jacquemin,   id
Simonnet,   id.
Caillet,   id
Bardel,   id.
Bonard,   id.
Claudon,   id.
Populus,   id.
Lepault,   id.
Philippot,   id.
Maxe,   id.

MM.
Baillot, médecin.
Un anonyme.
Remy, à Vaucouleurs.
Remy fils, sous-lieutenant au 42.º
Martin, colonel à Saint-Dizier.
Rougeot, lieut.^t-colonel id.
Leblan, chef-d'escadron id.
Alizé,   id.   id.
Vautrin, aubergiste à Bar.
Gœtz, meunier.
Braunes, médecin.
Gustave Guyot, filateur.
Gallois-Oudin, fabricant.
Perron, fabricant de fauteuils.
Bastien, agent de police.
Le curé de Rosières.
Petitjean, vicaire.
De Beurges, papetier à Ville-sur-Saulx.
Félix, fabricant de corsets.
Mairel, commis greffier.
Miller, cordonnier.
Tallandier, jardinier.
Broussier,   id.
Douillot, charcutier.
Thiry, officier en retraite.
Foissard, tapissier.
Henn père.
Toussaint, maire à Véel.
Alexandre, marchand-tailleur.
Raulet, serrurier.
Berthélemy, chevalier.
Maillard, relieur.
Mangeot, professeur de piano.
Martin, maçon.
Guillaume, secrét.^{re} de la mairie.
Carmouche, à Void, ancien soldat sous Louis XVI.

MM.
C. Demengeot, employé.
C. Marchal, id.
Thiébaut, préposé.
Guyot, architecte.
Comte d'Imécourt.
Goudon père, débitant.
Klein et Bardot, négociants.
Jeannin-Liouville.
Ulry, capitaine retraité.
Cavalerie, sergent.
Petit, forgeron.
Maige, plâtrier.
Thiercy, commis de forge.
Déruffe.
Champion, capitaine.
Moinot, agent-voyer p.al (Ard.s)
Jules Gouy, ancien mag.t à Nancy.
M.me Gouy.
Harmand, premier commis.
Aubert jeune, à Avise (Marne.)
Parisot, ancien meunier.
Adam, à Saint-Aubin.
Gérard-Thoiré, menuisier.
Bussy, propriétaire à Bar.
Parisot, avocat.
De Widranges, contrôleur.
Herment, ancien menuisier.
M.me d'Olincourt.
M.elle d'Olincourt.
Lesec, peintre.
Grosjean, cafetier.
M.me Varin.
Berthelot, menuisier.
Baron de Chollet.
M.me Parisot.
Vilmin, concierge.
Ligier-Harmand.
Leroy, principal en congé.

MM.
Marmod, agent d'assurances.
Remy, jardinier.
Alexis de Chamisso.
Potor père.
M.me Dumand.
Bernardin, propriétaire à Villers-le-Sec.
Bigeard, percepteur.
Renaud, médecin.
Didelot, à Lisle.
Lebrun, à Lisle.
Al. Vieilhomme, à Lisle.
Michaut, employé.
Jacquart, fabricant de meules.
Malnoury, charcutier.
Guyot, aubergiste.
Hannezo, substitut.
M.elle Mondon.
M.me Dumand.
Victor Collin
Jules François, ingénieur.
Marchal, greffier.
M.me de Roche.
Lazare, marchand de chevaux.
Remy, avoué.
Mangin, officier du génie.
De Messey.
Pognon, percepteur.
M.me Figon.
Trameaux, capitaine.
Trameaux, lieutenant.
Lallemand, à Haironville.
Grancourt, à Mognéville.
De Scitivaux de Griesche, aide-de-camp du maréchal Oudinot.
Vivenot-Varnesson, à Dugny.
Gronier, maître de forges.
Jacquot, directeur.

MM.
L. Humbert, contrôleur.
F. et L. Gouy, officiers d'artillerie.
Hannotin-Geoffroy.
Alcide Hannotin.
Ficatier-Collard.
Robert-Delamarche.
M.me Lebègue, à Saudrupt.
Dachès, ancien directeur.
Un anonyme.
M.lle de Chateauvieux à Dommartin.
Cordier, à Brillon.
Comte de Pourtalès, en Suisse.
Vouton, professeur.
Choppin, à Salmagne.
Jacquemin,   id.
Debry,   id.
Maujean,   id.
Un anonyme.   id.
Danglos, à Marseille.
Debugne,   id.
M.me Juge, à Saudrupt.
Camille Juge, sergent.
Eugène Juge.

MM.
Napoléon Juge.
Deroyen, percepteur.
Grain, capitaine.
Grain, percepteur.
Briot, à Saudrupt.
Thirion, à Beurcy.
Legagneur, premier président.
Etienne, député.
Salmon, procureur du roi.
Hémelot, président.
Dieudonné, officier en retraite.
Nepveux, percepteur.
De Faillonnet, à Vigneulles.
De Faillonnet, avocat.
Mathieu, percepteur à Behonne.
Just, à Salmagne.
Delazan, à Saumur.
Baron Henrion, à Montmédy.
Ernest Gauvin, sous-lieutenant.
Major Rozé.
Pérard, percepteur.
M.me Potel, de Paris.

NOMS DES COMMUNES DU DÉPARTEMENT DE LA MEUSE
QUI ONT SOUSCRIT :

Condé.
Véel.
Combles.
Beurey.
Lisle-en-Rigault.
Ville-sur-Saulx.
Brillon.
Tremont.
Ancerville.
Breux.
Gremilly.
Damvillers.

Ville-devant-Chaumont.
Herméville.
Tilly.
Commercy.
Bouquemont.
Varennes.
Lachalade.
Cléry-le-Petit.
Gesnes.
Revigny.
Chatillon.
Buzy.

Haudainville.
Chaumont-devant-Damvillers.
Mouzay.
Ligny.
Robert-Espagne.
Thillombois.
Lamarche-en-Woëvre.
Saint-Aubin.
Dainville.
Rouvres.
Arrancy.
Haraumont.
Montiers-sur-Saulx.
Montfaucon.
Nantillois.
Romagne-sous-Montfaucon.
Verdun.
Peuvillers.
Remoiville.
Sassey.
Villers-devant-Dun.
Inor.
Moulins.
Pouilly.
Aincreville.
Bantheville.
Sorcy.

Ocy.
Void.
Gercourt.
Dammarie.
Hévillers.
Bussy-la-Côte.
Chardogne.
Maulan.
Mognéville.
Resson.
Villers-le-Sec.
Bertheléville.
Bouconville.
Goussaincourt.
Ranzières.
Tréveray.
Ugny.
Amel.
Gercourt et Drillancourt.
Moizey.
Saulmory et Villefranche.
Cheppy.
Les Islettes.
Louvemont.
Sommedieue.
Villers-sous-Pareid.

SOUSCRIPTIONS RECUEILLIES A PARIS.

MM.

Le général baron Boyer.
Colonel Perrin-Sollière.
V. Baillet.
Bourgeois, négociant.
Le vicomte de Jouy.
Dembroucy.
Delafrenay.
Conq.
Champion.

MM.

Decreps.
Leclerc.
Delagarde.
Lemaire.
Un anonyme.
Rattier.
Vigrat.
A. Gouin
Dalizé.

MM.

Biarnois.
Le général commandant et les officiers des Invalides réunis.
Le colonel de Xaintrailles, aide-de-camp du maréchal Oudinot.
Le général de Lauriston et sa famille.
Mainguet.
Camille Mainguet.
Auguste Michelet.
Gustave Dufeux.
Alger frères.
Herbault.
Leroy.
De Vatry.
Achille Delamarre, aide-de-camp du maréchal Oudinot.
Delachaussée père.
Delachaussée fils.
Rouyer.
Chassagne.
Maupin.
Vicomte de Sambucy.
Morel, de Neuchâtel (Suisse).
Général Tartas.
Duval.
Daiguy.
Duc de Crillon.
De Broë.
Le Ministre de la guerre.
De Gaujal, capitaine d'état-major.
Aubertot de Coulanges.
Flavien d'Aldeguier.

MM.

Pils, ancien valet de chambre du maréchal Oudinot.
Bocher et ses fils.
Les quatre Ministraux ou conseils de la ville et bourgeoisie de Neuchâtel (Suisse).
Comte Louis de Pourtalès, ancien président du conseil d'Etat à Neuchâtel (Suisse).
Delamarre.
Vallet de Chavigny.
Voisin.
Curmet, de Versailles.
Général Wolff.
Maréchal Molitor.
Feseau-Lavanne.
Leroux de Lincy père.
Général Pailhou.
Le lieutenant-colonel Moret.
Général Barrois.
Blanpain.
La veuve d'un soldat de l'Empire.
Le M.^{al} prince Jérôme Bonaparte.
Le comte de Saint-Aulaire.
Le duc Decazes.
Jules Nollet (Fabert), de Nancy.
Le Ministre de l'intérieur.
Général Monthyon.
La maréchale, duchesse d'Albuféra.
La maréchale, duchesse de Raguse.
La duchesse de Crets.
MM. Lajart, de l'Institut.
La marquise de Crillon.

NOTES
ET PIÈCES JUSTIFICATIVES.

Note 1.re, page 1.re

On voit encore aujourd'hui cet asile obscur et triste, dont les acquéreurs actuels ont décomposé l'intérieur. Il ne reste plus de la chambre où naquit le héros que les quatre murs dégradés, l'alcôve inhabitée, la cheminée de bois noir et la fenêtre aux petits carreaux qui donne sur le canal étroit et vert dont les eaux courantes baignent les pieds de la maison. Les dehors ont un aspect plus pittoresque. Cette maison, à la suite de laquelle se trouvait la grande usine de M. Oudinot, est basse, déjetée, mélancolique et frappante du côté du canal. Un pont rustique la joint aux habitations qui lui font face. De l'autre côté, c'est-à-dire sur la rue, elle voit se dessiner devant elle les Quatre-Vingts-Escaliers (premier épisode de la vie d'Oudinot). La maison dont nous venons de donner la description porte aujourd'hui le n.º 18 de la rue de Savonnières (ancienne rue des Etives).

Note 2, page 12.

Le général Oudinot, fait prisonnier de guerre, à échanger contre le général autrichien Zainiaü, fait prisonnier à Edelberg le 21 octobre 1795.
          PICHEGRU.

Note 3, page 13.

     7 Pluviôse an IV.

Le général en chef Pichegru autorise le général de brigade Oudinot, prisonnier de guerre, rentré sur parole, à se rendre chez lui, à Bar-sur-Ornain et à y rester jusqu'au moment de son échange et jusqu'à nouvel ordre.

PICHEGRU.

Note 4, page 134.

« Aujourd'hui, 17 novembre 1810, à Amsterdam, sous le règne glorieux de Napoléon, le grand Empereur des Français, roi d'Italie, protecteur de la Confédération du Rhin, médiateur de la Confédération suisse, etc., S. A. S. Monseigneur le prince archi-trésorier de l'Empire, duc de Plaisance, grand-aigle de la Légion-d'Honneur, étant lieutenant-général de S. M. l'empereur et roi en Hollande, et sous l'administration de S. Em. le bourge-maître, Jean Wolten Van de Poll, grand-cordon de l'ordre de l'Union. MM. les Wethonders, M. J. Van-Brieken, Van de Groite-Lindt. M. Millinki, J. Arven-Stuft, commandeur de l'ordre de l'Union. J. Severijn, chevalier du même ordre ; de M. J.-G. Dedel, chevalier de l'ordre de l'Union, trésorier, et MM. J.-J. Clifford, commissaires des travaux publics de la ville.

» Son Excellence le maréchal et comte de l'Empire, Charles Oudinot, duc de Reggio, grand-aigle de la Légion-d'Honneur, commandeur de l'ordre de Saint-Henry de Saxe, chevalier de la Couronne-de-Fer, président à vie du collège électoral du département de Seine-et-Oise, etc., commandant en chef le corps d'armée d'observation en Hollande, accompagné de MM. les généraux de l'armée et des officiers de son état-major, *a posé la première pierre de la caserne Saint-Charles*, édifiée par la ville d'Amsterdam, sur les dessins et projets de M. Picotet-Moras, capitaine au corps impérial du génie, et sous la direction de M. A. Vander-Hart, inspecteur et architecte des bâtiments de la ville.

» Le procès-verbal, ayant été signé par M. le maréchal et MM. les généraux et autres autorités, a été placé avec ladite planche et plusieurs pièces de monnaie dans un coffret de plomb ; le tout a été renfermé dans la première pierre, creusée à cet effet, laquelle a été scellée par M. le maréchal. Les principaux ouvriers ont présenté des bouquets à S. Exc. le maréchal. »

« Je fus présent à cette cérémonie, je fus même à côté de M. le maréchal qui m'avait chargé de tenir ses ustensiles de maçonnerie fait à fait qu'il s'en servait à la pose de la première pierre. »

(Extrait d'un journal d'Amsterdam et d'une lettre de M. H.-A. Van-Karnebeck, aide-de-camp du Roi des Pays-Bas.)

Note 4, page 134.

« La caserne *Saint-Charles* est située à l'extrémité de la promenade dite le Plantage, à gauche de la porte dite de Muiden, dans une des expositions les plus belles et les plus saines de la ville d'Amsterdam, entre un bras de l'Amstel et un canal d'eau courante. Cette caserne aura environ 900 pieds de longueur, y compris deux vastes pavillons décorés de pilastres à refends et de frontons, remplis de trophées militaires. Elle se composera de trois étages, compris le rez-de-chaussée et pourra loger au moins deux mille six cents hommes; les pavillons logeront soixante-quatre officiers, y compris les officiers supérieurs.

» Le centre du bâtiment sera marqué par un corps avancé, décoré comme les pavillons, et des bâtiments accessoires, symétriquement placés, fourniront les logements des maîtres ouvriers, leurs ateliers et magasins, et enfin toutes les dépendances d'un aussi grand établissement.

» La caserne sera fondée sur 3,300 pilots de 45 à 50 pieds de longueur, dont 2,500 sont déjà enfoncés. Une bonne partie de la maçonnerie des fondations jusqu'à fleur de terre est faite aussi. »

(Extrait d'un journal d'Amsterdam, 1810.)

Note 5, page 202.

Au palais de Fontainebleau, le 11 avril 1814.

ACTE D'ABDICATION DE L'EMPEREUR NAPOLÉON.

Les puissances alliées ayant proclamé que l'empereur Napoléon était le seul obstacle au rétablissement de la paix en Europe, l'empereur Napoléon, fidèle à son serment, déclare qu'il renonce, pour lui et ses héritiers, aux trônes de

France et d'Italie, et qu'il n'est aucun sacrifice personnel, même celui de la vie, qu'il ne soit prêt à faire à l'intérêt de la France.

Note 6, page 217.

Louis, par la grâce de Dieu, roi de France et de Navarre, A tous ceux qui ces présentes verront, salut :

Nous avons nommé et nommons par ces présentes le maréchal, duc de Reggio, général en chef de la garde nationale de Paris ;

Le duc de Mortemart, chef d'état-major de ladite garde.

Donné en notre château des Tuileries, le neuvième jour d'octobre, l'an de grâce 1815, et de notre règne le vingt-deuxième. Signé : Louis.

Par le Roi :
Le ministre secrétaire d'Etat au département de l'intérieur,
Signé : Vaublanc.

Note 7, page 219.

GARDE NATIONALE DE PARIS.

Copie de la circulaire de M. le Maréchal, commandant en chef la garde nationale de Paris, à MM. les chefs de la légion.

Paris, le 24 novembre 1815.

Messieurs,

En prenant le commandement de la garde nationale de Paris, j'ai senti combien cette noble et belle institution était utile pour assurer le maintien de la tranquillité publique, et faire respecter les personnes et les propriétés. Je devais nécessairement en référer que les citoyens qui, par leur état, leur fortune, le rang qu'ils tiennent dans la société, sont les plus intéressés à y voir régner l'ordre, étaient par cela même ceux qui faisaient avec le plus de zèle un service honorable dont le but tend essentiellement à prévenir les troubles intérieurs si funestes à l'Etat.

» Ce n'est donc pas sans étonnement que j'ai appris qu'il

existe dans cette classe quelques individus qui cherchent, par tous les moyens imaginables, à éluder leur inscription aux contrôles de la garde nationale, et qui laissent peser avec indifférence, sur les autres citoyens, les fatigues d'un service dont ils recueillent une partie des avantages ; il en est d'autres aussi qui, bien que faisant le service, se sont refusés jusqu'à ce jour, dans le même esprit et pour éviter une partie des charges imposées à la garde nationale, à en prendre l'uniforme conformément à l'ordre du jour du 30 août 1815 ; vous m'avez fait connaître ces derniers. Je m'occupe des mesures qui pourront les obliger à porter cet uniforme. Mais, en attendant qu'elles aient leur effet, je vous invite à me proposer tous les moyens que vous jugerez convenables pour faire peser plus particulièrement sur ces individus les charges pénibles et désagréables du service, et je vous recommande d'user à leur égard, pour la moindre inexactitude, de toute la rigueur des règlements sur la discipline. A l'égard de ceux qui se seraient entièrement soustraits à l'obligation qui leur est imposée par les lois, de faire partie de la garde nationale, je vous renouvelle l'invitation de faire, dans vos arrondissements, les recensements les plus exacts pour atteindre ces égoïstes. Il importe de procéder sans retard à cette opération importante, dans laquelle vous serez secondés par MM. les maires et commissaires de police de Paris.

» Vous devez surtout apporter dans ce travail la justice la plus rigoureuse, afin qu'aucune considération particulière ne fasse exempter sans motifs légitimes un seul des individus auxquels les lois donnent le droit et imposent l'obligation de servir dans la garde nationale.

» C'est en faisant rentrer dans les rangs tous ceux qui doivent y figurer, que vous allégerez le service des gardes nationaux qui, depuis l'organisation, ont donné tant de preuves de leur zèle et de leur dévouement, et que vous ferez cesser les trop justes plaintes qui s'élèvent de toutes parts contre la répartition inégale de cette charge commune.

» Le maréchal OUDINOT. »

Note 8, page 222.

« Paris, le 25 décembre 1816.

» Monsieur le chancelier,

» J'ai reçu la lettre que Votre Excellence m'a fait l'honneur de m'écrire le 6 du présent mois, par laquelle vous me prévenez que S. M. le roi des Pays-Bas m'a nommé, par décret du 24 novembre 1816, commandeur de son ordre militaire de Guillaume. J'ai reçu aussi la décoration et les statuts de l'ordre que vous m'avez envoyés.

» Cette distinction de la part de votre auguste souverain à mon égard, en me plaçant dans un ordre dont Sa Majesté s'est déclarée le chef et le grand maître et qu'elle a institué pour récompenser les services rendus à sa nation, est trop flatteuse pourque je n'en sois pas touché.

» Je ne puis cependant, Monsieur le chancelier, m'approprier ce que vous me dites de trop gracieux en m'annonçant les motifs qui ont déterminé votre souverain à m'honorer de cette décoration.

» J'y reconnais seulement qu'on ne peut assez féliciter la brave et loyale nation hollandaise de posséder un prince si ami de son bonheur qu'il récompense jusqu'à la seule intention d'avoir voulu y contribuer.

» Veuillez, je vous prie, Monsieur le chancelier, faire valoir auprès de Sa Majesté les vifs sentiments de gratitude que j'en conserverai à jamais. Veuillez aussi lui en faire agréer l'expression dans la lettre que je prends la liberté de lui adresser par votre entremise.

» Interprète de l'ordre illustre dont l'administration vous est confiée, soyez aussi le mien auprès de tous ses membres pour leur exprimer combien je tiens à honneur d'y être attaché par un lien que ma constante affection pour votre pays me rend encore plus cher.

» Pour moi, Monsieur le chancelier, je me rappelle toujours avec un vrai plaisir les relations qui m'ont mis à même d'apprécier vos éminentes qualités.

» Recevez, je vous prie, l'assurance de la haute considération qu'elles m'ont inspirées et avec laquelle j'ai l'honneur d'être, de Votre Excellence,

» Le très humble et très obéissant serviteur,
» Maréchal OUDINOT. »

P.-S. Je joins ici, comme vous me le demandez, la note de mes noms et prénoms, avec mes titres, etc., etc.

Note 10, page 225.

« Le 12 février 1823, le maréchal Moncey avait été choisi par Louis XVIII pour commander en chef le 4.e corps de l'armée des Pyrénées.

» Le maréchal avait alors près de soixante-dix ans; il remercia le Roi et le pria de confier à un autre ce poste éminent que son âge ne lui permettrait point d'occuper dignement. Le Roi insista et lui dit : « Allez, Monsieur le duc de » Conégliano, et signez vos ordres et vos proclamations du » nom de Moncey, je suis sûr du succès. » Cette réponse qui contenait tout à la fois une flatterie méritée et un ordre du souverain, fut sans réplique pour le vieux maréchal accoutumé à se soumettre à la loi du devoir, et il revit pour la troisième fois l'Espagne à la tête de nos armées.

» Là, digne de sa réputation, il fut actif, juste, respecté des populations qu'on allait contraindre et non conquérir; aimé de ses soldats nouveaux, il retrouvait avec plaisir en eux ces traditions de bravoure et de généreux sentiments qui ne se perdent point en France. »

(*Eloge historique du maréchal Moncey, duc de Conégliano,* par L.-J.-G. Chénier, avo at, ch.f du bureau militaire au ministère de la guerre. — Paris, 1848.)

Note 11, page 269.

PROCÈS-VERBAL DE L'EXHUMATION.

Nicolas-Charles Oudinot, né à Bar-le-Duc le vingt-cinq avril mil sept cent soixante-sept, duc de Reggio, maréchal et pair de France, chevalier des ordres du Roi, grand'croix de l'ordre royal de la Légion-d'Honneur, de l'ordre royal et militaire de Saint-Louis, chevalier de la Couronne-de-Fer, etc., etc., grand'croix des ordres et gouverneur de l'hôtel royal des Invalides, y décédé le treize septembre, à six heures du soir, a été placé dans un cercueil en sapin garni de ouate et satin blanc. Il était revêtu de son uniforme de maréchal de France, portait au côté gauche la plaque et en sautoir le grand-cordon de la Légion-d'Honneur. Ce premier cercueil était dans un deuxième cercueil en plomb, placé lui-même dans un troisième en chêne; ce dernier était garni de velours noir et bordé d'un double galon d'argent maintenu par des clous à tête d'argent. Après la reconnaissance des restes du maréchal, le vide de la bière a été rempli avec du coton. Un premier couvercle en sapin a été placé, puis un couvercle en plomb a été soudé sur le deuxième cercueil; enfin, on a fixé par des vis le troisième couvercle en chêne, orné comme le cercueil lui-même, et portant au centre une plaque de cuivre sur laquelle on lit :

Nicolas-Charles Oudinot,
duc de Reggio,
Maréchal et Pair de France,
Gouverneur de l'hôtel royal des Invalides,
Grand'croix de la Légion-d'Honneur, etc., etc.,
décédé a Paris le 13 septembre 1847,
a l'age de 80 ans.

TABLE ALPHABÉTIQUE

DES PERSONNAGES

CITÉS

EN L'HISTOIRE DU MARÉCHAL OUDINOT, DUC DE REGGIO.

A.

ACHILLE. 16.
ADAM (née FICATIER). 125.
ALBERT (Général). 147, 162.
ALEXANDRE (Empereur). 69, 105, 123, 287.
AMBERT (Général). 11, 16, 18, 20.
ANDRÉ (née THIERRY). 125.
ANDRIEUX. 35.
ANGOULÊME (DUC D'). 225, 226, 228, 246.
ANNE (Théodore). 187.
ARNAUD (Général d'). 37.
ARRIGHI (Général). 182.
ARROS (Comte D'). 211.
ARTOIS (Comte D'). 202, 203, 206, 246. (Voir CHARLES X.
ARVEN-STUFT. 306.
ATTHALIN (Général). 256.
AUBERT (Colonel). 91.
AUBRY (Général). 156.
AUERSBERG. 65.
AUGEREAU (Maréchal). 16, 40, 83, 85, 280, 282.
AUGUSTE (Prince). 196).
AUTICHAMP (Général). 227.

B.

BAGRATION (Général). 66, 67, 146.
BALTUS (Général). 61, 211.
BARCKLAI DE TOLLY (Général). 143, 178.
BASSANO (DUC DE). (Voir MARET.)
BASTE. 115.
BAVASTRO. 35.
BAY (Jean DE). 293.
BAYARD. 1, 105, 148.
BEAUHARNAIS (Prince Eugène). 118, 143, 172.
BEAUMONT (Général). 70.
BECKLENS (Général). 197.
BELLEGARDE (Général). 23, 40, 41, 44, 275.
BELLIARD (Général). 143.
BELLUNE (DUC DE). (Voir VICTOR.

BÉNÉVENT (Prince DE).
(Voir TALLEYRAND.)
BENNINGSEN (Général). 98.
BERG (Grand-duc DE).
(Voir MURAT.)
BERNADOTTE (Roi). 83,
118, 119, 177, 182, 184,
185, 187, 190.
BERRY (Duc DE). 205, 206,
208, 212, 223, 282.
BERRY (Duchesse DE). 223,
224, 237, 243, 246.
BERTHIER (Maréchal). 59,
74, 78, 81, 161, 172, 190,
191, 192.
BERTHOIS (Général DE).
258.
BERTRAND (Général). 112,
181, 183, 191, 254, 278.
BESSIÈRES (Maréchal), 71,
112, 143, 172.
BEURNONVILLE (Général).
201.
BINARVILLE (Épouse). 125.
BIOT. 277.
BLUCHER (Maréchal). 195.
BOIVIN (Général). 25.
BONAPARTE (Général). 29,
30, 37, 39, 40, 45, 48,
51, 209, 280. (Voir NA-
POLÉON.)
BONAPARTE (Charl.-Louis-
Napoléon). 130.
BONAPARTE (Joseph). 80,
88.
BONAPARTE (Louis). 129,
130, 131.
BONAPARTE (Napoléon-
Louis). 130.

BORDEAUX (Duc de). 224,
242.
BORDESOULLE (Général).
225.
BOUCHOT-ROBERT. 125.
BOUDET (Général). 42, 44.
BOUILLARD-ADAM. 125.
BOUILLARD (née VAUL-
TIER). 125.
BOU-MAZA. 262.
BOURCET. 137, 186, 192.
BOURCK (Général). 226,
229, 230.
BRIECKEN (J. Van.) 306.
BROUSSIER (Génér., J.-B.)
56, 120.
BROUSSIER (Général N.) 9.
BRUNE (Maréchal). 40, 41,
43, 44, 45.
BRUNO (Général) 131.
BRUYÈRES (Général). 179.
BUISSON (Général). 96.
BULOW. 180.
BURCK (Colonel). 156.

C

CAFFARELLI (Général). 70.
CAMBIER. 132.
CAMPANA (Général). 87.
CAPEFIGUE. 122.
CARAMAN (Victor DE). 181.
CASTEX (Général). 144,
156.
CATON. 16.
CAULINCOURT (Général).
275.
CAUNAN (Baron DE). 262.
CÉSAR. 16.

CHAMPIONNET (Général).
30.
CHAPONEL. 113, 281.
CHARLES-ALBERT (Roi).
285.
CHARLES III (Roi). 228.
CHARLES (Archiduc). 24,
107, 117, 119.
CHARLES X (Roi). 232, 234,
235, 236, 238, 242.
CHARTRES (Duc DE). 236.
CHASSELOUP (Général).
159, 161.
CHATEAUBRIAND (Vicomte
DE) 223, 233.
CHATEAUNEUFRANDON
(Général). 17, 20.
CHÉNIER (L.-J.-G.) 311.
CHÉRIN (Général). 25.
CHODRON. 36, 37.
CISTERNES DE VEILLES
(Raoul). 262.
CLAPARÈDE (Général). 70,
107, 109, 110.
CLAUSEL (Maréchal). 42.
CLERMONT-TONNERRE
(Duc DE). 225.
CLIFFORD (J.-J.). 306.
COHORN (Général). 99,
104, 109, 120.
COLBERT (Général Ed.)
107, 108.
COLLOREDO (Génér.) 189.
CONDÉ. 6, 27, 28.
CONÉGLIANO (Duc DE). Voir
MONCEY.
CONSTANTIN (Grand-duc).
105.

CONROUX (Gén¹). 107, 115.
CORBIÈRE. 239.
CORBINEAU (Général). 143, 146, 157, 158.
CORVISART. 165, 176.
COUCY (D.elle DE). 136. Voir Maréchal OUDINOT.
COUCY (DE). 137, 151.
CRAMAYEL. 163.
CRILLON (DUC DE). 152.
CURIAL (Général). 190.

D.

DAUPHINE (M.me LA). 237.
DAVOUST (Maréchal). 42, 43, 47, 50, 51, 53, 56, 83, 85, 107, 118, 119, 138, 143, 170, 172, 182, 212, 214, 275, 281.
DAVOUT (Colonel). 3.
DECAZES (Duc), 263, 289, 290.
DECOUZ (Général). 187, 189, 190, 194.
DEDEL (J.-G.). 306.
DELACROIX. 12.
DELAMARRE (C.te Achille). 120, 155, 156, 157, 158, 169, 184, 185, 186.
DELAMOTTE. 61.
DELMAS (Général). 13, 40.
DEMANGEOT (Colonel). 54, 61, 68.
DERLIN (D.elle). 3, 271.
DEROY (Général). 150.
DESAIX (Général). 13, 15, 20, 39.

DESAUX (Epouse). 125.
DESSOLES (Général). 218.
DODE DE LA BRUNERIE (Maréchal). 143, 145.
DOMBROWSKI (Général). 89, 154, 155, 156.
DOUDEAUVILLE (Duc). 238.
DOUMERC (Général). 143, 146, 155, 192.
DROUOT (Général). 91, 178, 188, 189, 190, 195, 196.
DULAULOY (Général). 145.
DUNOIS. 233.
DUPAS (Général). 54, 58, 62, 71, 99.
DUPERRÉ (Amiral). 258.
DUPONT (Général). 41.
DUPRAT (Général). 281.
DUPUYTREIN. 176.
DUROC (Maréchal du palais). 70, 71, 72, 73, 179.
DUROSNEL (Général). 110.
DURUPT (Général). 208, 211, 214.

E.

EBLÉ (Général). 158, 159, 160, 161.
ECKMUHL (Prince D'). — Voir DAVOUST.
EPRÉMESNIL (D'). 270.
ESPAGNE (Général D'). 107.
ETIENNE. 290.
EUGÈNE (Prince) — Voir BEAUHARNAIS.

EXELMANS (Général). 9, 59, 61, 62, 68.
EXELMANS (Veuve). 125.

F.

FERDINAND VII. (Roi.) 231.
FLAHAUT (Général). 122.
FONTANES (DE). 103.
FOY (Général). 21.
FRANCISCO ABADE CHALECO (Don). 229.
FRANÇOIS (Empereur). 64, 69.
FRÉDÉRIC 1.er, 75, 82.
FRÉDÉRIC - GUILLAUME (Roi). 139, 141, 286, 287.
FRIANT (Général). 47, 71, 72.
FRIMONT (Général). 13.

G.

GARNIER-HUON. 125.
GARNIER (Veuve). 125.
GARNIER-JOLY. 125.
GAUTHIER. 281.
GAUTHRIN (Génér). 97, 98.
GAZAN (Général). 26, 27, 31, 42, 56, 86, 87.
GÉNIN. 290.
GÉRARD (Maréchal). 199, 262, 278, 280.
GÉRARD. 244.
GILLON. 257, 269, 271, 290.
GORTSCHAKOFF (Général). 178, 179.

GOUIN. 290.
GOURGAUD (Général). 256.
GOUVION SAINT-CYR (Maréchal) 20, 143, 149, 151, 152.
GRETH (Général.) 189.
GROITELINDT (Vande). 306
GROUCHY (Génér.) 97, 98.
GUILLAUME I.er (Roi). 220, 262, 286, 287, 310.
GUILLAUME III (Roi). 75.
GUILLEMINOT (Général). 185, 225.
GUYOT DE LA POMERAYE. 38.

H.

HAINGUERLOT. 262.
HANNUS (Épouse). 125.
HATRY (Général). 33.
HAUTPOUL (Général D') 70.
HÉDOUVILLE (Génér.) 282.
HENRIONNET. 46.
HOCHE (Général). 16.
HOHENLOHE (Prince DE) 225.
HOHENZOLLERN. 44.
HOTZE (Général). 22, 23, 24, 25.
HUGO (Victor). 232, 233.
HUMBERT (Charles). 125.
HUMBERT-MENS. 125.
HUTIN. 54, 61, 77, 101.

I.

ISTRIE (Duc D') (Voir BESSIÈRES.

J.

JACH (DE). 41.
JACMINOT-HERBILLON. 125
JACQUEMINOT (Général). 113, 137, 160, 166, 167, 186, 206, 215, 262, 289.
JAMIN. 290.
JANSSENS (Général). 221.
JARRY. 54.
JELLACHICH (Général). 23.
JOACHIM NAPOLÉON. (Voir MURAT.)
JOINVLLE (Prince DE). 252.
JOMINI (Général). 161.
JOSÉPHINE (Impératrice). 84, 248.
JUNOT. 54, 170.

K

KALKREUTH (Maréchal). 89, 90, 95.
KARG. 19.
KEITH (Amiral). 31.
KELLERMANN (Maréchal). 52, 70, 203.
KELLERMANN (Général). 194, 198, 201.
KIELLMANN (Comtesse DE) 181.
KIRGENER (Général). 179.
KLÉBER (Général). 273.
KLEIN (Général). 26,
KORSAKOFF (Général). 26, 27.
KOULNIEFF (Général). 147.
KUTUSOFF (Général). 66, 67.

L

LACHAISE (DE). 164, 186.
LAFAYETTE (Général). 5.
LAFLÈCHE, 38.
LAGRANGE (François DE).
LAMARQUE (Général). 120.
LAMARTINE. 232.
LAMBERT (Général) 156.
LAMOTTE. 54, 68.
LANDON (Général). 23.
LANGERON (Général). 74.
LANNES (Maréchal). 56, 60, 63, 65, 66, 67, 70, 71, 72, 83, 85, 91, 92, 93, 94, 95, 96, 97, 98, 99, 100, 101, 104, 108, 112, 113, 281.
LAPLANCHE-MORTIÈRE. (Général). 54, 74, 75.
LARIBOISIÈRE (Général). 161.
LAROCHEJAQUELEIN (Général). 230.
LAROQUE (Abbé). 259.
LARRAN (Colonel DE). 293.
LARREY (Docteur). 165, 176.
LASALLE (Général). 112.
LAS CASES. 114.
LATOUR (Général). 13.
LATOUR-D'AUVERGNE. (Cardinal DE). 53.
LATOUR-D'AUVERGNE. (Grenadier). 40, 107.
LATOUR-MAUBOURG (Général). 178.
LAUNOIS. 125.

LAUNOIS-PIERRE. 125.
LAURISTON (Maréchal DE). 120, 188, 190, 225, 240.
LAURISTON (Général DE). 263, 290.
LEBLANC-GAND. 125.
LEBRUN. 48.
LEBRUN (Archi-trésorier). 133, 306.
LECOURBE (Général). 17, 18, 25.
LEFEBVRE (Maréchal). 20, 52, 83, 89, 90, 91, 93, 95, 96, 143, 161, 172, 201.
LEGRAND (Général). 70, 110, 143, 146, 148, 156, 162, 166.
LEJEUNE (Général).
LEMARROIS. 67, 84.
LÉONIDAS. 100.
L'EPÉE (DE). 290.
LESUIRE (Général). 42.
LETELLIER. 150, 167, 173, 186.
LEVAL (Général). 199.
LICHTENSTEIN (Prince DE) 122, 127.
LOISON (Général). 42, 173, 174, 213.
LORENCEZ (Général DE). 121, 137, 177, 179, 280, 281, 282.
LORENCEZ (Lieutenant-colonel). 282, 283.
LOUIS (Prince). 110.
LOUIS (Roi). 286.
LOUIS-PHILIPPE Ier (Roi). 241, 242, 249, 250.

LOUIS XVIII (Roi). 202, 203, 217, 222, 223, 225, 232, 234, 308, 311.
LOUVEL. 223.

M.

MACDONALD (Maréchal). 40, 118, 119, 120, 143, 178, 179, 188, 197, 198, 199, 200, 201.
MACK (Général). 60.
MAGON. 50.
MAILLY (Maréchal DE). 2.
MARBOT (Général). 31.
MARÈS. 33.
MARESCOT (Général). 14.
MARET. 151, 171, 172.
MARGUERYE (Gén^{al}). 229.
MARIE-LOUISE (Impératrice). 129, 135, 248.
MARION (Général). 211.
MARKOF (Général). 26.
MARMONT (Maréchal). 42, 118, 119, 178, 196, 201, 202.
MASSÉNA (Maréchal). 21, 22, 23, 24, 25, 26, 27, 28, 29, 30, 31, 32, 33, 34, 35, 36, 37, 38, 39, 40, 107, 109, 112, 118, 119, 122, 265, 274.
MAUROY (Marquis DE). 3.
MAXIMILIEN (Roi). 110, 111, 247, 248.
MAYENNE (Duc DE). 215.
MÉLAS (Général). 31.
MERÇUAY (DE). 137.

MERLE (Général). 146, 163.
MICHAUD (Général). 40, 42.
MILHAUD (Général). 70.
MILLINKI (M.) 306.
MILLON. 270.
MILORADOWITZ (Général). 178, 179.
MINGUET (Mlle). 271.
MIOLIS (Général). 31, 32.
MOLITOR (Maréchal). 110, 225, 254, 263.
MONCEY (Maréchal). 40, 203, 225, 255, 269, 311.
MONNIER (Général). 41.
MONTBRUN (Général). 276.
MONTHYON (Général, Cte BAILLY DE). 290.
MONTPENSIER (Duc DE). 288.
MOREAU (Général). 12, 40, 177, 277.
MOREAU (Médecin). 193.
MORISOT-PAILLOT. 125.
MORLAINCOURT (Colonel DE). 270.
MORTEMART (duc DE). 203, 263, 289, 308.
MORTIER (Maréchal). 26, 27, 95, 96, 99, 100, 101, 159, 161, 172, 188, 191, 192.
MOSKOWA (Prince DE LA). — Voir NEY.
MURAT (Roi). 40, 57, 58, 59, 61, 62, 63, 64, 65, 66, 67, 68, 69, 70, 71, 72, 83, 97, 126, 159, 161, 172, 188.
MUSNIER (Général). 41.

N.

NADASTI. 36.
NANSOUTY (Général). 59, 70, 112.
NAPOLÉON (Empereur). 51, 52, 53, 54, 55, 56, 57, 70, 71, 72, 73, 74, 77, 81, 82, 83, 84, 85, 88, 89, 97, 99, 100, 101, 102, 104, 105, 108, 110, 111, 112, 114, 115, 117, 118, 119, 122, 127, 129, 130, 131, 135, 138, 140, 143, 153, 154, 155, 157, 158, 160, 161, 162, 166, 170, 176, 177, 179, 180, 181, 182, 186, 187, 188, 190, 193, 194, 195, 196, 197, 198, 199, 200, 201, 202, 206, 207, 208, 210, 212, 213, 215, 216, 217, 224, 244, 248, 252, 253, 254, 255, 256, 265, 274, 275, 277, 278, 281, 282, 306, 307.
NARBONNE (Comte Louis DE). 148.
NARCISSE (Piqueur). 188.
NAUENDORF (Général). 25.
NEMOURS (Duc DE). 247.
NETTANCOURT (DE). 61.
NEUFCHATEL (Prince DE). — Voir BERTHIER.
NEY (Maréchal). 24, 83, 85, 97, 101, 143, 152, 159, 161, 165, 172, 178, 179, 183, 184, 185, 187, 196, 201, 203, 207, 216, 220.
NICOLAS (Empereur). 287.

O.

O'DONNEL (Général). 231.
O'MÉARA (Docteur). 216.
ORLÉANS (Duc d'). 236, 247. Voir LOUIS-PHILIPPE.
ORLÉANS (Duc D'). 247.
ORLÉANS (M.me). 237.
ORLÉANS (M.elle). 237.
OTTO (Général). 32.
OUDINOT père. 2, 47, 204, 271.
OUDINOT (Auguste). 128, 206, 249, 250, 283.
OUDINOT (Charles). 262.
OUDINOT (Henri). 262.
OUDINOT (Maréchale). 148, 151, 171, 193, 223, 224, 237, 285.
OUDINOT (Victor). 113, 128, 167, 175, 216, 249, 251, 257, 262, 271, 283, 284, 293.

P.

PACTHOD (Général). 177, 187, 192.
PAILLART (Général). 24.
PAILLOT (Epouse). 125.
PAJOL (Général). 103, 121, 273, 274, 275, 276, 277, 278, 279.
PAJOL (Comte). 262, 279.
PAJOL (Eugène). 279.
PAJOL (Comtesse), née OUDINOT. 249.
PARTOUNEAUX (Général). 154.
PÉLISSIER. 4, 5.
PÉRIGNON (Maréchal). 52.
PERRON. 262.
PETIT (Général). 255, 256, 264.
PETRASCH (Général). 24.
PICARD. 113.
PICHEGRU (Général). 11, 12, 13, 16, 305, 306.
PICOTET-MORAS. 306.
PIERRE. 61.
PILS. 167, 189, 192.
PIRÉE (Général), 198.
PLAISANCE (Duc DE). — Voir LEBRUN.
POINSOT (Général). 17.
POLL (Jean-Woltenwan DE). 306.
PONIATOWSKI (Maréchal). 143, 188, 189, 190, 240.
POURTALÈS (Frédéric DE). 84.
POURTALÈS (Louis DE) 78, 84.

R.

RAGLOWITZ (Général). 177.
RAGON. 262.
RAGUSE (Duc DE). — Voir MARMONT.
RAPP (Général). 89, 103, 104, 174.
REGGIO (Duchesse DE). — Voir Maréchle OUDINOT.
REYNIER (Général). 143, 182, 183, 190.
REUSS (Prince DE) 25.
RICHARDET. 145.

RICHELIEU (Maréchal DE).
RICHTE (Général). 211.
ROBERT (Colonel). 270.
ROBERT-ADAM. 47.
ROCHEDRAGON (Colonel). 229.
ROGNIAT (Général). 114.
ROTTEMBOURG (Général). 194, 195, 197.
ROUSSEL-D'HURBAL (Général). 229.
ROUSSIN (Amiral). 254.
RUFFIN (Général). 54, 58, 62, 63, 86.
RUTY (Général). 177, 180.

S.

SAEZ (Victor). 228.
SAILLET (DE). 2.
SAINT-AULAIRE (Comte DE). 290.
SAINTE-SUZANNE (Génér.) 15, 16.
SAINT-HILAIRE (Général). 70, 71, 72, 97, 281.
SAVARY (Général). 85, 86.
SAZANOFF (Général). 147.
SCHAWEMBOURG (Général). 20, 21.
SCHRAM (Général). 93.
SCHWARTZENBERG (Prince) 198.
SÉBASTIANI (Maréchal). 191.
SÉNARMONT (Général). 101.
SERRURIER (Maréchal) 52.
SEVERIJN. 306.

SIDNEY-SMITT. 50.
SIMON (Colonel). 259.
SOBIESKI (Roi). 245.
SORBIER (Général). 143.
SOULT (Maréchal). 24, 31, 32, 33, 34, 38, 39, 66, 70, 71, 72, 83, 85, 178, 259, 280, 289, 290, 291.
SOUWAROW (Général) 105.
STANISLAS (Roi). 89.
SUCHET (Maréchal). 32, 34, 35, 42, 43, 56, 70, 86, 87, 207.

T.

TALEYRAND (Prince). 202.
TCHITCHAGOFF. 154, 157, 160.
THARREAU (Général). 107, 111.
THERMES (Comte DE). 137. 139, 145, 147, 150, 175, 186, 192.
THERSITE. 16.
THIÉBAULT (Général). 35.
THIÉBAULT (Épouse). 125.
THIÉRY-DUFRESNE, 125.
TOUSSAINT, veuve GARNIER. 125.
TRAUENZIN (Général). 183.
TEILHARD (Général). 60, 63.
TRÉVISE (Duc DE). (Voir MORTIER.
TRÉZEL (Général). 289.
TROMELIN (Général). 214.
TURENNE. 1.

U.

ULRIC DE FÉNIS. 75.
URBAIN. 75.

V.

VALLET, née GARNIER. 125.
VALLIN (Général). 226.
VALMY (Duc DE). (Voir KELLERMANN.
VAN-BERCKEN. 114.
VANDAMNE (Général). 70, 71, 143.
VANDERHART. 263, 306.
VANKARNEBECK. 222, 263, 307.
VATRIN. (Général). 41.
VAUBLANC (Comte DE). 211, 308.
VERDIER (Général). 99, 143, 144, 146, 148.
VERGEY (Épouse). 125.
VERGEY-BAUDOT. 125.
VERHUEL (Amiral). 48, 50.
VERNET (Horace). 100.
VESINS (Comte Ludovic DE). 262.
VICENCE (Duc DE) (Voir CAULINCOURT.
VICTOR (Maréchal). 143, 153, 154, 155, 157, 165, 278.
VIGNERON. 94.
VILLÈLE. 237.
VINTZINGÉRODE (Général). 67.

W.

WACKE. 196.
WALTER (Général). 62, 70.
WAVRE. 285, 292.
WITTGENSTEIN (Prince DE) 144, 146, 147, 148, 149, 150, 153, 154, 155, 162, 198.

WOLFF (Général). 177.
WRÈDE (Général DE). 106, 150, 195, 196.
WURBNA. 64.

X.

XAINTRAILLES (Général). 233.

XAINTRAILLES (Colonel). 290.

Z.

ZAINIAU (Général). 12, 305.

FIN DE LA TABLE.

Bar-le-Duc. Imprimerie de Numa ROLIN.

www.ingramcontent.com/pod-product-compliance
Lightning Source LLC
Chambersburg PA
CBHW060458170426
43199CB00011B/1248